th... ...ition

Façon de Parler 1

French for Beginners

Angela Aries & Dominique Debney

Hodder & Stoughton

A MEMBER OF THE HODDER HEADLINE GROUP

Acknowledgements

For Ian and Roy

The authors and publishers wish to thank Anne Sylvestre for permission to reproduce the words and music of 'Cécile et Céline' from her album *Fabulettes en Couleurs* (Référence, 133037, Production: Anne Sylvestre, Distribution: WEA Filipacchi). The authors and publishers are grateful to the following for permission to reproduce photographs: *page 47* S. Baldwin (a), © Paul Almasy/Corbis (b), © Bill Ross/Corbis (d), © Owen Franken/Corbis (e), © Angelo Hornak/Corbis (f), © ART on FILE/Corbis (h); *page 129* Life File/Giles Stokoe (top), Life File/Emma Lee (bottom); *pages 153 & 155* J. Allan Cash Ltd; *page 186* © Arne Hodalic/Corbis.

Order: Please contact Bookpoint Ltd, 130 Milton Park, Abingdon, Oxon OX14 4SB. Telephone: (44) 01235 827720. Fax: (44) 01235 400454. Lines are open from 9 am–6 pm Monday to Saturday, with a 24-hour message answering service. You can also order through our website at www.madaboutbooks.com

British Library Cataloguing in Publication Data
A catalogue for this book is available from the British Library

ISBN 0–340–77234–4

First published 1986
Third edition copyright © 2000 Angela Aries and Dominique Debney
Impression number   10 9 8 7 6 5
Year   2005 2004 2003 2002

Typeset by Fakenham Photosetting Limited, Fakenham, Norfolk
Designed by Claire Brodmann Book Designs, Burton-on-Trent. Cover illustration: Melanie Barnes.
Illustrations by Chris Long; Gillian Martin and David Hancock.
Printed in Great Britain for Hodder & Stoughton Educational, 338, Euston Road, London NW1 3BH
By J. W. Arrowsmith Ltd., Bristol.

Contents

- Asking and giving your age. Saying you are hungry/thirsty, hot/cold. Expressions with **avoir**: **avoir faim/soif, chaud/froid.**
- Saying where things are and to whom they belong. Place words. Possessive with **de**, **du**, **de la**, etc.

- The tourists look for shops and ask about the sights of Paris.
- Places in town. Finding your way around, and making enquiries.
- More place words. **Pour aller …? Il y a … par ici?**

- Laurent and Chantal live and work in Rouen. Claire Ouate, also from Rouen, is out and about interviewing people for her market research.
- Giving and receiving information about daily activities.
- Present tense of **-er** verbs.

- A family tree of the Dupré family, and plan of the interior of their farmhouse. The Ouate children visit the farm.
- More activities. Family relationships. Rooms of a house. Farm animals.
- Present tense of **faire**. Expressions with **faire**. More **-er** verbs. Negative.

- The weather and seasons. Claire is carrying out more surveys in Rouen.
- Talking about the weather. Finding out about people's hobbies. Asking more precise questions.
- More **-er** verbs. Questions with **Qui? Que? Quand? Quel? Comment? Pourquoi?** Frequency adverbs.

- A day in the life of Marie Muller. Housework and shopping. Claire conducts another interview.
- Telling the time and describing a sequence of events. Asking for precisely what you want in food shops. Talking about important days, dates and events.
- Quantities and prices. Days and months.

- Laurent and Chantal spend a weekend by the sea. They travel by train.
- Buying train tickets. Enquiring about places to visit and their opening times.
- Present tense of **-re** verbs.

Abbreviations and symbols

lit. = literally pop popd
fam. = familiar
m. = masculine
f. = feminine
pl. = plural
sing. = singular
pol. = polite form
inv. = invariable
⚠ = irregular verb (whenever you see this symbol, please refer to the verb tables on pages 347–50)

Introduction

Façon de Parler! is a comprehensive course in two parts for adult beginners wishing to reach the standard of GCSE and beyond. It is suitable both for those who wish to communicate easily in French when they travel in French-speaking countries and for those working towards an examination.

This fully revised, new edition of Book 1 consists of:

- a coursebook, containing twenty-one study units, seven revision units, a grammar reference section and a French–English vocabulary
- two specially recorded audio cassettes, containing dialogues, passages and exercises from the coursebook
- an accompanying study booklet with the text of the listening material, and a key to the exercises in the book and on the cassettes

The twenty-one units form the core of the course. Each unit contains:

 presentation material – dialogues, short descriptions, broadcasts, etc.

 à vous!, individual pair- and group-work to improve speaking skills

 avez-vous compris?, designed to check comprehension of the presentation material

 écoutez bien!, an important feature designed to increase listening skills and build up confidence.

- **mots et expressions utiles**, a box listing useful words and expressions covered in the presentation material
- **un peu de grammaire**, a brief grammar summary
- a range of exercises to develop speaking, reading and writing skills

To focus on reading skills, an extended passage, **lecture**, appears every few units, consisting of authentic or authenticated material such as advertisements, quizzes and competitions. These are intended to extend vocabulary and comprehension beyond that which is contained in the unit. The **jeux de rôles** (role plays), included at regular points in the text, enable students to practise their speaking skills in an authentic context.

The recorded material forms an integral part of the course and is strongly recommended to users. Together with the accompanying study booklet it is essential for those working on their own.

à l'hôtel

A group of tourists on holiday in Paris are waiting for their guide in the hotel lounge …

Qui est-ce?

Je ne sais pas

Mesdames, mesdemoiselles, messieurs, bonjour et bienvenue à Paris! Je suis le guide de Tourama. Je m'appelle Guillaume Lejeune.

Et vous, comment vous appelez-vous, mademoiselle?

Je m'appelle Jeanne Chouan.

Et vous, mademoiselle?

Je m'appelle Sylvie Clément

Et vous monsieur, quel est votre nom?

Je m'appelle Henri Boivin

Et vous, madame?

Je m'appelle Claire Ouate.

MOTS ET EXPRESSIONS UTILES

À l'hôtel	*At the hotel*
Qui est-ce?	*Who is it?*
Je ne sais pas.	*I don't know.*
madame/mesdames	*madam, Mrs/ladies*
mademoiselle/mesdemoiselles	*Miss/ladies*
monsieur/messieurs	*Sir, Mr/gentlemen*
messieurs-dames	*ladies and gentlemen*
bonjour	*good morning, good day, hello*
Bienvenue à Paris!	*Welcome to Paris!*
je suis	*I am*
Je m'appelle …	*My name is* (lit. I call myself) …
Comment vous appelez-vous?	*What's your name?*
Quel est votre nom?	
Et vous?	*What about you?*
À vous!	*Over to you!/Your turn!*

à vous!

Greet some of the tourists as they check in at reception. Use **monsieur**, **madame**, **mademoiselle**, **messieurs** or **messieurs-dames**.

Example:

Bonjour, mademoiselle!

Jeanne

5

Lucien et Josée

1

Sylvie

3

Claire

2

Henri

4

Dominique et Antoine

Now go round the class, greeting your fellow students in the same way. Introduce yourself, and find out what the names of the other students are. Remember that French people usually shake hands when they meet! And don't forget to say **au revoir** (*goodbye*) when you leave.

à l'hôtel (suite)

The Cousins, who are from the West Indian island of Martinique, are curious to know where their fellow tourists come from.

Lucien	D'où êtes-vous, monsieur?
Henri	Moi, je suis bourguignon. Je suis de Nuits-Saint-Georges, près de Dijon.
Josée	Et vous, madame?
Claire	Je suis de Rouen, en Normandie. Et vous?
Josée	Nous sommes de la Martinique.
Claire	Ah, la Martinique, quelle belle île!
Antoine	Et nous, nous sommes de Corse. C'est une belle île aussi!

Claire	C'est vrai!
Lucien	Et vous, messieurs-dames, d'où êtes-vous?
François	Nous sommes de Strasbourg, en Alsace.
Josée	Et vous, monsieur?
Yves	Annick et moi, nous sommes de Quimper, en Bretagne.
Lucien	Et vous, mesdemoiselles?
Jeanne	Je suis de Luçon, en Vendée.
Sylvie	Et moi, je suis de Grasse, en Provence.
Josée	Alors, nous sommes tous français!

MOTS ET EXPRESSIONS UTILES

suite	*continued* (here)
D'où êtes-vous? (pol./pl.)	*Where are you from?*
Je suis de …	*I am from …*
Nous sommes de …	*We are from …*
bourguignon	*from Burgundy*
près de	*near*
en Normandie/Alsace/Bretagne	*in Normandy/Alsace/Brittany*
Corse	*Corsica*
Quelle belle île!	*What a beautiful island!*
c'est un/une	*this is a/it's a*
c'est vrai	*it's true*
alors	*so*
tous	*all*
D'où es-tu? (fam./sing.)	*Where are you from?*
Et toi? (fam./sing.)	*What about you?*

avez-vous compris?

Check Guillaume's list of tourists, and fill in any details that are missing

Nom	Prénom	Ville	Région
LE BRAZ	Y_____	_____	Bretagne
BOIVIN	H_____	Nuits-Saint-Georges	Bourgogne
CHOUAN	Jeanne	_____	Vendée
CLÉMENT	Sylvie	Grasse	_____
COUSIN	Josée	Fort-de France	Martinique
COUSIN	L_____	Fort-de-France	Martinique
LE GOFF	A_____	Quimper	_____
MULLER	F_____	Strasbourg	Alsace
MULLER	M_____	Strasbourg	_____
OUATE	Claire	_____	Normandie
ROSSI	A_____	Ajaccio	Corse
ROSSI	D_____	Ajaccio	_____

à vous!

Regardez la carte de France. *Look at the map of France.* Identify the towns and regions mentioned in the dialogue on page 4. Imagine you are the tourists, and say where you come from in turn: **Je suis de** _____ , or **Nous sommes de** _____ , accordingly. Begin with Jeanne.

What would people from other French towns say?

L'Arc de Triomphe du Carrousel (Paris)

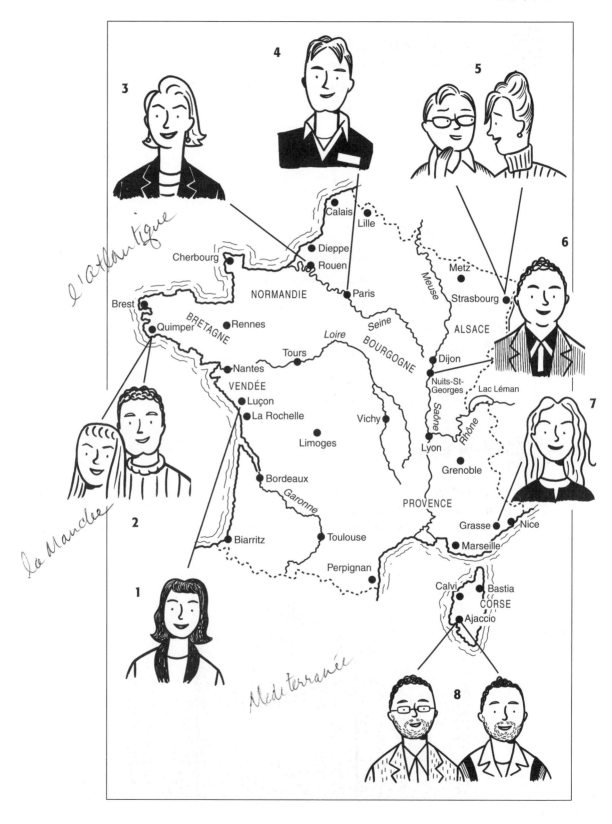

l'Atlantique

la Manche

Méditerranée

Calais
Lille
Dieppe
Rouen
Cherbourg
Metz
Strasbourg
Meuse
Paris
NORMANDIE
ALSACE
Brest
BRETAGNE
Rennes
Seine
Quimper
Loire
Tours
BOURGOGNE
Dijon
Nantes
Nuits-St-Georges
Lac Léman
VENDÉE
Luçon
La Rochelle
Vichy
Saône
Rhône
Limoges
Lyon
Bordeaux
Grenoble
Garonne
PROVENCE
Biarritz
Toulouse
Grasse
Nice
Marseille
Perpignan
Calvi
Bastia
CORSE
Ajaccio

à l'hôtel (suite)

Our tourists do not know one another very well yet. They keep asking Guillaume, the guide, for his help.

à vous!

Travaillez avec un/une partenaire. *Work with a partner*. Identify the tourists by asking **Qui est-ce?** (*Who is it?*) and answering **C'est ...** (*It's ...*) or **Je ne sais pas**. (*I don't know.*) Write in their names when you have checked your answers.

1 _____   2 _____   3 _____

4 _____   5 _____   6 _____

 ## à l'hôtel (suite et fin)

The receptionist is talking to a colleague about the hotel guests. She is very proud of her correct pronunciation of their British names.

Collègue	Les Muller, ils sont allemands?
Réceptionniste	Ah non! Ils sont de Strasbourg.
Collègue	Et les frères jumeaux, ils sont italiens?
Réceptionniste	Non, ils sont corses.
Collègue	Et le couple Cousin, est-ce qu'ils sont français?
Réceptionniste	Oui, bien sûr, ils sont de la Martinique!
Collègue	Et la petite blonde, est-ce qu'elle est française?

Réceptionniste	Sylvie? Oui, elle est française, elle est de Grasse.
Collègue	Alors, tous les clients sont français!
Réceptionniste	Non, les 'Martin' sont anglais.
Collègue	Qui?
Réceptionniste	Monsieur et Madame Martin.
Collègue	Martine! Ah bon!
Réceptionniste	Monsieur Jones est gallois, Madame McDonald est écossaise et les O'Hara ...
Collègue	Ils sont irlandais!
Réceptionniste	Non, ils sont américains.

MOTS ET EXPRESSIONS UTILES

(la) fin	*(the) end*
les frères jumeaux	*the twin brothers*
la petite blonde	*the small blonde woman*
allemand(e)	*German*
italien(ne)	*Italian*
corse	*Corsican*
français(e)	*French*
anglais(e)	*English*
gallois(e)	*Welsh*
irlandais(e)	*Irish*
américain(e)	*American*
bien sûr	*of course*
ou	*or*

avez-vous compris?

Répondez vrai ou faux. *Answer true or false.*
Then correct the false statements.

1 Les Muller sont allemands.

2 Les jumeaux sont corses.

3 Les Cousin sont français.

4 Sylvie est anglaise.

5 M. et Mme Martin sont gallois.

6 Madame McDonald est écossaise.

7 Les O'Hara sont irlandais.

8 Monsieur Jones est américain.

à vous!

Sylvie is doing a magazine quiz on the nationality of famous people from the past. Help her as much as you can, but if you don't know the answer, say so.

un peu d'histoire

1. Est-ce qu'elle est
écossaise ☐
ou irlandaise? ☐

Marie Stuart

2. Est-ce qu'elle est
américaine ☐
ou anglaise? ☐

Florence Nightingale

3. Est-ce qu'il est
suisse ☐
ou belge? ☐

Guillaume Tell

4. Est-ce qu'il est
hollandais ☐
ou allemand? ☐

Beethoven

5. Est-ce qu'elle est
française ☐
ou belge? ☐

Jeanne d'Arc

6. Est-ce qu'il est
américain ☐
ou australien? ☐

Martin Luther King

7. Est-ce qu'il est
italien ☐
ou français? ☐

Napoléon

8. Est-ce qu'ils sont
russes ☐
ou chinois? ☐

Lénine et Staline

9. Est-ce qu'elles sont
galloises ☐
ou anglaises? ☐

Charlotte et Emily Brontë

10. Est-ce qu'elles sont
italiennes ☐
ou espagnoles? ☐

Marie de Médicis et Lucrèce Borgia

11. Est-ce qu'ils sont
suisses ☐
ou français? ☐

Pierre et Marie Curie

12. Est-ce qu'ils sont
africains ☐
ou indiens? ☐

Indira Gandhi et Nehru

et vous?

Vous êtes anglais(e), irlandais(e), écossais(e), gallois(e)? Quelle est votre nationalité?
Je suis …

UN PEU DE GRAMMAIRE

Verb

ÊTRE   *to be*

je suis	*I am*
tu es (fam.+sing.)	*you are*
il est	*he is*
elle est	*she is*
nous sommes	*we are*
vous êtes (pol./pl.)	*you are*
ils sont (m. or mixed)	*they are*
elles sont (f. only)	*they are*

Rules of agreement

Il est français.	*He is French.*
Elle est anglaise.	*She is English.*
Ils sont allemands. (m. or mixed)	*They are German.*
Elles sont espagnoles. (f. only)	*They are Spanish.*

Three basic question forms

Vous êtes suisse?	
Est-ce que vous êtes suisse?	*Are you Swiss?*
Êtes-vous suisse?	

▶ **Grammaire** 1, 2, 12(a)(b)(c)

EXERCICES

A The following conversation has got muddled: the questions are separated from the answers. The questions are in the correct order, but the answers are not. What's the correct order?

Réceptionniste Bonjour, madame.
Réceptionniste Comment vous appelez-vous?
Réceptionniste Vous êtes anglaise?
Réceptionniste D'où êtes-vous? De Berlin?
Réceptionniste Et Monsieur Schmidt, il est de Bonn aussi?

a Cliente Non, je suis allemande.
b Cliente Non, je suis de Bonn.
c Cliente Je ne sais pas!
d Cliente Je m'appelle Braun, Clara Braun.
e Cliente Bonjour, mademoiselle.

B Complete this conversation between the guide and a tourist, using the correct form of **être** (*to be*). Practise reading it afterwards.

Une touriste Bonjour, monsieur.
Le guide Bonjour, madame. Je **1** _____ le guide.
Une touriste Ah! Vous **2** _____ de Paris?
Le guide Oui, et vous?
Une touriste Je **3** _____ de Glasgow.
Le guide Ah! Vous **4** _____ anglaise!
Une touriste Non.
Le guide Quelle **5** _____ votre nationalité?
Une touriste Je **6** _____ écossaise.

C Are these people French? If not, say what nationality they really are.

Example: L'amiral Nelson? Non, il est anglais.

1 Jeanne d'Arc?
2 Le commissaire Maigret?
3 Beethoven?
4 Claude Debussy?
5 Guillaume Tell?
6 Georges Washington?
7 Les Beatles?
8 Edith Piaf?
9 Isabelle Huppert et Isabelle Adjani?
10 Le général de Gaulle?
11 Nelson Mandela?
12 Paul Hogan?

D   What questions do Marie and François ask?

Marie et François   Bonjour. **1** _____ ?

Annick et Yves   Annick et Yves.

Marie et François   **2** _____ ?

Annick et Yves   Oui, nous sommes français, de Bretagne.

Marie et François   **3** _____ ?

Annick et Yves   Nous sommes de Quimper. Et vous?

Marie et François   Nous sommes de Strasbourg.

E   Work out the nationalities in these anagrams. They are all in the masculine singular.

1 TIE NAIL   5 SOAP GLEN

2 SAIL LOG   6 IN GALAS

3 IS USES   7 MAD ALLEN

4 BE LEG   8 ISLAND AIR

Now give the feminine singular of these.

écoutez bien!

Première partie

Look again at the map on page 7, and listen carefully. Ten French people will tell you where they are from. Point to the different places on the map as you hear them mentioned. Each will be said twice.

Deuxième partie

You will hear eight groups of three correct sentences. For each group, pick the sentence (a, b or c) which is the odd one out. Each group will be said twice. The first one has been done for you.

1 c   4 _____   7 _____

2 _____   5 _____   8 _____

3 _____   6 _____

Deuxième unité

mini-conversation

As they are getting to know one another better, our tourists start asking more personal questions …

MOTS ET EXPRESSIONS UTILES

marié(e)/fiancé(e)	*married/engaged*
célibataire	*single*
Quelle est votre situation de famille?	*What is your marital status?*
je ne suis pas	*I am not*
nous ne sommes pas	*we are not*
mais j'ai un(e) petit(e) ami(e).	*but I have a boyfriend/girlfriend.*

avez-vous compris?

Who would say the following? Match the words to the person.

1	Je suis mariée.		**a**	a single man
2	Nous sommes divorcés.		**b**	a single man or woman
3	J'ai un petit ami.		**c**	a married woman
4	Je ne suis pas marié.		**d**	a divorced couple
5	Nous ne sommes pas mariés.		**e**	someone with a boyfriend
6	Je suis célibataire.		**f**	a group of single people

à vous!

Fill in the gaps in the conversation with the following words:

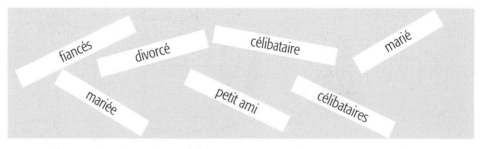

fiancés   divorcé   célibataire   marié   mariée   petit ami   célibataires

Guillaume	Vous êtes mariée, Claire?
Claire	Oui, je suis **1** _____ . Et vous Guillaume?
Guillaume	Ah non, je ne suis pas **2** _____ , je suis **3** _____ .

Antoine et Dominique   Nous aussi, nous sommes **4** _____ . Et vous Jeanne?

Jeanne   J'ai un **5** _____ .

Annick et Yves   Nous, nous sommes **6** _____ .

Guillaume   Vous êtes marié, Henri?

Henri   Moi, je suis **7** _____ .

mini-conversation

Now the tourists are talking about what they do for a living.

Jeanne, vous êtes étudiante?

Non, je suis professeur de sciences naturelles. Je travaille dans un collège.

Et vous, Sylvie? Où travaillez-vous?

Je suis ouvrière. Je travaille dans une usine de parfums à Grasse.

Et moi, je suis pharmacien. Je travaille dans une pharmacie.

Moi, je travaille dans un bureau. Je suis fonctionnaire, et Yves est pêcheur.

MOTS ET EXPRESSIONS UTILES

toujours	*always*	pharmacien/pharmacienne	*pharmacist*
pendant	*during*	ouvrier/ouvrière	*manual worker*
les vacances	*the holidays*	fonctionnaire	*civil servant*
guide	*guide*	pêcheur	*fisherman*
étudiant/étudiante	*student*	un collège	*a college*
enquêteur/enquêteuse	*market researcher*	une usine	*a factory*
médecin	*doctor*	une pharmacie	*a pharmacy/chemist's*
femme au foyer	*housewife*	un bureau	*an office*
secrétaire	*secretary*	Quel est votre métier?	*What's your job/occupation?*
cuisinier/cuisinière	*cook*	Où travaillez-vous?	*Where do you work?*
infirmier/infirmière	*nurse*	Je travaille …	*I work …*
ingénieur	*engineer*	à Grasse	*in Grasse*
professeur	*teacher*		

avez-vous compris?

Tick at the end of the line, if whatever the tourists say about their occupations is correct.

Claire	Je ne suis pas secrétaire.
Sylvie	Je travaille dans une usine.
Antoine et Dominique	Nous ne sommes pas étudiants.
Marie	Je ne suis pas médecin.
Annick	Je ne travaille pas dans un bureau.
Guillaume	Je ne suis pas professeur.
Yves et Henri	Nous ne sommes pas ingénieurs.
Jeanne	Je ne suis pas infirmière.
François	Je travaille dans un collège.

à vous!

Travaillez avec un/une partenaire. *Work with a partner*. Each of you chooses an occupation from the list in **Mots et expressions utiles**, then takes it in turn to guess what the other person has chosen. Use a complete sentence in your answer.

Example: – Vous êtes secrétaire?
  – Non, je ne suis pas secrétaire. / Oui, je suis secrétaire.

à la réception de l'hôtel

The hotel receptionist is being asked about Lucien Cousin by his colleague.

MOTS ET EXPRESSIONS UTILES

acteur/actrice	*actor/actress*
dentiste	*dentist*
architecte	*architect*
comptable	*accountant*
pompier	*fireman*
coiffeur/coiffeuse	*hairdresser*

avez-vous compris?

Put all the occupations that have been mentioned so far into the following categories:

En plein air (*outdoors*)	Bureau	Hôpital/Clinique	Autres (*others*)

à vous!

1 Choose a new identity! First, select an occupation and marital status (use the **Mots et expressions utiles** from this unit). Then select a nationality (referring to Unit 1, if necessary). Finally choose a name and place of work from the lists below.

Nom	Lieu de travail
Jean/Jeanne	dans une banque
René/Renée	dans un bureau
Antoine/Antoinette	dans un hôpital
Michel/Michelle	dans une clinique
Paul/Paulette	dans un collège
Jules/Julie	dans un restaurant
Gabriel/Gabrielle	dans un hôtel
François/Françoise	dans une usine
Claude	dans une pharmacie
Dominique	dans un studio
	en plein air

2 When you are ready, go round the class and ask/answer the following questions:

Questionnaire

1 Comment vous appelez-vous?/Quel est votre nom?

2 Quelle est votre nationalité?

3 D'où êtes-vous?

4 Quelle est votre situation de famille?

5 Où travaillez-vous?

6 Quel est votre métier?

Keep a record of your findings, and make comparisons to see what the most popular choices were.

UN PEU DE GRAMMAIRE

Negative verb

ÊTRE   *to be*

je ne suis pas	*I am not*
tu n'es pas (fam.+sing.)	*you are not*
il n'est pas	*he is not*
elle n'est pas	*she is not*
nous ne sommes pas	*we are not*
vous n'êtes pas (pol./pl.)	*you are not*
ils ne sont pas (m. or mixed)	*they are not*
elles ne sont pas (f. only)	*they are not*

▶ **Grammaire** 4(a)

EXERCICES

 A   Jeanne Chouan has filled in her form for the package-tour company. Fill in the other one for yourself.

~~Monsieur~~
~~Madame~~   Nom .... CHOUAN ....
Mademoiselle

Prénom(s) .... Jeanne Chantal ....
Nom de jeune fille ....
Date et lieu de naissance ...... 17.08.72 à Luçon (Vendée)
Nationalité .... Française ....
Numéro de passeport ou de carte d'identité ...... 85 - 99 4441
Profession .... Professeur ....
Adresse .... 11 rue Victor Hugo ....
.... 85400 Luçon ....
Date des vacances ....
Du ...... 31 mars .... au ...... 7 avril ....

Tourama *VACANCES-CULTURE*

```
Monsieur
Madame          Nom ........................................................................
Mademoiselle

Prénom(s) ........................................................................                    Tourama
Nom de jeune fille ........................................................................             VACANCES-CULTURE
Date et lieu de naissance ........................................................................
Nationalité ........................................................................
Numéro de passeport ou de carte d'identité ........................................................................
Profession ........................................................................
Adresse ........................................................................
........................................................................
Date des vacances ........................................................................
Du ........................................................ au ........................................................
```

B You overhear snippets of conversation. Find out who is talking and fill in the gaps. You already know that:

Nicole works in an office. She is single.
Guy works in a factory in Brittany.
Anne is a nurse from Corsica.
Bruno is divorced.
Charlotte is Welsh.
Daniel is an accountant from Normandy.

1 Je suis marié. Je suis comptable. Je travaille dans un bureau à Rouen. Je m'appelle

_____ .

2 Moi aussi je suis de Normandie et je travaille dans un bureau, mais je suis célibataire. Je m'appelle _____ .

3 Je suis célibataire. Je suis professeur d'anglais dans un collège en Bretagne, mais je suis galloise. Je m'appelle _____ .

4 Non, je ne suis pas d'Ajaccio, je suis de Bastia. Je travaille dans un hôtel. Je suis divorcé. Je m'appelle _____ .

5 Je ne travaille pas dans un hôpital, je travaille dans une clinique. Je suis de Calvi en Corse. Je m'appelle _____ .

6 Je suis de Bretagne. Non, je ne suis pas pêcheur. Je travaille dans une usine à Brest. Je m'appelle _____ .

C   Fill in the gaps with the correct part of the verb **être**.

1 Annick _____ fonctionnaire.

2 Claire n'_____ pas secrétaire.

3 François _____ ingénieur.

4 Antoine et Dominique _____ cuisiniers.

5 Jeanne _____ professeur.

6 Lucien et Josée ne _____ pas dentistes.

7 Marie _____ infirmière.

8 Henri n'_____ pas ouvrier.

9 Et nous, nous _____ étudiants de français!

D   Take the part of each of the following people in turn, and answer the questions put to you by the interviewer.

Example:
You are from Reading, on holiday in France visiting your fiancée, Claire. Your name is Peter.
– Comment vous appelez-vous?
– Je m'appelle Peter.
– Est-ce que vous êtes français?
– Non, je ne suis pas français, je suis anglais.
– Est-ce que vous êtes marié?
– Non, je ne suis pas marié, je suis fiancé.

1 You are a fisherman from Florida. Your wife is Chinese. Your name is Brown.
– Comment vous appelez-vous?
– Est-ce que vous êtes canadien?
– Est-ce que vous êtes célibataire?
– Est-ce que Madame Brown est américaine, aussi?
– Où travaillez-vous?

2 You are on honeymoon in Paris. You and your husband come from Moscow. You are a hospital nurse. Your name is Tania.
– Comment vous appelez-vous?
– Est-ce que vous êtes française?
– Est-ce que vous êtes de Moscou?
– Est-ce que vous êtes mariée?
– Où travaillez-vous?

3 You and your husband were born in Berlin. You are both college teachers. You speak on behalf of both of you (use **nous**).
- Est-ce que vous êtes allemands?
- Est-ce que vous êtes de Berlin?
- Est-ce que vous êtes mariés?
- Quel est votre métier?

4 You and your brother are Welsh, from Cardigan. You are both civil servants. You speak on behalf of both of you (use **nous**).
- Est-ce que vous êtes écossais?
- Est-ce que vous êtes de Cardiff?
- Quel est votre métier?

écoutez bien!

Listen carefully to the six conversations. Answer the questions after each one, in English. You will hear each dialogue twice.

1 Who are the two people talking?
What are they talking about?

2 What do these two people wish to know?
What are the answers?

3 What does the first person try to find out?
What answer do they get?

4 Have these two people the same marital status?
What detail do we learn about the second one?

5 What are these men talking about?
What do we find out?

6 Where does the lady work?
What is her occupation?

lecture

A French magazine is publishing a series of tests and quizzes. The one on the following pages assesses your knowledge of famous people. Give it a try!

SPÉCIAL JEU Des tests pour vous!

Connaissez-vous bien les personnalités internationales? Quels sont leurs métiers et leurs nationalités?

1. Neil Armstrong et John Glenn sont
- (a) danseurs ☐
- (b) astronautes ☐
- (c) acteurs ☐

Ils sont
- (a) américains ☐
- (b) irlandais ☐
- (c) australiens ☐

2. John le Carré et Martin Amis sont
- (a) chanteurs ☐
- (b) écrivains ☐
- (c) compositeurs de musique ☐

Ils sont
- (a) canadiens ☐
- (b) écossais ☐
- (c) anglais ☐

3. Diana Ross et Grace Bumbry sont
- (a) actrices ☐
- (b) peintres ☐
- (c) chanteuses ☐

Elles sont
- (a) américaines ☐
- (b) italiennes ☐
- (c) hollandaises ☐

4. Lord Snowdon et David Bailey sont
- (a) peintres ☐
- (b) photographes ☐
- (c) écrivains ☐

Ils sont
- (a) belges ☐
- (b) allemands ☐
- (c) anglais ☐

5. Richard Rodney Bennett et Andrew Lloyd Webber sont

(a) photographes ☐

(b) astronautes ☐

(c) compositeurs de musique ☐

Ils sont

(a) britanniques ☐

(b) canadiens ☐

(c) belges ☐

?

6. Gérard Depardieu et Fanny Ardant sont

(a) chanteurs ☐

(b) acteurs ☐

(c) danseurs ☐

Ils sont

(a) gallois ☐

(b) suisses ☐

(c) français ☐

?

7. Sylvie Guillem et Laurent Hilaire sont

(a) danseurs ☐

(b) acteurs ☐

(c) compositeurs de musique ☐

Ils sont

(a) français ☐

(b) polonais ☐

(c) russes ☐

?

?

8. José Carreras et Placido Domingo sont

(a) photographes ☐

(b) hommes politiques ☐

(c) chanteurs ☐

Ils sont

(a) italiens ☐

(b) danois ☐

(c) espagnols ☐

RÉPONSES 1(b)(a), 2(b)(c), 3(c)(a), 4(b)(c), 5(c)(a), 6(b)(c), 7(a)(a), 8(c)(c).

au café

Later in the evening, the tourists are in a café. They are about to order drinks.

Guillaume	Alors, qu'est-ce que vous prenez?
François	Pour moi, une bière, naturellement. Et toi, Marie?
Marie	Je ne sais pas; un jus d'orange ou un citron pressé. Non, un schweppes.
Henri	Moi, je prends un kir.
Guillaume	Monsieur, s'il vous plaît!
Garçon	Bonsoir, messieur-dames. Vous désirez?
Guillaume	Alors, une bière . . .
Garçon	Bouteille ou pression?
François	Bouteille, s'il vous plaît, et un schweppes pour ma femme.
Guillaume	Un kir pour Henri, et pour vous Josée?
Josée	Un grand crème pour moi, et un panaché pour mon mari.
Guillaume	Et pour vous, Claire?
Claire	Un café et un cognac.
Guillaume	Alors un café et un cognac, et pour moi, un verre de vin blanc bien frais.
Garçon	Un café, un cognac et un petit blanc. Tout de suite messieurs-dames.

MOTS ET EXPRESSIONS UTILES

Qu'est-ce que vous prenez?	*What will you have?* (lit. take)
je prends	*I'll have* (lit. I take)
s'il vous plaît	*please*
bonsoir	*good evening*
un garçon	*a waiter* (here), *a boy*
Vous désirez?	*What would you like?*
tout de suite	*straight away, immediately*
une bière bouteille	*a bottled beer*
une bière pression	*a draught beer*
un café	*a coffee*

un citron pressé	*a freshly squeezed lemon juice*
un cognac	*a brandy*
un grand crème	*a large white coffee*
un jus d'orange	*an orange juice*
un kir	*a white wine with blackcurrant liqueur*
un panaché	*a shandy*
un schweppes	*a tonic water*
un verre de vin	*a glass of wine*
blanc	*white*
bien frais	*nice and cold*
ma femme	*my wife*
mon mari	*my husband*

avez-vous compris?

How many people have chosen alcoholic drinks?

au café (suite)

Now they order some snacks.

Guillaume	Monsieur, s'il vous plaît! Je voudrais un sandwich.
Garçon	Fromage, jambon ou pâté?
Guillaume	Un sandwich au jambon.
François	Et pour moi, un croque-monsieur.
Claire	Moi, je voudrais une glace au chocolat.
Garçon	Très bien. C'est tout?
Guillaume	Oui, merci. Et l'addition, s'il vous plaît.

MOTS ET EXPRESSIONS UTILES

suite	*continued* (here)
un sandwich au fromage/au jambon/au pâté	*a cheese/ham/pâté sandwich*
un croque-monsieur	*a toasted ham and cheese sandwich*
une glace (au chocolat)	*a (chocolate) ice cream*
l'addition	*the bill*

avez-vous compris?

What type of sandwiches are available?

à vous!

Complétez le dialogue. *Fill in the gaps to indicate who is talking in the dialogue*. The tourists like watching the world go by from a café terrace in Paris. Here they are again. Can you help the waiter give them what they ordered (shown in the bubbles)? Fill in the names in the dialogue below.

Claire   Josée   François   Lucien   Marie   Guillaume

Garçon	Voilà messieurs-dames! Alors, le schweppes, c'est pour qui?
_____	C'est pour moi.
Garçon	Le vin blanc?
_____	Pour moi, et le citron pressé, c'est pour ma femme.
Garçon	Voilà monsieur, voilà madame. Et les cafés?
_____	Pour mon mari et pour moi.
Garçon	Alors, la bière, c'est pour vous?
_____	Oui, merci.
Garçon	Et le croque-monsieur?
_____	C'est pour moi.
Garçon	Et la glace?
_____	C'est pour moi, merci.

au café (suite)

As the tourists are chatting over their drinks, the conversation turns to more personal topics.

Guillaume	Avez-vous des enfants, Claire?
Claire	Oui, j'en ai deux, un fils Paul et une fille Élisabeth.
Guillaume	Et vous Henri, avez-vous des enfants?
Henri	Non, malheureusement je n'ai pas d'enfants, mais j'ai beaucoup d'amis!
Guillaume	Et vous Marie et François?
François	Nous aussi, nous avons deux enfants.
Guillaume	Vous avez une maison ou un appartement?
Marie	Nous avons seulement un appartement à Strasbourg.
Claire	Moi, j'ai un appartement à Rouen.
Henri	J'ai une petite maison à Nuits-Saint-Georges.
Guillaume	Vous avez un animal familier?
Claire	Paul et Élisabeth ont des souris blanches, un lapin, un hamster et des poissons rouges.
Marie	Les enfants ont un cochon d'Inde.
Guillaume	Et vous Henri, avez-vous un animal familier, un chien peut-être?
Henri	Je n'ai pas de chien, mais j'ai un chat qui s'appelle Moustache.

MOTS ET EXPRESSIONS UTILES

vous avez	*you have*
Vous avez … ?/Avez-vous … ?	*Do you have … ?*
j'ai	*I have*
je n'ai pas	*I don't have*
j'en ai deux	*I've got two (of them)*
ils/elles ont	*they have*
beaucoup (de/d')	*a lot (of)*
malheureusement	*unfortunately*
des enfants	*children*
une fille	*a daughter, girl*
un fils	*a son*
un(e) ami(e)	*a friend*
un appartement	*a flat*
une maison	*a house*
un animal familier (pl. animaux)	*a pet*
un chat	*a cat*
un chien	*a dog*
un cochon d'Inde	*a Guinea pig*
un hamster	*a hamster*
un lapin	*a rabbit*
un poisson rouge	*a goldfish*
une souris blanche	*a white mouse*

avez-vous compris?

Read and listen to the conversation again, then fill in the form below in English.

	Children	Pets	Accommodation
Claire			
Henri			
Marie et François			

à vous!

Mettez les mots dans le bon ordre. *Put the words in the right order*. The words in the following questions and answers have been muddled up. Can you work out what everyone is saying?

1 animal vous un familier avez?
rouges ai poissons j' des.

2 enfants avez des -vous?
une j' fille ai.

3 un avez appartement vous?
ai maison j' une.

4 avez chien vous un?
deux ai non chats j' mais.

au café (suite et fin)

The conversation continues over another round of drinks.

Guillaume	Vous avez une voiture, Claire?
Claire	Oui, j'ai une Clio.
Claire	Et vous Guillaume?
Guillaume	J'ai seulement un vélo, et quelquefois un car pour les touristes!

The younger members of the group have become very friendly; they now use the **tu** form.

Annick	Yves a un bateau.
Yves	Oui, j'ai un bateau de pêche.
Dominique	Tu as aussi un tracteur ou un camion?
Yves	Non, mais j'ai une moto. Et toi?
Dominique	Antoine et moi, nous avons une mobylette.
Sylvie	Moi aussi, j'ai une mobylette.
Annick	Moi, j'ai une petite voiture. Et toi Jeanne?
Jeanne	Oui, j'ai une voiture, mais je n'ai pas de garage.

MOTS ET EXPRESSIONS UTILES

il/elle a	*he/she has*		un vélo	*a bicycle*
tu as (fam.+sing.)	*you have*		un car	*a coach*
nous avons	*we have*		un camion	*a lorry*
une voiture	*a car*		une moto	*a motorbike*
un bateau	*a boat*		une mobylette	*a moped*

avez-vous compris?

Solve the anagrams below to see what each person owns. Identify the two statements that are false.

1 Claire et Annick ont un **urotiev**.

2 Dominique et Antoine ont une **toom**.

3 Yves a un **eutaba** mais il n'a pas de **monica**.

4 Guillaume a un **lové**.

5 Jeanne a un **agreag**.

6 Sylvie a une **blotemety**.

à vous!

Match the texts to the pictures.

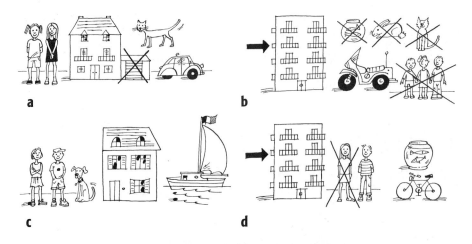

a

b

c

d

1 J'ai deux enfants, un fils et une fille. J'ai un chien, une maison et un bateau.

2 J'ai deux enfants, deux filles. J'ai une maison et un chat. J'ai une voiture mais je n'ai pas de garage.

3 J'ai un appartement. J'ai un fils mais je n'ai pas de fille. J'ai des poissons rouges et un vélo. *d*

4 J'ai un appartement. J'ai une moto. Je n'ai pas d'enfants et je n'ai pas d'animal familier. *b*

Now cover the text and only look at the pictures. Can you remember what each person said?

et vous?

Avez-vous des enfants? Des animaux? Une voiture? Etc. ...

Henri rêve

While the others are talking Henri is daydreaming. He is counting the bottles of wine in his cellar ...

Il a combien de bouteilles?

 Une bouteille de Meursault.

 Une, deux, trois, quatre ... Quatre bouteilles de Volnay!

 Une, deux, trois, quatre, cinq, six, sept, huit, neuf, dix ... Dix bouteilles de Chablis!

 Une, deux, trois, quatre, cinq, six, sept, huit, neuf, dix, onze, douze, treize, quatorze, quinze ... Quinze bouteilles de Beaune!

 Une, deux, trois, quatre, cinq, six, sept, huit, neuf, dix, onze, douze, treize, quatorze, quinze, seize, dix-sept, dix-huit, dix-neuf, vingt ... Vingt bouteilles de Nuits-Saint-Georges!

 En tout, il a cinquante bouteilles de vin!

avez-vous compris?

Henri a combien de bouteilles de vin? Il a combien de bouteilles de Chablis?/de Meursault?/de Volnay?

à vous!

1 You have brought back twenty bottles of wine from France. Tell a friend how many of each type you've got.

2 As you are the only person who speaks French, you have to order the drinks for your coach party. Ask the waiter for:

a thirteen Coca-Colas (**cocas**), eleven squeezed lemon juices, and four shandies

b three black coffees, five white coffees, and seven tonic waters

c six white wines, eight beers, and ten white wines with blackcurrant

d one brandy, nine beers and fourteen Coca-Colas

e two brandies, fifteen orange juices, and twenty squeezed lemon juices

3 Read out the following prices:

Example: 12€ 50 = douze euros cinquante

17€, 18€ 20, 14€ 50, 19€ 20, 11€ 50, 13€, 16€, 6€ 20, 15€.

UN PEU DE GRAMMAIRE

AVOIR	*to have*		
j'ai	*I have*	je n'ai pas	*I have not*
tu as	*you have*	tu n'as pas	*you have not*
il a	*he has*	il n'a pas	*he has not*
elle a	*she has*	elle n'a pas	*she has not*
nous avons	*we have*	nous n'avons pas	*we have not*
vous avez	*you have*	vous n'avez pas	*you have not*
ils ont	*they have*	ils n'ont pas	*they have not*
elles ont	*they have*	elles n'ont pas	*they have not*
Je n'ai pas de (d' before a vowel)…		*I haven't (got) a/any …*	
Example: Je n'ai pas de chien.		*I haven't got a dog.*	
Je n'ai pas d'enfants.		*I haven't got any children.*	

▶ **Grammaire** 4(d)

EXERCICES

A Order from the waiter according to the cues given.

Garçon Bonsoir, messieurs-dames!
Vous (**1** *Greet the waiter.*) *Bonsoir monsieur*
Garçon Vous désirez?
Vous (**2** *Order a glass of white wine for yourself.*) *Je prends un verre de vin blanc*
Garçon Très bien.
Vous (**3** *Order a beer for the other adult.*) *Il prend une bière*
Garçon Bouteille ou pression?
Vous (**4** *Bottled.*) *en bouteille*
Garçon Et pour les enfants?
Vous (**5** *Order three tonic waters, five Çoca-Colas and seven freshly squeezed lemon juices.*) *Il prends trois Schweppes, cinq Cocas et sept citron pressés*
Garçon Vous avez beaucoup d'enfants! C'est votre classe?
Vous (**6** *Say yes, you are teachers.*) *Oui nous sommes professeurs.*
Garçon Alors, tout de suite, messieurs-dames.

B Match the questions and answers below.

1 Oui, j'ai une Renault. *c*
2 Non, je n'ai pas d'animal familier. *e*
3 Non, mais j'ai un vélo. *d*
4 J'ai un fils et une fille. *a*
5 Non, j'ai seulement un appartement. *b*

a Avez-vous des enfants?
b Avez-vous une maison?
c Vous avez une voiture française?
d Vous avez un bateau?
e Est-ce que vous avez un chien?

C Interview your neighbour.

Prepare questions about his/her belongings (house, car, pets, etc.).

D   Fill in the gaps with the correct form of the verb **avoir**.

1   Moi j'_ai_____ une voiture anglaise et ma femme ____a____ une voiture française.
2   Les enfants _ont____ un lapin, un hamster et des souris blanches.
3   _Avez___ -vous une maison?
    Oui, nous _avons__ une grande maison en Normandie.
4   Mon mari ____a____ une moto; moi j'____ai____ un vélo.
5   Vous _avez___ combien d'enfants?
    Nous _avons___ deux filles, mais nous n'_avons__ pas de fils.
6   Tu ___as___ un bateau?
    Non je n'___ai____ pas de bateau. Et toi?

E   Continue the sequence.

1   Un, trois, cinq, _____ , _____ .
2   Cinq, dix, quinze, _____ .
3   Dix, douze, _____ , _____ , _____ , vingt.
4   Vingt, dix-neuf, dix-huit, _____ , _____ , _____ , quatorze.
5   Dix-neuf, dix-sept, quinze, _____ , _____ .

écoutez bien!

Première partie

You are going to hear five customers in a café asking the waiter what their bills come to. Write the amount due for each round in the correct speech bubble below.

Deuxième partie

Listen to the conversation between Mrs Bigger, a French lady married to a wealthy American, and an old acquaintance, Monsieur Lepetit. Then read the statements below carefully and answer **vrai** or **faux** (*true or false*).

a Mme Bigger a une petite maison en Floride.

b Elle n'a pas d'enfants.

c Elle a un chien, deux chats et des poissons rouges.

d Elle a trois voitures.

e Elle a un yacht en Californie.

f Elle n'a pas de vélo.

Photos de Bretagne

1 Fill in the gaps.

a Dominique et Antoine ne _____ pas ingénieurs, ils _____ cuisiniers.

b Nous _____ fiancés, nous ne _____ pas mariés.

c Vous _____ français? Non, je ne _____ pas français, je _____ anglais.

d Qui est-ce? _____ Josée. Est-ce qu'elle est professeur? Non, elle _____ professeur, elle est _____ .

e _____ ? C'est Henri. _____ médecin? Non, il _____ médecin, il _____ pharmacien.

2 Choose the correct answer from between the slashes.

a Sylvie est fonctionnaire / infirmière / ouvrière dans une usine de parfums.

b Marie et François sont de Strasbourg. Ils sont bretons / alsaciens / corses.

c Quelle est votre nationalité? / Quelle est votre situation de famille? / Quel est votre métier? Je suis ingénieur.

d Comment vous appelez-vous? Je suis Jeanne / Je suis professeur / Je m'appelle Jeanne.

e Je ne suis pas marié, je suis célibataire / fonctionnaire / allemand.

3 You are in a French café with six friends. As you know your friends' likes and dislikes, can you help them make the right decisions?

a She hesitates between **un kir** and **un panaché**. You know she does not like beer.

b He is allergic to milk. Will you suggest **un café** or **un crème**?

c She definitely prefers red wine. Will you recommend **un vin rouge** or **un vin blanc**?

d This friend always chooses draught beer because it's cheaper. So should it be **une bière bouteille** or **une bière pression**?

e He hates cheese. Can he order a **croque-monsieur**?

f She is a vegetarian. Should she have **un sandwich au jambon** or **un sandwich au fromage**?

4   Pick the odd one out in the boxes below, and justify your choice.

a
> un vélo
> un car
> un kir
> une voiture

b   un lapin   un chien   un hamster   un fils

c
> une maison
> une bouteille
> un appartement
> un garage

d   des poissons   des souris   des amis   des chats

e
> un camion
> une bière
> un panaché
> un crème

f   un mari   une fille   un frère   un fils

5   Put in the correct form of the verb **avoir** in these sentences. Then match them with the questions that follow.

a Non, mais nous _____ des amis à Nice.

b Non, ils n'_____ pas d'enfants.

c Oui, j'ai un cochon d'Inde et mon frère _____ trois lapins.

d Ma femme a une Vauxhall, mais moi, j'_____ une petite voiture française.

e Non, mais moi, j'en _____ un.

(i)   Avez-vous des animaux familiers?

(ii)   Avez-vous une voiture anglaise?

(iii)   Avez-vous des amis français à Paris?

(iv)   Elle a aussi un vélo?

(v)   Ils ont des enfants?

Quatrième unité

Quatrième unité

la visite de Paris

Ah, voilà le car! Allons-y!

The tourists are waiting for the coach to go on a tour of Paris.

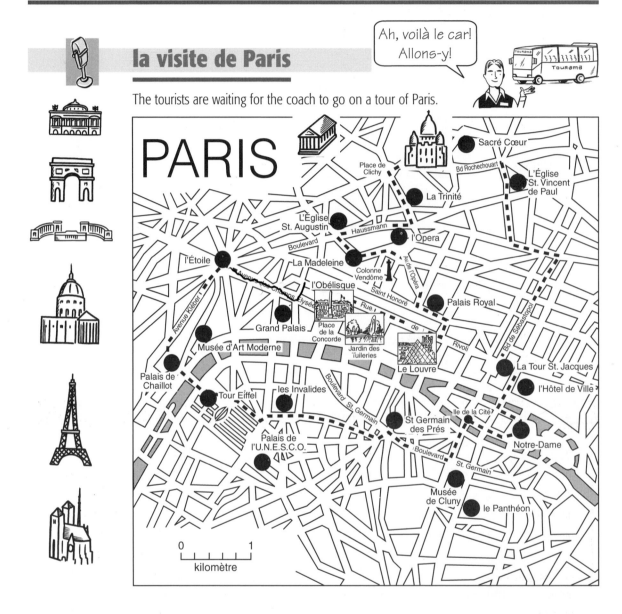

Guillaume Voici l'Arc de Triomphe et les grandes avenues. Nous sommes maintenant avenue Kléber ... Voilà le palais de Chaillot.

Claire Qu'est-ce que c'est?

Guillaume C'est un centre culturel, avec des musées, un théâtre ... Voici la Seine ...

Claire C'est un fleuve magnifique!

Guillaume Oui. Nous sommes maintenant sur le pont d'Iéna.

Henri	Regardez, un bateau mouche!
Guillaume	Oui, et voilà la célèbre tour Eiffel.
Henri	Ah, la tour Eiffel, formidable!
Guillaume	À gauche, ce sont les Invalides.
Claire	Qu'est-ce que c'est exactement?
Guillaume	À l'origine, un hôpital pour les soldats, aujourd'hui, le musée de l'Armée …
Henri	Il y a aussi le tombeau de Napoléon, n'est-ce pas?
Guillaume	Oui, c'est vrai … Nous sommes maintenant à Saint Germain-des-Prés. Regardez l'église!
Claire	Et la Grande Arche?
Guillaume	C'est à la Défense, à l'ouest de Paris. Et voilà le quartier Latin, le quartier des étudiants … Nous sommes maintenant dans l'île de la Cité, le cœur de Paris. À droite, c'est la cathédrale de Notre-Dame, et il y a aussi un marché aux fleurs …
Henri	Est-ce que le Centre Pompidou est par ici?
Guillaume	C'est exact. C'est très intéressant, et il y a souvent un spectacle sur l'esplanade.
Claire	Quoi, par exemple?
Guillaume	Des jongleurs, des chanteurs …
Claire	Oh, allons-y, allons-y!

MOTS ET EXPRESSIONS UTILES

Qu'est-ce que c'est?	*What is this?/What is it?*	voilà	*there is*
C'est un/une …	*It's a …*	il y a	*there is/there are*
le palais	*the palace*	regardez	*look*
un musée	*a museum*	célèbre	*famous*
un fleuve	*a large river*	formidable	*terrific*
le pont	*the bridge*	aujourd'hui	*today*
un bateau mouche	*a river-boat for sight-seeing*	à gauche	*on the left*
la tour	*the tower*	à droite	*on the right*
un hôpital	*a hospital*	à l'ouest	*to the west*
une église	*a church*	pour	*for*
un marché (aux fleurs)	*a (flower) market*	souvent	*often*
le cœur	*the heart*	par ici	*round here*
maintenant	*now*	Allons-y!	*Let's go!*
voici	*here is*		

avez-vous compris?

Can you match the following descriptions with places mentioned on the coach tour?

1 This river runs through Paris.

2 Today a military museum, it houses the tomb of Napoleon.

3 A district frequented by students.

4 Notre-Dame can be found here, in what is known as the heart of Paris.

5 A colourful modern cultural centre where there are often displays or performances out on the esplanade.

6 Another cultural centre containing museums and a theatre.

7 A district situated to the west of Paris.

à vous!

Travaillez avec un/une partenaire. *Work with a partner*. A French-speaking tourist is checking up on the sights in the London area. Do your best to assist, but don't be afraid to say **je ne sais pas**, if you don't know!

Touriste   Covent Garden, qu'est-ce que c'est? C'est un marché?

Vous   Non, ce n'est pas un marché, c'est un centre culturel avec l'Opéra, des magasins, des cafés, des spectacles …

Touriste   Et St Paul's, c'est une cathédrale?

Vous   Oui, **1** _____ .

Touriste   The Victoria and Albert, c'est un musée?

Vous   Oui, **2** _____ .

Touriste   Et St Martin-in-the-Fields, qu'est-ce que c'est?

Vous   **3** _____ .

Touriste   Et St Bartholomew's, c'est une église aussi?

Vous   Ah non, **4** _____ .

Touriste   Le Dominion, qu'est-ce que c'est?

Vous   **5** _____ .

Touriste	Et le Cutty Sark, qu'est-ce que c'est?
Vous	**6** _____ .
Touriste	Merci monsieur/madame, et au revoir!

la visite de Paris (suite et fin)

After their walk to the Pompidou Centre, the coach tour continues …

Guillaume	Nous sommes maintenant à Montmartre, dans le nord de Paris … Voilà le Sacré-Cœur.
Claire	Qu'est-ce que c'est?
Guillaume	C'est une église, une basilique exactement.
Henri	Et la place du Tertre, c'est aussi à Montmartre?
Guillaume	Oui, c'est aussi à Montmartre, là-haut!
Henri	C'est une place avec des artistes, des peintres, n'est-ce pas?
Guillaume	Oui, c'est ça … Ah, voici les grands boulevards. Voilà le Printemps, les Galeries Lafayette …
Claire	Ah oui, les grands magasins!
Guillaume	Voici La Madeleine … C'est aussi une église, de style grec … Et voilà l'Opéra Garnier … Nous sommes maintenant au Palais-Royal. Voici la Comédie-Française.
Claire	Ah, le théâtre de Molière!
Guillaume	Et voici le Louvre, un palais converti en musée …
Henri	Regardez, la pyramide de verre!
Guillaume	Voici le jardin des Tuileries … Et voilà la place de la Concorde avec l'obélisque de Louqsor.

Guillaume	Ah! nous sommes enfin aux Champs-Élysées, l'hôtel n'est plus loin.

MOTS ET EXPRESSIONS UTILES

le nord	*the north*	seulement	*only*
la place	*the square*	enfin	*at last*
un grand magasin	*a department store*	C'est ça.	*That's it./That's right.*
le jardin	*the garden*	Qu'est-ce qu'il y a?	*What's the matter?*
un embouteillage	*a traffic jam*	une manifestation	*a demonstration*
là-haut	*up there*	loin	*far*

avez-vous compris?

1 In what part of Paris is Montmartre?

2 What is the place du Tertre famous for?

3 Name two famous department stores in Paris.

4 What is the Comédie-Française?

5 The Louvre is a famous museum, but what was it originally?

6 What is there in the middle of the place de la Concorde?

7 What delays the coach there?

à vous!

The text of the illustrated guide of Paris has got separated from the pictures. Can you match them up? Some of the text applies to more than one picture.

1 Avec 320 mètres, c'est un monument très célèbre à Paris. Construit en 1889.

2 Ce sont des centres culturels, avec des musées, des théâtres, des expositions, des spectacles.

3 Ce sont des musées: un palais converti en musée, avec sa pyramide de verre, et le musée de l'Armée, à l'origine un hôpital pour les soldats.

4 C'est une église, une basilique, à Montmartre dans le nord de Paris.

5 C'est un quartier très moderne à l'ouest de Paris.

6 C'est une place, célèbre pendant la Révolution. Maintenant, il y a un obélisque égyptien.

a Le Sacré-Cœur

b Le Centre Pompidou

c La tour Eiffel

d Le palais de Chaillot

e La Défense

f Le Louvre

g Les Invalides

h La Concorde

à la réception de l'hôtel

When the tourists arrive back at their hotel, a prospective customer is making some enquiries at reception.

Client	Bonjour, madame. Vous avez des chambres libres?
Réceptionniste	Une chambre pour une personne?
Client	Non, une chambre pour deux personnes, de préférence avec salle de bain ou douche.
Réceptionniste	Pour une nuit?
Client	Oui, pour ce soir seulement.
Réceptionniste	Alors, il y a une chambre avec douche, lavabo et WC privés qui fait cent cinquante euros, avec la télévision et le téléphone.
Client	Le petit déjeuner est compris?
Réceptionniste	Non, il est en plus, il fait seize euros par personne.
Client	Il y a un restaurant?
Réceptionniste	Oui, bien sûr.
Client	Il y a un garage?
Réceptionniste	Non, je regrette, mais il y a un parking.
Client	Ça va, je la prends.
Réceptionniste	Quel est votre nom?
Client	Lafitte.
Réceptionniste	Ça s'écrit comment?
Client	L-A-F-I-deux T-E.
Réceptionniste	Très bien. Voici votre clé. C'est la chambre numéro six cent dix, au sixième étage.
Client	Il y a un ascenseur j'espère!
Réceptionniste	Bien sûr monsieur, tout de suite à gauche, mais je regrette, il est en panne!

MOTS ET EXPRESSIONS UTILES

des chambres libres	*vacancies*
une chambre pour une personne	*a single room*
une chambre pour deux personnes	*a double room*
avec douche/salle de bain	*with shower/bathroom*

lavabo/WC privés	washbasin/own toilet
un parking	a car park
votre clé/clef (f.)	your key
un ascenseur	a lift
pour une nuit	for one night
pour ce soir	for tonight
Le petit déjeuner est compris?	Is breakfast included?
ça va	all right
Ça s'écrit comment?	How is that spelt?
au sixième étage	on the sixth floor
bien sûr	of course
je regrette	I am sorry
en panne	out of order

avez-vous compris?

Répondez en anglais. *Answer in English.*

1 How long do the Lafittes want the room for?

2 What facilities do they get with the room?

3 How much will it cost them with breakfast?

4 Where can they leave their car?

5 What is the room number, and where is it situated?

6 What is wrong with the hotel?

à vous!

1 Ask for the following rooms:

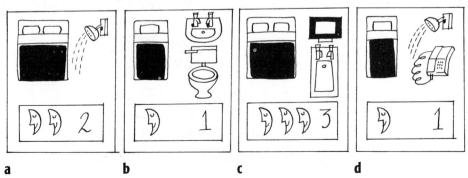

a   b   c   d

2 Travaillez avec un/une partenaire. *Work with a partner.*

You now want to find out what facilities the hotel does or does not provide in terms of a lift, parking, restaurant and so on. As a customer, write a list of your priorities. The receptionist will tell you if the hotel can satisfy you, by answering **oui**, **bien sûr** or **non**, **je regrette** accordingly.

Example: – Il y a un parking?
        – Non, je regrette.

3 Qu'est-ce qu'il y a dans la chambre de Jeanne? *What is there in Jeanne's hotel room?* Look at all the objects in the room, and point to them as you hear them mentioned on the cassette.

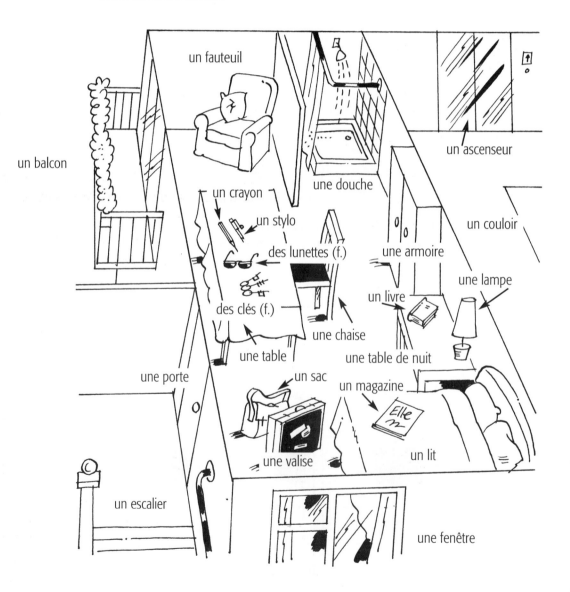

4 Travaillez avec un/une partenaire. *Work with a partner.*
When you are confident that you know the vocabulary, take it in turns to ask **Comment dit-on ... en français?** (*How do you say ... in French?*)
In your answers, don't forget to use **un**, **une** or **des** as appropriate.

l'alphabet français

Écoutez l'alphabet français sur la cassette. *Listen to the French alphabet on the cassette*. Repeat the letters with the cassette or with your teacher. (To help you, we have included an approximate pronunciation guide on page 319.)

à vous!

1 Pouvez-vous épeler votre nom, s'il vous plaît?
Practise spelling your name, the name of your street and the name of your town/village.

2 Travaillez avec un/une partenaire. *Work with a partner*.
Revise some useful vocabulary you have come across so far in *Façon de Parler!* Take it in turns to test your partner by spelling some words which they will have to write down. Check that they know what they mean by asking **Qu'est-ce que c'est en anglais?**

3 Écrivez le maximum de mots.
Find at least one French word for each letter of the alphabet. Continue this list:
A comme **a**nimal, **B** comme **b**ateau, **C** comme **c**amion, **D** comme **d** ...

4 Le pendu.
Play 'Hangman' working in pairs or in a group.

UN PEU DE GRAMMAIRE

le (m.)	
la (f.)	the (singular)
l' (before a vowel, m. or f.)	
les	the (plural)

Examples: le stylo, la clé, l'armoire, les portes

un (m.)	
une (f.)	a/one
des	some

Examples: un étudiant, une étudiante, des étudiant(e)s

c'est	this is/it's
ce sont	these are/they're

▶ **Grammaire** 3(a)(b), 9(a)(b)

EXERCICES

A   Parts of the hotel have to be redecorated. Can you complete the painter's list, using **le**, **la**, **l'**, or **les** correctly?

1 _____ portes

2 _____ escalier

3 _____ couloir

4 _____ balcon

5 _____ fenêtres

6 _____ ascenseur

7 _____ armoires

8 _____ douche

9 _____ salle de bain

10 _____ tables

B   Can you remember where to use **un**, **une** or **des**? Try to complete the following sentences about Paris.

1 Le palais de Chaillot est _____ centre culturel avec _____ théâtre et _____ musées.

2 Le Printemps et les Galeries Lafayette sont _____ grands magasins.

3 La tour Eiffel est _____ monument très célèbre.

4 Il y a _____ artistes place du Tertre.

5 La Madeleine est _____ église de style grec.

6 Il y a _____ embouteillage place de la Concorde.

C You overhear a conversation at the hotel reception, but it is noisy and you can't catch all the words. Can you complete the dialogue using the words below?

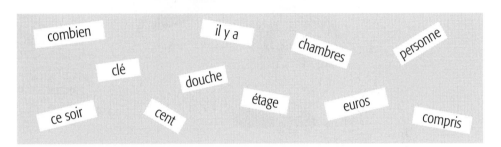

combien   il y a   chambres   personne

clé   douche   étage   euros

ce soir   cent   compris

Cliente	Vous avez des **1** _____ libres?
Réceptionniste	Pour **2** _____ ?
Cliente	Oui, de préférence avec **3** _____ .
Réceptionniste	Pour **4** _____ de personnes?
Cliente	Pour une **5** _____ .
Réceptionniste	J'ai une chambre au troisième **6** _____ .
Cliente	**7** _____ un ascenseur?
Réceptionniste	Oui, bien sûr. La chambre fait **8** _____ euros.
Cliente	Le petit déjeuner est **9** _____ ?
Réceptionniste	Non, il fait seize **10** _____ .
Cliente	Ça va, je la prends.
Réceptionniste	Voici votre **11** _____ .

D You are visiting an exhibition with a French theme. Try to get more information about the sketches by asking the attendant **Qui est-ce?** or **Qu'est-ce que c'est?** as appropriate.

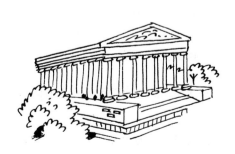

1

2

écoutez bien!

Première partie

A customer is ringing a hotel to book a room. The line is not very good. Can you provide the missing parts?

Réceptionniste	Allô, hôtel Europa, j'écoute!
Client	Allô! Bonjour, madame. Je voudrais réserver _____ .
Réceptionniste	Oui monsieur, pour _____ de personnes?
Client	Pour deux personnes, pour moi et pour _____ .
Réceptionniste	Et c'est pour combien de _____ ?
Client	Une seulement, le _____ mai.
Réceptionniste	Vous préférez avec _____ ou avec _____ ?
Client	Je ne sais pas!
Réceptionniste	Nous avons une chambre avec douche qui fait _____ euros.
Client	Combien?
Réceptionniste	_____ euros et le _____ fait _____ euros par personne.
Client	_____ un restaurant?
Réceptionniste	Non monsieur, _____ , mais il y en a d'excellents dans la région.
Client	_____ , je la prends.
Réceptionniste	Quel est _____ , monsieur?
Client	Martineau, M-A-R-T-I-N-E-A-U.

Deuxième partie

1 First listen to some letters spoken at random, and write them as you hear them. Each one will be said twice.

2 Then go back to the map on page 7. Some children are spelling the names of French towns, but a few of these places have been misspelt. Which ones?

lecture

The hotel **Le Manoir Normand** has many English-speaking customers. Help the owners complete the English version of their leaflet on the following page. Luckily, you have your copy of *Façon de Parler!* with you to look up the difficult vocabulary!

LE MANOIR NORMAND

Hôtel *** NN Restaurant

61250 PLANVILLE

Tel. 02 33 37 42 15

Télécopie. 02 33 03 80 11

Ouvert toute l'année.

PRIX EN EUROS

Taxes et services compris

	1 personne	2 personnes	Lit suppl.
Chambre douche	90,20	90,20	
Chambre bain	100/140	100/140	50
Appartement	250	250	
Petit déjeuner	12,50	25	

DEMI-PENSION (à partir de 3 JOURS)

Chambre bain	145/170	175/190
Appartement		220

PENSION COMPLÈTE

Chambre bain	150/180	180/200
Appartement		250

MENUS

Enfants 20€

35€ sauf samedi soir et dimanche

40€, 48€, 55€ et carte

SPORT À L'HÔTEL

Tennis sur gazon synthétique

Terrain de golf avec trois greens

Jogging en forêt – Vélo tout terrain

LE MANOIR NORMAND

Hôtel *** NN Restaurant

61250 PLANVILLE

Tel. 02 33 37 42 15

_____ 02 33 03 80 11

_____ all year round

_____ **IN EUROS**			
Tax and service _____			
	1	2	Extra
	person	persons	____
Room _____	90,20	90,20	
Room _____	100/140	100/140	50
_____	250	250	
_____	12,50	25	
_____ **(minimum 3 days)**			
Room _____	145/170	175/190	
_____		220	
_____			
Room _____	150/180	180/200	
_____		250	

MENUS
_____ 20€
35€ _____
40€, 48€, 55€ and à la carte
HOTEL SPORTS
Tennis _____
Golf course with three greens
Jogging in the forest – _____

un mauvais rêve au restaurant

After his first day in Paris, our cook Antoine dreams that he is having an unfortunate experience in a restaurant, with his brother Dominique and some of the other tourists in their group.

Guillaume	Monsieur! Le menu, s'il vous plaît!
Serveur	Voilà, messieurs-dames.
Guillaume	Merci … Voyons … Hm …
Jeanne	J'ai faim!
Sylvie	Moi aussi.
Dominique	Moi, j'ai soif!
Antoine	Moi aussi.

Serveur	Vous avez choisi, messieurs-dames?
Sylvie	Moi, je voudrais de la soupe pour commencer. Vous avez de la soupe de tomates?
Serveur	Je suis désolé, il n'y a pas de soupe le midi.
Sylvie	Alors de la salade de tomates?
Serveur	Il n'y a pas de crudités aujourd'hui, mais il y a de la charcuterie.
Sylvie	Bon, alors, du pâté de campagne.

Serveur	Bien, mademoiselle.
Guillaume	Pour moi aussi.
Antoine	Et pour moi, du saucisson à l'ail.
Dominique	Pour moi aussi.
Serveur	Oui, et pour mademoiselle?
Jeanne	Je ne sais pas … un œuf dur à la mayonnaise, peut-être.
Serveur	Très bien.

MOTS ET EXPRESSIONS UTILES

mauvais(e)	*bad*
un serveur	*a waiter*
J'ai faim.	*I am hungry.*
J'ai soif.	*I am thirsty.*
Vous avez choisi?	*Are you ready to order? (lit. have you chosen?)*
Je voudrais …	*I would like …*
pour commencer	*to start with*
je suis désolé(e)	*I am sorry*
Il n'y a pas …	*There isn't …*
Il n'y a plus …	*There isn't any … left.*
des crudités	*(some) raw vegetable salad*
de la charcuterie	*(some) cold meat (from the delicatessen)*
du saucisson	*(some) salami-type sausage*
à l'ail	*with garlic*
un œuf dur	*a hard-boiled egg*

avez-vous compris?

1 Who is hungry?

2 Who is thirsty?

3 What is not served at lunchtime?

4 Why can't Sylvie have tomato salad?

5 Who chooses garlic sausage?

6 What sort of egg does Jeanne ask for?

à vous!

Travaillez avec un/une partenaire. *Work with a partner*. Imagine you are in a French restaurant ordering starters for yourself and one other person. Your partner is the waiter. Choose tomato salad to start with, then try soup. Finally select something else for yourself and your friend. Now change parts.

Serveur   Vous avez choisi?

Vous   Je voudrais **1** _____

Serveur   Je suis désolé, il n'y a pas de salade de tomates le midi.

Vous   Alors, **2** _____

Serveur   Il n'y a pas de soupe aujourd'hui.

Vous   Bon alors, pour moi **3** _____

Serveur   Bien, et pour Monsieur/Madame?

Vous   **4** _____

Serveur   Très bien.

un mauvais rêve au restaurant (suite)

The dream continues.

Serveur   Et ensuite?

Jeanne   Moi, je voudrais de la viande . . . un steak bien cuit avec des frites.

Serveur   Je suis désolé mademoiselle, il n'y a plus de bifteck.

Jeanne   Oh, quel dommage! Alors . . . voyons . . . du poulet rôti avec des frites.

Serveur   Il n'y a plus de frites non plus.

Jeanne   Est-ce que vous avez des légumes?

Serveur   Bien sûr! Aujourd'hui il y a de la ratatouille. Il y a aussi du riz.

Jeanne   Alors du poulet rôti et de la ratatouille.

Antoine   Moi, je voudrais du poisson. Vous avez du poisson aujourd'hui?

Serveur   Oui, mais seulement des sardines à l'huile.

Antoine   Non, merci!

Serveur	Une omelette peut-être?
Antoine	Quelle bonne idée! Hm . . . Une omelette aux champignons.
Serveur	Désolé, monsieur, il n'y a pas de champignons.
Antoine	Alors, une omelette au jambon.
Serveur	Il n'y a plus de jambon.
Antoine	Eh bien, une omelette nature, c'est possible?
Serveur	Oui, bien sûr.
Dominique	Pour moi aussi, s'il y a assez d'œufs!
Guillaume	Et pour moi.
Serveur	Très bien. Et vous mademoiselle?
Sylvie	Du coq au vin.
Serveur	Il n'y a plus de coq au vin. Du poulet?
Sylvie	Alors du poulet et du riz.
Serveur	Bien.

MOTS ET EXPRESSIONS UTILES

de la viande	*(some) meat*	une omelette aux champignons	*a mushroom omelette*
un steak/bifteck bien cuit	*a well-done steak*	une omelette au jambon	*a ham omelette*
des frites (f.)	*(some) chips*	s'il y a	*if there are*
du poulet rôti	*roast chicken*	assez d'œufs	*enough eggs*
des légumes (m. pl.)	*(some) vegetables*	Quel dommage!	*What a pity!*
du poisson	*(some) fish*	Voyons.	*Let's see.*
à l'huile	*with oil*	Eh bien,	*Well,*

avez-vous compris?

Répondez vrai ou faux. *Answer true or false.*

1 Jeanne would like steak and chips.

2 She finally has roast chicken and chips.

3 Sardines are the only fish on the menu today.

4 Ham omelettes and mushroom omelettes are both available.

5 Sylvie has chicken cooked in wine.

à vous!

Travaillez avec un/une partenaire. *Work with a partner*. Practise ordering the items in the box. The restaurant has run out of everything except eggs! Use the exchange below and then continue along the same lines.

roast chicken   fish   chips   ratatouille   vegetables   rice

Serveur	Et ensuite?
Vous	Je voudrais …
Serveur	Désolé, il n'y a plus de poulet rôti.
Vous	Alors …
Serveur	Désolé, il n'y a plus de …

 ## un mauvais rêve au restaurant (suite et fin)

Antoine must be getting hungry in his sleep.

Serveur	Et comme dessert?
Jeanne	Oh, pour moi, du fromage.
Serveur	Oui, mais il n'y a plus de camembert, plus de brie, plus de fromage de chèvre, plus de …
Jeanne	Qu'est-ce qu'il y a exactement?
Serveur	Du gruyère.
Jeanne	Très bien.
Sylvie	Avez-vous des yaourts?
Serveur	Oui, mais seulement aux fraises.
Guillaume	Qu'est-ce que vous avez comme fruits?
Serveur	Des oranges.
Dominique	Qu'est-ce que vous avez comme gâteaux?
Serveur	Nous avons une excellente tarte aux poires maison.
Antoine	Parfait.
Guillaume	Parfait.

Dominique	Parfait.
Serveur	Alors, du gruyère, un yaourt et trois tartes?
Guillaume	C'est ça.
Antoine	Quel restaurant! Il n'y a pas de bifteck, pas de frites, pas de soupe, pas de coq au vin ...
Serveur	Mais si, monsieur!
Antoine	Comment, il y a du coq au vin?
Serveur	Non, mais il y a du vin!
Antoine	Alors une bouteille de bordeaux.
Serveur	Nous avons seulement du bourgogne.
Tous	Parfait!
Guillaume	Moi, je voudrais de l'eau, s'il vous plaît. Vous en avez, j'espère!

MOTS ET EXPRESSIONS UTILES

du fromage	*(some) cheese*
du fromage de chèvre	*(some) goat's cheese*
des yaourts (m. pl.)	*(some) yogurts*
Qu'est-ce que vous avez comme ... ?	*What sort of ... have you got?*
aux fraises	*with strawberries*
une tarte aux poires	*a pear flan*
si	*yes (following a negative statement)*
Mais si, monsieur!	*Of course, sir! (emphatic)*
Vous en avez, j'espère!	*I hope you've got some!*

avez-vous compris?

Tick the items that are on the menu today:

Cheese		Desserts		Drinks	
brie	☐	yogurts	☐	Bordeaux wine	☐
camembert	☐	oranges	☐	Burgundy wine	☐
goat's cheese	☐	pears	☐		
gruyère	☐	strawberry flan	☐		

à vous!

Ask the appropriate questions about what food and drink is available, to get the answers given here.

Example: – Soupe de tomates et soupe aux champignons.
     – Qu'est-ce que vous avez comme soupe?

1 Brie, camembert, gruyère et fromage de chèvre.

2 Tartes, éclairs.

3 Bordeaux, bourgogne, vin d'Alsace.

4 Bifteck, poulet rôti.

5 Fraises, poires, oranges.

Re-read the whole conversation carefully, work out what each of our tourists has ordered, and fill in the order pad below.

	Entrée	**Plat principal**	**Dessert**
Antoine			
Dominique			
Jeanne			
Sylvie			
Guillaume			

le petit déjeuner

The first morning in Paris, Jeanne wanted her breakfast served in her room. This is the form she filled in to order it.

HÔTEL ÉTOILE

■ ■ ■

Petit Déjeuner

Chambre: 18   Pour 1/~~2~~ personne(s)

Jus de fruit	Orange ☑	Pamplemousse ☐		Pain ☐
Café	noir ☑	au lait ☐	décaféiné ☐	Beurre ☑
Thé	nature ☐	au lait ☐	au citron ☐	Pain grillé ☐
Chocolat chaud ☐				Confiture ☐
Céréales ☐	Saucisses ☐	Œuf au plat ☐		Croissants ☑
				Miel ☐
				Sucre ☐

7 heures   ☐
7 heures et demie   ☐
8 heures   ☑
8 heures et demie   ☐
9 heures   ☐

à vous!

Jeanne a commandé du jus d'orange, du café noir, des croissants et du beurre pour 8 heures.

If you were staying at the Hôtel Étoile, what would you order and for what time?

et vous?

Qu'est-ce que vous prenez? Prenez-vous le petit déjeuner à l'anglaise ou à la française?

Moi, je prends …

UN PEU DE GRAMMAIRE

There is some …

Il y a du fromage (m.).

de la soupe (f.).

de l'eau (before a vowel).

de l'huile (before an h).

des frites (pl.).

There isn't any …	*There isn't any more …(left)*
Il n'y a pas de fromage.	Il n'y a plus de fromage.
de soupe.	de soupe.
d'eau.	d'eau.
d'huile.	d'huile.
de frites.	de frites.

▶ **Grammaire** 5(b)

EXERCICES

Je voudrais du champagne, du caviar, et du saumon fumé.

Vous avez de l'argent, madame?

A Complete the other customers' more modest shopping lists by using the pictures.

1 Je voudrais **a** du thé, **b** de la moutarde, **c** de la bière, **d** de l'_____, **e** _____ _____ et **f** _____ _____ .

2 Je voudrais **a** de la crème, **b** de la viande, **c** du _____, **d** du _____, **e** _____ _____ et **f** _____ .

3 Je voudrais **a** de l'huile, **b** des bonbons, **c** de la _____, **d** du _____, **e** _____ _____ et **f** _____ _____ _____ .

4 Je voudrais **a** du _____ , **b** _____ _____ , **c** _____ _____ ,
d _____ _____ et **e** _____ _____ .

B Now imagine you are trying to order some of the items above, in the following situations:

1 at the grocer's

2 having breakfast in a French café

3 having a meal in a restaurant.

C The lady who owns the house you are renting hasn't stocked up the fridge as she promised. There's no butter, cheese, eggs, meat, beer or milk. Continue this note to her.

Madame,
Dans le frigidaire il n'y a pas de ...

D Fill in the gaps with **du**, **de la**, **de l'**, **des**, **de** or **d'**.

Marchand	Bonjour monsieur. Vous désirez?
Client	Je voudrais **1** _____ huile d'olive, s'il vous plaît.
Marchand	Je suis désolé, je n'ai plus **2** _____ huile d'olive.
Client	Je voudrais **3** _____ pain.
Marchand	Désolé, je n'ai pas **4** _____ pain.
Client	Je voudrais de la bière.
Marchand	Je n'ai pas **5** _____ bière, j'ai seulement **6** _____ vin.
Client	**7** _____ bordeaux?
Marchand	Oui, monsieur, voilà!
Client	Merci. Avez-vous **8** _____ salade?
Marchand	Non, je n'ai pas **9** _____ salade, mais j'ai **10** _____ fruits et **11** _____ légumes.
Client	Avez-vous **12** _____ moutarde?
Marchand	Oui, j'ai **13** _____ moutarde de Dijon.

Client	Très bien. Je voudrais aussi **14** _____ thé.
Marchand	Je suis désolé, je n'ai plus **15** _____ thé, mais j'ai **16** _____ café.
Client	Alors **17** _____ café. Avez-vous **18** _____ lait?
Marchand	Je n'ai pas **19** _____ lait aujourd'hui, mais j'ai **20** _____ fromage.
Client	Non, merci, pas dans le café!
Marchand	Alors, c'est treize euros, monsieur.
Client	Oh, je suis désolé, mais je n'ai pas **21** _____ argent!

E   Re-read the dialogue of Exercise D carefully. Make a list of the items the shopkeeper cannot provide, and a list of the items the customer could get if he had the money.

écoutez bien!

You will hear fifteen very brief conversations about food and drink. Listen carefully and, for each of them, complete the statements below.

1   The lady orders roast _____ and _____ .

2   For breakfast, this man eats croissants or _____ .

3   Today's dessert is _____ .

4   The children drink _____ or _____ for breakfast.

5   To start with, the customer wants some _____ soup.

6   Today, bananas and _____ are available.

7   The _____ is in the fridge, but nobody knows where the _____ is!

8   The customer chooses _____ juice.

9   Sorry, there isn't any _____ today.

10   Antoine is thirsty; he would like a _____ .

11   The customer asks for some _____ with his cold meat.

12   Sorry, there is no _____ left.

13   The sandwiches available are _____ or _____ .

14   Sylvie prefers _____ .

15   This hungry person would like some _____ and _____ .

lecture

You have been asked to recommend restaurants to tourists staying in two areas: Fouesnant, in Brittany, and Savoie. Look at the advertisements and answer the questions.

La Tanière

B A R – R E S T A U R A N T

- Grand buffet de salades
- Plat du jour
- Grillades
- Spécialités savoyardes le soir

Service à toute heure
Terrasse ensoleillée face
aux pistes

AVORIAZ 1800

LA TANIERE

Place du Téléphérique ▪ Tél. 04 50 74 13 10

B A R
▪
C R Ê P E R I E
▪
S N A C K

"LE YÉTI"

Plateau d'Avoriaz ▪ Tél. 04 50 74 12 78

BAR–RESTAURANT
Les Marmottes
◆

MUFFAT et LANVERS
Terrasse ensoleillée

Jambon – Chanterelles
Fondue – Escargots
Ouvert été–hiver

Au pied du téléski de la
Licherette, aux
Lindarets

NOUVEAU!

L'Océane

Spécialités
CRÊPES • PIZZAS
36, Rue de Cornouaille
FOUESNANT
Proximité Parking
Ouvert tous les jours à partir de 11 h 00
Réservation/Commande 02 98 56 03 75

Bar – Restaurant
Vue unique sur la cascade

" A la
Grande
Chute "

Spécialités du Pays

Salade paysanne • Faux-filet aux girolles
Truites • Omelettes Savoyardes
Jambon de Savoie • Tartelettes aux
Myrtilles • Tartelettes aux Framboises
Crêpes

Banquet: salle de 40 couverts

à 2 kilomètres du Lac de Montriond
Cascade d'Ardent 74110 MONTRIOND

☎ 04 50 79 02 12
Ouvert toute l'année

CRÊPERIE
"à l'épi d'or"

PLEUVEN à 3 km de Fouesnant
Route de Quimper 02 98 54 60 49

dans un cadre rustique

REPAS DE CRÊPES
– GALETTES

(65 variétés de crêpes et galettes)

une visite s'impose . . .

Which Breton restaurants would you suggest for the following tourists:

1 A group wanting to eat in rustic surroundings.

2 A couple with young children wanting to eat at lunchtime.

3 A group wanting a wide variety of sweet and savoury pancakes.

Which restaurants in Savoy would you suggest for the following:

4 A couple wanting a view of the waterfall.

5 A family liking salads and grilled meat in the open air.

6 Somebody with a sweet tooth, wanting to try the local bilberry and raspberry tarts.

7 Someone wanting to try Savoie ham.

8 A couple wanting snails and fondue.

9 A large family wanting a wide choice, including sirloin, trout and pancakes.

10 A couple wanting a snack high up in the mountains.

Sixième unité

Sixième unité

mini-conversations

Guillaume is now asking people about their ages.

à vous!

1 Complétez. *Fill in the gaps.*

a Paul _____ onze ans.

b Élisabeth _____ sept _____ .

c Quel âge _____ Paul et Élisabeth?

d Quel âge _____-vous?

e Nous _____ onze ans et sept ans.

f Moustache a six _____ .

g Quel âge _____-tu?

h J'_____ quinze ans.

i Quel _____ a Jeanne?

j Je ne sais pas _____ âge elle _____ !

2 Travaillez avec un/une partenaire. *Work with a partner.* Ask your partner about the ages of his/her close relatives and pets.

Example: – Quel âge a votre mari? – Il a cinquante-six ans.
          – Quel âge a votre femme? – Elle a trente ans.

Qu'est-ce qui ne va pas?

What's wrong?

1   au Pôle nord …

2   au Sahara …

3   au restaurant …

4   à la cuisine …

5 à l'école …

Le Futuroscope est près de Marseille.

Le parc Astérix est près de Paris.

Non, tu as tort.

Oui, tu as raison.

6 au casino …

Vous avez de la chance!

7 à la maison …

J'ai peur!

8 à la maison …

Il a sommeil!

 à vous!

Complétez. *Fill in the gaps with the correct words.*

1 Elle n'a pas soif. Elle a _____ .

2 Il n'a pas faim. Il a _____ .

3 Elle n'a pas de _____ !

4 Il a _____ .

5 Ils ont _____ .

6 Il n'a pas froid. Il a _____ .

dans une chambre d'hôtel

At the hotel in the evening, François is having a shower and Marie cannot find her keys.

Marie	François, j'ai perdu mes clés! Tu sais où elles sont?
François	Dans ton sac, sans doute.

Marie	Non, j'ai regardé.
François	Sur la commode, alors?
Marie	Non!

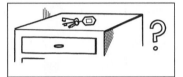

François	Sous le journal, peut-être?
Marie	Non plus!
François	Tu es sûre qu'elles ne sont pas par terre?

Marie	Ahhh!
François	Qu'est-ce qu'il y a?
Marie	Il y a une énorme araignée, au plafond!

François	Et derrière le radiateur?
Marie	Une araignée, derrière le radiateur!
François	Mais non, les clés!

Marie	Pourquoi derrière le radiateur? Pourquoi pas sur le balcon, devant la fenêtre ou au mur, derrière le tableau!

François	Je ne sais pas, moi!
Marie	Ah, les voilà, entre le sac et la valise.

MOTS ET EXPRESSIONS UTILES

J'ai perdu mes clés.	*I have lost my keys.*
sans doute	*probably*
j'ai regardé	*I have looked*
sur	*on*
la commode	*chest of drawers*
sous	*under*
par terre	*on the ground*
au plafond/mur	*on the ceiling/wall*
derrière	*behind*
devant	*in front of*
les voilà	*there they are*
entre	*between*
pourquoi (pas)	*why (not)*

avez-vous compris?

Répondez en français. *Answer in French.*

1 Est-ce que les clés sont dans le sac?

2 Est-ce qu'elles sont sur la commode?

3 Est-ce qu'elles sont sous le journal?

4 Qu'est-ce qu'il y a au plafond?

5 Les clés, sont-elles sur le balcon, devant la fenêtre?

6 Est-ce que les clés sont au mur, derrière le tableau?

7 Où sont les clés?

8 Est-ce qu'elles sont par terre?

à vous!

Complétez. *Fill in the gaps.*

Example: Il y a un avion **dans** le ciel.

1 Les lettres sont _____ le tiroir de la commode.

6 Les journaux et les magazines sont _____ .

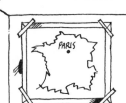

2 Il y a une dame _____ le parapluie.

7 Il y a une araignée _____ .

3 Il y a une carte de France _____ .

8 Le fauteuil est _____ la porte.

4 Il y a _____ contre le mur de l'école.

9 Il y a une auto _____ le camion et le car.

5 L'oiseau est _____ la branche.

10 Qu'est-ce qu'il y a _____ la boîte?

les photos-souvenirs

The tourists have given Guillaume some photos as souvenirs. He shows them to his friend Julien.

Guillaume	Ça, c'est Moustache, le chat d'Henri.
Julien	Henri?
Guillaume	Oui, Henri **le** pharmacien.
Julien	Ah! C'est le chat **du** pharmacien de Nuits-Saint-Georges. Et ça, qui est-ce?
Guillaume	Annette et Simon, les enfants de Josée, **la** Martiniquaise.
Julien	Ils sont mignons les enfants **de la** Martiniquaise! Ça, c'est une photo de Strasbourg, non?
Guillaume	Oui, c'est la ville de François et de Marie.
Julien	François et Marie?
Guillaume	Oui, **l'**ingénieur et **l'**infirmière.
Julien	Ah! C'est la ville **de l'**ingénieur et **de l'**infirmière. Ils ont de la chance! Et ça, qu'est-ce que c'est?
Guillaume	Ça, c'est le restaurant d'Antoine et de Dominique, **les** cuisiniers corses.
Julien	Il est sympa, le restaurant **des** cuisiniers!

MOTS ET EXPRESSIONS UTILES

mignon	*sweet, cute*
sympa(thique)	*nice* (here), *friendly*

avez-vous compris?

Répondez vrai ou faux. *Answer true or false.*

1 L'ami de Guillaume s'appelle Gilles.

2 Strasbourg est la ville du pharmacien.

3 *Les Flots Bleus* est le nom du restaurant des cuisiniers corses.

4 Le restaurant d'Antoine et de Dominique est sympathique.

5 Annette et Simon sont les enfants de l'infirmière et de l'ingénieur.

6 Moustache est le chat des enfants.

à vous!

1 Match the following French book titles with their English equivalents.

a La femme du boulanger. (Pagnol)

b Les contes du lundi. (Daudet)

c Le silence de la mer. (Vercors)

d La maison de Claudine. (Colette)

e L'école des femmes. (Molière)

f Journal d'un curé de campagne. (Bernanos)

g Le bal des voleurs. (Anouilh)

h Le médecin de campagne. (Balzac)

i L'école des maris. (Molière)

j Les fleurs du mal. (Baudelaire)

(i) The silence of the sea.

(ii) Diary of a country priest.

(iii) Claudine's house.

(iv) Monday's tales.

(v) The school for wives.

(vi) The baker's wife.

(vii) The country doctor.

(viii) The thieves' ball.

(ix) The flowers of evil.

(x) The school for husbands.

2 Who owns what? Write out the answers and give the English equivalents.

Example: le bateau du pêcheur – *the fisherman's boat*

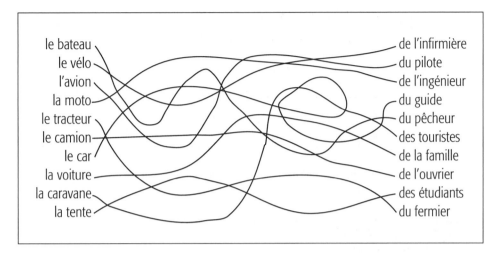

le bateau	de l'infirmière
le vélo	du pilote
l'avion	de l'ingénieur
la moto	du guide
le tracteur	du pêcheur
le camion	des touristes
le car	de la famille
la voiture	de l'ouvrier
la caravane	des étudiants
la tente	du fermier

UN PEU DE GRAMMAIRE

Expressions with *avoir*

J'ai vingt ans.	*I am twenty* (lit. I have twenty years).
J'ai faim/soif.	*I am hungry/thirsty* (lit. I have hunger/thirst).
J'ai froid/chaud.	*I am cold/hot.*
J'ai raison/tort.	*I am right/wrong.*
J'ai sommeil/peur.	*I am sleepy/afraid.*
J'ai de la chance.	*I am lucky.*

Possessives

L'ami de Guillaume.	*Guillaume's friend.*
La voiture de mon mari.	*My husband's car.*
Les lunettes du professeur/de la secrétaire/ de l'infirmière/des étudiants.	*The teacher's/secretary's/nurse's/students' glasses.*

▶ **Grammaire** 4(d), 5(a), 7

EXERCICES

 A Link what the people are saying and the corresponding reactions.

1 Je voudrais cinq litres d'eau minérale, trois bouteilles de limonade, deux bouteilles de coca et un litre de bière, s'il vous plaît.

2 Aujourd'hui, il fait vingt degrés à l'ombre.

3 Le Louvre est un hôpital converti en musée.

4 J'ai perdu mon sac avec mon passeport, mes clés, mon argent et mes cartes de crédit!

5 Pour moi, de la soupe pour commencer, puis une omelette, du poisson, du poulet avec des frites et des légumes, de la salade, du fromage, des fruits et une tarte aux pommes.

6 Il y a une statue de la Liberté à New York et à Paris.

7 Ils sont en vacances en Afrique. Ils font un safari au Kenya.

8 Regardez! C'est la souris blanche de mes enfants.

a Vous avez tort!

b Ils ont de la chance mais ils ont chaud!

c Il a faim!

d Elle n'a pas froid!

e Vous avez raison!

f Elle a peur!

g Vous avez soif!

h Vous n'avez pas de chance!

B Look at the picture and answer the questions in French.

1 Qu'est-ce qu'il y a derrière l'arbre?

2 Où est l'oiseau?

3 Qu'est-ce qu'il y a devant la moto?

4 Où est le hamac?

5 Où sont les enfants?

C Look at the picture and make up sentences about it.

D Fill in the gaps in the mini-conversations with **de**, **du**, **de la**, **de l'** or **des**.

– Qui est-ce?

– C'est la femme **1** _____ Lucien.

– Lucien?

– Le médecin.

– Ah, c'est la femme **2** _____ médecin.

– Où sont les clés?

– Quelles clés? Les clés **3** _____ maison?

– Non, les clés **4** _____ voiture.

– Les étudiants ont sommeil?

– Quels étudiants? Les étudiants **5** _____ professeur de français?

– Oui, les étudiants **6** _____ Madame Michaud.

– Le car **7** _____ touristes est devant l'hôtel? */ coach*

– Oui, mais la moto **8** _____ guide est entre le car et le mur **9** _____ hôtel!

E Turn to the reference section on page 350 and study the cardinal numbers. Then, say or write the following numbers and complete the sequences.

1 30, 50, 70, _____ .

2 40, 60, _____ , _____ .

3 6, 12, 24, 48, _____ .

4 11, 21, 31, 41, 51, _____ , _____ , _____ , _____ .

5 100, 95, 90, 85, 80, _____ , _____ , _____ , _____ .

écoutez bien!

Première partie

Listen to the series of short dialogues, then complete the sentences.

1 Charlotte is _____ years old and Juliette is _____ .

2 The girl is _____ years old and her brother is _____ .

3 Henry's cat is _____ old.

4 Marie is lucky because she doesn't have any _____ .

5 The children are _____ .

6 Chantal is _____ .

Heureux anniversaire!

Deuxième partie

Now listen to five more dialogues. In each case say what has been lost and where it might be found.

Faites le point! unités 4–6

1 Pick the odd one out.

a Which is not a means of transport?

bateau
vélo
parapluie
camion
moto

b Which of these would you not be able to fit into a handbag?

clés   crayons   stylos   douches   lunettes

c Who would not normally be working in a town?

fonctionnaire
pêcheur
médecin
professeur
coiffeuse

d Which is not edible?

riz   poulet   poisson   carte   poire

e Which is not a building?

église
grand magasin
champignon
palais
tour

f Which structure is not normally part of a room?

plafond   mur   porte   fenêtre   pont

g Which of these can you not drink?

citron pressé
eau
fleur
thé
chocolat

h Which of these would you be unlikely to find in a hotel?

couloir   escalier   ascenseur   embouteillage   balcon

└ traffic jam

2 Here is a dialogue taking place at a hotel reception where a client hopes to book in a group.
Fill in the gaps with words from the box.

faim

ascenseur   chance   désirez   soif

seize

étage   il y a   clés   dix-sept

Réceptionniste Bonjour, messieurs-dames. Vous **a** _____ ?
Client Bonjour, madame. **b** _____ des chambres libres?
Réceptionniste Oui, monsieur.
Client Nous sommes **c** _____ .
Réceptionniste Il y a seulement **d** _____ chambres!
Client Ah, nous avons de la **e** _____ , Paul et Paulette sont mariés! À quel
f _____ sont les chambres?
Réceptionniste Il y a des chambres sur douze étages, mais il y a un **g** _____ .
Client Ah, très bien. Nous avons **h** _____ . Est-ce qu'il y a un restaurant?
Réceptionniste Oui, monsieur.
Client Et nous avons **i** _____ . Il y a un bar?
Réceptionniste Oui, monsieur, là. Et voici les **j** _____ .

3 Fill in the gaps.

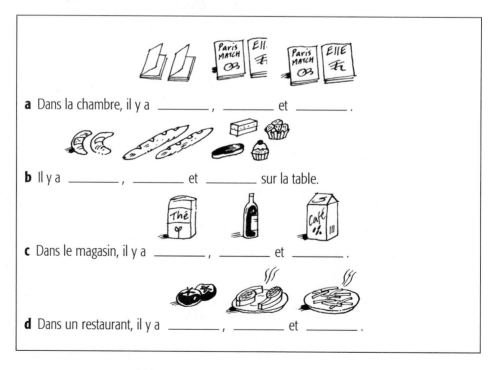

a Dans la chambre, il y a _____ , _____ et _____ .

b Il y a _____ , _____ et _____ sur la table.

c Dans le magasin, il y a _____ , _____ et _____ .

d Dans un restaurant, il y a _____ , _____ et _____ .

4   Tick the types of food that are on the menu for today.

du poisson   du fromage
des légumes   des œufs
de la charcuterie   de la viande
des fruits   des gâteaux

Menu

❖ ❖ ❖

Sardines · Poulet · Omelette nature
Bifteck · Salade · Fraises
Poires · Gruyère · Camembert

5   Fill in the gaps. **Où sont les animaux?**

a L'oiseau est _____ la branche.

b Le chien est _____ l'arbre.

c La souris est _____ l'arbre.

d Le chat est _____ la souris et le lapin.

6 Whose is it? Fill in the gaps using the word for each person's profession.

a C'est le stylo _____ .

b C'est le bateau _____ .

c C'est le téléphone _____ .

d C'est le sac _____ .

e Ce sont les lunettes _____ .

7 Fill in the gaps.

a   Il y a une _____ dans la soupe.

b   Le _____ est au mur.

c Le _____ est derrière la valise.

d La lettre est dans le _____ .

e   Il y a un vase sur la _____ .

Septième unité

Septième unité

dans la rue

The tourists are trying to find their way around.

Antoine	Dites-moi, Guillaume, j'ai faim. Est-ce qu'il y a une boulangerie près d'ici?
Guillaume	Probablement. Tiens, voilà une pâtisserie, juste en face.
Antoine	Oh, une pâtisserie! Je voudrais un gros gâteau à la crème!
Sylvie	Moi, j'ai besoin de dentifrice et de shampooing. Il y a une pharmacie par ici?
Guillaume	Oui, là-bas, à cent mètres.
Sylvie	Ah oui, merci.
Dominique	Je n'ai plus de cigarettes, où est le bureau de tabac?
Guillaume	Je ne sais pas, mais on peut acheter des cigarettes au café-tabac.
Dominique	Ah, très bien.
Jeanne	J'ai besoin de timbres pour mes cartes postales. Où est la poste? C'est loin?
Guillaume	Non, à côté du café.
Jeanne	Ah, oui, je vois.
Guillaume	Et moi, je cherche une librairie, pour acheter un livre. Mais je ne sais pas où elle est!
Jeanne	C'est tout près, à cinq minutes!

MOTS ET EXPRESSIONS UTILES

une boulangerie	*a baker's*	J'ai besoin (de) …	*I need …*
une pâtisserie	*a cakeshop*	un timbre	*a stamp*
le dentifrice	*toothpaste*	à côté de	*next to*
le bureau de tabac	*the tobacconist's*	C'est tout près	*It's very near.*
la poste	*the post office*	je vois (voir)	*I see (to see)*
une librairie	*a bookshop*	on peut acheter	*one can buy*
Il y a … par ici/près d'ici … ?	*Is there … round here/near here?*	Je cherche …	*I am looking for …*

avez-vous compris?

1 Why is Antoine enquiring about a baker's?

2 Which shop does Guillaume then spot?

3 How far away is the chemist's?

4 Why does Guillaume direct Dominique to a café?

5 Where is the post office?

6 Is the bookshop far away?

à vous!

What do all these people want? Choose the correct alternative, to link the object with the place where it will be found.

1 J'ai besoin de fromage / de dentifrice; je cherche une pharmacie / une école.

2 Je n'ai plus d'argent / d'eau; je cherche une église / une banque.

3 J'ai besoin de timbres / de shampooing; je cherche une pâtisserie / la poste.

4 Pardon, monsieur, je cherche une salle de bain / une chambre pour deux nuits. Il y a une tour / un hôtel près d'ici?

5 Je n'ai plus de légumes / de crayons. Où est le musée / le marché, s'il vous plaît?

6 J'ai très peur / soif. Il y a une pâtisserie / un café par ici?

7 J'ai besoin de pain / de lunettes. Il y a un hôpital / une boulangerie près d'ici?

8 Je cherche le centre culturel / une librairie, pour acheter un livre / du vin.

9 J'ai très froid / faim. Je voudrais un château / un gâteau à la crème.

plan de la ville

As many English-speaking visitors come to Planville, the tourist office has decided to produce a bilingual version of their street map.

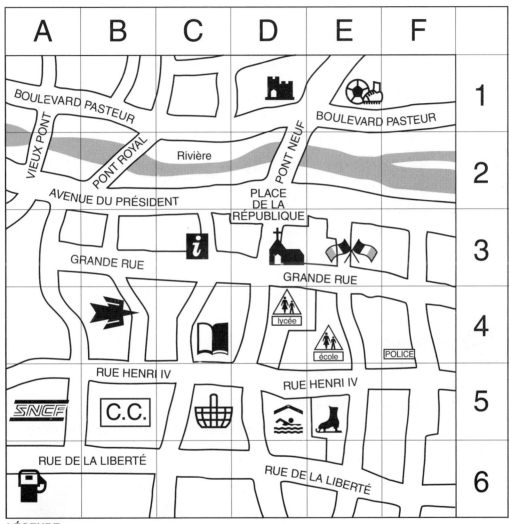

LÉGENDE

 la bibliothèque
(library)

C.C. le centre commercial
(shopping centre)

 le château
(castle)

 le collège, le lycée
(secondary school)

POLICE le commissariat de police
(police station)

 l' école
(school)

 la mairie/l'hôtel de ville
(town hall)

 la station-service
(petrol station)

 la patinoire
(ice rink)

 la piscine
(swimming pool)

 le Syndicat d'Initiative/
l'Office du Tourisme
(tourist office)

 la poste
(post office)

 le stade
(stadium)

 le supermarché
(supermarket)

 l'église
(church)

SNCF la gare SNCF
(railway station)

à vous!

Travaillez avec un/une partenaire. *Work with a partner*. Use the **plan de la ville** and take it in turns to ask where various places are:

Example: – Où est la poste?
            – B quatre.

or see how quickly you can respond:

Example: – A cinq.
            – La gare.

Make sure you know how to say the letters in French before you start.

Add some of the places below to the map. Produce your own symbols if you wish.

la banque	le garage	le parking
le café	l'hôpital	la pharmacie
le camping	l'hôtel	le restaurant
le cinéma	le parc	les toilettes

jeu de rôles

Partenaire A

(Partner B should refer to page 93.)

A1 Ask your partner if the places on the list below are far.

A2 Answer your partner using the information on the diagram below. (Start with **C'est à …**)

Example: **La mairie, c'est loin?**

Make some notes.

la mairie	15 mn.
le commissariat de police	
le supermarché	
l'Office du Tourisme	
la piscine	
la bibliothèque	

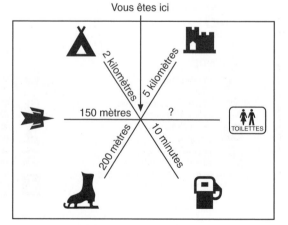

on demande son chemin

In the street, a lady is asking a policeman the way.

La dame	Pardon, monsieur l'agent, pour aller au cinéma Rex, s'il vous plaît?
L'agent de police	C'est très facile.
La dame	C'est loin?
L'agent de police	Non, c'est à cinq minutes à pied. Allez tout droit jusqu'au croisement …
La dame	Il y a des feux?
L'agent de police	Oui. Vous traversez. Vous prenez la deuxième rue à gauche, puis la première à droite. Continuez tout droit jusqu'à` l'église, et vous y êtes!
La dame	Ah bon! Merci bien, monsieur l'agent.
L'agent de police	À votre service, madame.

MOTS ET EXPRESSIONS UTILES

Pour aller à … ? *How do I get to … ?*

(Vous) montez   (Vous) descendez   (Vous) traversez   (Vous) tournez à gauche   (Vous) tournez à droite

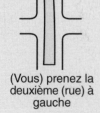

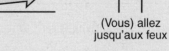

(Vous) prenez la deuxième (rue) à gauche   (Vous) prenez la première (rue) à droite   (Vous) allez / continuez tout droit   (Vous) allez jusqu'aux feux

Vous y êtes …   *You are there …*

avez-vous compris?

The lady is looking for **1** _____ . It is not **2** _____ , it is **3** _____ on foot. There are some **4** _____ at the crossroads. The lady must **5** _____ take the second street **6** _____ , then the first **7** _____ . She must carry **8** _____ to the church.

à vous!

1 Complétez. *Fill in the gaps*. Use the diagram and the vocabulary in the box.

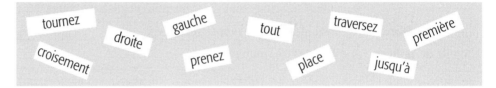

tournez   droite   gauche   prenez   tout   place   traversez   jusqu'à   première   croisement

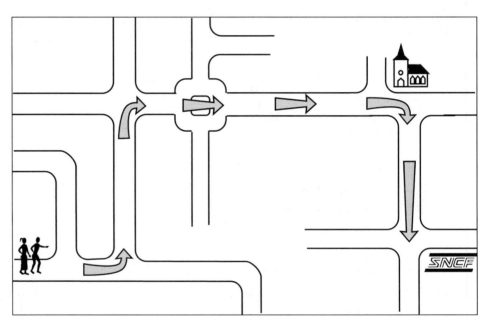

Pour aller à la gare, **a** _____ la deuxième rue à **b** _____ , puis la **c** _____ à **d** _____ . **e** _____ la **f** _____ , continuez **g** _____ droit **h** _____ l'église. **i** _____ à droite. Allez jusqu'au **j** _____ . La gare est là.

2 Travaillez avec un/une partenaire. *Work with a partner*. Turn back to the map on page 89. Imagine that you have just arrived in the town, and have stopped at the petrol station in the rue de la Liberté. Ask the way to various places of interest. Start with **Pour allez au/à la/à l'/aux ... ?** as appropriate.

jeu de rôles

Partenaire B

(Partner A should refer to page 90.)

B1 Answer your partner using the information on the diagram below.

(Start with **C'est à ...**)

Vous êtes ici

? | 15 minutes
5 minutes | 100 mètres | POLICE
3 kilomètres | 20 kilomètres

B2 Ask your partner if the places on the list below are far.

Example: **La poste, c'est loin?**

Make some notes.

la poste	150 mn.
les toilettes	
la station-service	
la patinoire	
le château	
le camping	

Quoi faire?

Josée and Lucien are asking Guillaume about various things to see in Paris.

Josée   Guillaume, est-ce que le jardin des Tuileries est loin de l'hôtel?

Guillaume   Non, il est entre la place de la Concorde, au bout des Champs-Élysées, et le Louvre.

Lucien   Vous avez visité le Louvre récemment?

Guillaume   Non, il y a trop de monde, mais j'ai visité le musée d'Orsay. C'est formidable!

Josée   Dites-moi, Guillaume, c'est bien l'obélisque de Louqsor qui est au milieu de la place de la Concorde?

Guillaume   C'est ça.

Josée   Et, où est la rue de Rivoli?

Guillaume   Elle est à côté des Tuileries.

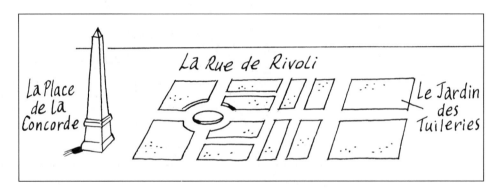

Lucien   Et l'École Militaire?

Guillaume   Elle est en face de la tour Eiffel près du palais de l'U.N.E.S.C.O.

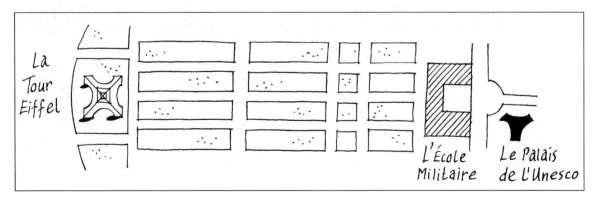

Josée   Est-ce qu'il y a des choses intéressantes autour de l'Opéra?

Guillaume   Oui, il y a la Madeleine, la place Vendôme, le boulevard Haussmann et les grands magasins . . .

Josée   Les grands magasins! Alors Lucien, c'est décidé, viens vite!

Lucien   Où est la station de métro?

Guillaume   La station de métro et l'arrêt d'autobus sont dans la première rue à droite de l'hôtel.

Josée   Merci Guillaume. À ce soir!

Guillaume   Bonne journée!

MOTS ET EXPRESSIONS UTILES

Quoi faire?	*What shall we do?*	en face (de)	*opposite*
trop de monde	*too many people*	Viens vite! (venir)	*Come quickly! (to come)*
au bout (de)	*at the end (of)*	la station de métro	*the metro station*
au milieu (de)	*in the middle (of)*	l'arrêt d'autobus	*the bus stop*
à côté (de)	*next (to)*	À ce soir	*See you tonight*
autour (de)	*around*	Bonne journée!	*Have a nice day!*

avez-vous compris?

1 Où est le jardin des Tuileries?

2 Qu'est-ce qu'il y a au milieu de la place de la Concorde?

3 La rue de Rivoli est-elle loin des Tuileries?

4 Où est le palais de l'U.N.E.S.C.O.?

5 Qu'est-ce qu'il y a autour de l'Opéra?

6 Où sont la station de métro et l'arrêt d'autobus?

à vous!

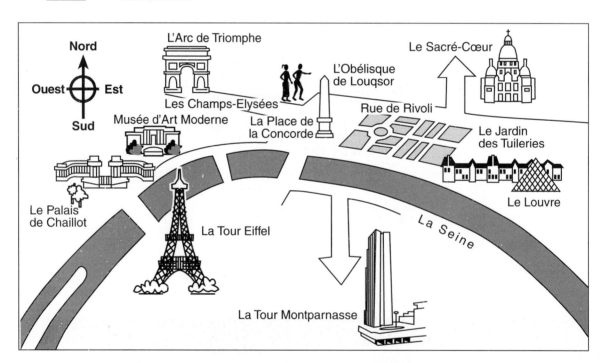

Help a group of tourists plan their visit to Paris by describing the position of some of the places of interest as accurately as you can. Use **loin de**, **près de**, **à côté de**, **en face de** and **au milieu de**.

Example: Le Sacré-Cœur est loin de la tour Eiffel.

Use **du/de la/de l'/des** … as appropriate. Refer to **Un peu de grammaire** before you start.

et vous?

Talk about places you have visited and, if you can, give your opinion.

Vous avez visité Paris, Londres, Rome, New York, etc.? Qu'est-ce que vous avez visité?

Example: À Londres, j'ai visité le Palais de Buckingham. C'est très célèbre!

UN PEU DE GRAMMAIRE

De + le/la/l'/les (*of the*)

au milieu de la piscine	*in the middle of the swimming pool*
à côté de l'hôpital	*next to the hospital*
but de + le = **du**	
de + les = **des**	
en face du musée	*opposite the museum*
près des toilettes	*near the toilets*

À + le/la/l'/les (*to the*)

Pour aller à la gare?	*How do I get to the station?*
Je vais à l'hôpital.	*I am going to the hospital.*
but à + le = **au**	
à + les = **aux**	
Pour aller au château?	*How do I get to the castle?*
Allez jusqu'aux feux.	*Go up to the traffic lights.*

▶ **Grammaire** 5(c), 6(a)

EXERCICES

A Write the dialogues in full.

1 – Je cherche la 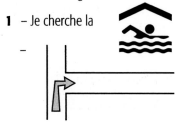 .

–

2 – Pour aller au 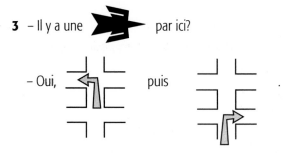 , s'il vous plaît?

3 – Il y a une par ici?

– Oui, puis .

4 – Où est la *SNCF* , s'il vous plaît?

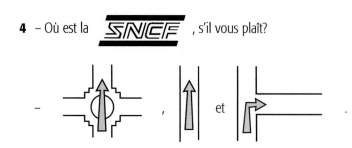

–

B   Complete the conversation below using the cues given.

Vous   (**1** *Stop a lady in the street and tell her that you are looking for the shopping centre.*)
Passante   Pas de problème, il est en face de l'hôpital.
Vous   (**2** *Ask how to get to the hospital.*)
Passante   Alors, continuez tout droit, traversez la rivière …
Vous   (**3** *Ask if it's far.*)
Passante   C'est à cinq ou six kilomètres.
Vous   (**4** *Tell her that you are on foot and ask if there is a bus.*)
Passante   Oui, c'est le numéro douze.
Vous   (**5** *Ask where the stop is.*)
Passante   En face du cinéma.
Vous   (**6** *Ask where the cinema is.*)
Passante   Il est dans la deuxième rue à gauche.
Vous   (**7** *Thank her and say goodbye.*)

C   Turn back to the **plan de la ville** on page 89. Work out which places are referred to.

1   _____ est place de la République, près de la mairie.
2   _____ est à côté de la patinoire.
3   _____ est au nord de la ville, pas loin du château.
4   _____ est entre la bibliothèque et l'école.
5   Il y a _____ au sud-ouest de la ville, en face de la gare.

D   Imagine that you are working for your local tourist office. Some French tourists are trying to find their way around. Answer their questions using the cues given.

Touriste 1   Où est la bibliothèque, s'il vous plaît?
Vous   (**1** *Say it's next to the school.*)
Touriste 2   Je cherche une pharmacie.
Vous   (**2** *Say that there is a chemist's opposite the baker's.*)
Touriste 3   Il y a une banque par ici?
Vous   (**3** *Say yes, it's near the car park.*)
Touriste 4   Est-ce que le camping est près d'ici?
Vous   (**4** *Say no, it's far from here, north of the town, ten kilometres away.*)
Touriste 5   Où est l'église?
Vous   (**5** *Say it's in the middle of the square.*)
Touriste 6   Pour aller au commissariat de police, s'il vous plaît?
Vous   (**6** *Tell him to go up to the lights, turn left, then take the second on the right.*)
Touriste 7   C'est loin?
Vous   (**7** *Say it's five minutes on foot.*)
Touriste 8   Pardon, je cherche l'Office du Tourisme.
Vous   (**8** *They are there!*)

écoutez bien!

Première partie

Listen to the conversations carefully. Match the places and the distances.

1	le château	**a**	à 150 mètres
2	une boulangerie	**b**	à 3 kilomètres
3	la bibliothèque	**c**	à 15 minutes
4	le centre commercial	**d**	?
5	la gare	**e**	à 20 kilomètres
6	les toilettes	**f**	à 5 minutes

Deuxième partie

Listen to the conversations and look at the diagrams. Do they correspond to the instructions?

Are they correct ☑ or incorrect ☒?

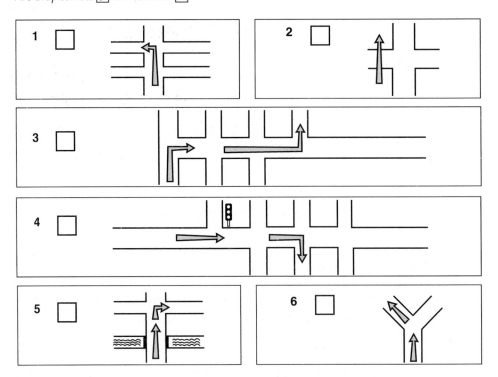

Listen again and say where the people are going.

lecture

Imagine that you have just arrived in Savoie in the French Alps. You have picked up a useful magazine with information about the region, including these advertisements for hotels and restaurants.

LA ROTONDE
GRILL BAR ● RESTAURANT
PIZZERIA ● MENUS-CARTE
SPÉCIALITÉS
Av. de Joux-Plane – Face
stade du Pleney
Tél. 04 50 79 16 30

ALPEN ROC✳✳

Chambres
Petits
déjeuners
74110 MORZINE
04 50 79 11 67
Fax. 04 50 75 97 09

LA COMBE HUMBERT
Hôtel sans restaurant
Route des Gets
04 50 79 06 70
Fax. 04 50 79 25 03
Chambre: avec T.V., balcon
mini-bar, bains/W.C.

Le Clin d'Œil
BAR – RESTAURANT
PIZZERIA
Réservations:
Tél. 04 50 79 03 10
MORZINE (face à la poste)
English spoken

Fleur des Neiges
HÔTEL
Piscine couverte – Tennis
Sauna – Musculation
Tél. 04 50 79 01 23
Fax 04 50 75 95 75

HÔTEL – RESTAURANT
LES DENTS BLANCHES✳✳
LOGIS DE FRANCE
BANQUETS 04.50.79.08.42
CHAMBRES AVEC TERRASSE
W.C. – BAINS et TEL. DIRECT
EXPOSE PLEIN SUD – PARKING

Dixie Bar
PUB – VIDEO BAR
PALAIS DE LA BIÈRE
KARAOKE BAR
Tél. 04 50 79 27 83
Le Bourg

HÔTEL✳✳   Piscine – Ascenseur   Parking pour autocars
Les Fleurs ✳ ✳ ✳ ✳ ✳
74110 MORZINE   Tél. 04 50 79 11 30   Fax. 04 50 75 95 60

Where would you go:

1 if you were a coach party and wanted to stay at a reasonably priced hotel?

2 if you wanted a room but no main meals?

3 if you were a health and fitness fanatic?

4 if you wanted a hotel where you could invite lots of friends for a special meal to celebrate your birthday?

5 if you liked beer and singing?

6 if you felt hungry **a** coming out of the post office? **b** after watching or taking part in a football match?

Huitième unité

Huitième unité

 ## mini-conversations

 ## avez-vous compris?

Répondez vrai ou faux. *Answer true or false.*

1 Guillaume travaille à Paris.

2 Les Muller travaillent en Bretagne.

3 Sylvie travaille dans une usine.

4 Les Cousin travaillent à Fort-de-France.

5 Henri travaille dans un restaurant.

et vous?

Où travaillez-vous?
En Angleterre? à Londres? dans un bureau? en plein air?

Laurent et Chantal

Laurent and Chantal are young people from Rouen in Normandy. Let's see who they are and how they meet for the first time.

Où habitent-ils?

Voilà Laurent. Il habite à Rouen, en France.

Voilà Chantal. Elle habite dans la banlieue de Rouen.

Où travaillent-ils?

Il est employé de banque, il travaille dans un bureau.

Elle est vendeuse, elle travaille dans un magasin.

Où mangent-ils le midi?

Il mange un sandwich, au café.

Elle mange à la cantine.

MOTS ET EXPRESSIONS UTILES

habiter	*to live*
manger	*to eat*
le midi	*at lunchtime* (here)

avez-vous compris?

Répondez vrai ou faux. *Answer true or false.*

1 Laurent et Chantal habitent en France.

2 Laurent travaille dans une usine.

3 Chantal travaille dans un magasin.

4 Le midi il mange à la cantine.

5 Le midi elle mange au restaurant.

à vous!

Travaillez en groupe. *Work in groups.* One person in the group is the interviewer and one or two of the others in the group listen and take notes in order to report back later. The rest choose a town or region, a place of work and a place to eat at lunchtime (from the boxes below). The interviewer asks each of them the following questions:

Où habitez-vous?	J'habite …
Où travaillez-vous?	Je travaille …
Où mangez-vous le midi?	Je mange …

à Paris en banlieue en Angleterre en Normandie à Londres en Bretagne	dans un bureau dans une usine dans un grand magasin dans un hôpital dans une clinique dans un collège dans une école	à la maison à la cantine au restaurant au café au bureau au McDo je ne mange pas

Laurent et Chantal (suite et fin)

Now let's find out how Chantal and Laurent spend their evenings.

Le soir, ils restent à la maison

Il regarde la télévision ou un DVD et il lit le journal.

Elle écoute la radio ou des CD.

Une fois par semaine, le jeudi soir, ils étudient l'anglais

Laurent étudie l'anglais. Il parle un peu l'anglais.

Chantal étudie aussi l'anglais. Elle parle assez bien l'anglais.

Dans la classe, Laurent remarque Chantal.

À la pause-café, il parle à Chantal.

Au laboratoire de langues, il regarde Chantal.

MOTS ET EXPRESSIONS UTILES

le soir	*in the evening(s)*
une fois par semaine	*once a week*
le jeudi	*on Thursdays*
regarder	*to watch*
il lit (lire)	*he reads (to read)*
écouter	*to listen (to)*
étudier	*to study*
remarquer	*to notice*
parler	*to speak*

avez-vous compris?

Répondez vrai ou faux. *Answer true or false.*

1 Le soir, Chantal regarde la télévision.

2 Laurent écoute la radio.

3 Le jeudi soir, ils étudient l'anglais.

4 Laurent parle bien l'anglais.

5 Laurent parle à Chantal à la pause-café.

à vous!

Link the sentences to the symbols representing the activities.

1 J'étudie le russe.

2 Qu'est-ce que tu manges?

3 J'habite à Bordeaux.

4 Les enfants regardent la télé.

5 Nous écoutons de la musique pop.

6 Vous parlez allemand?

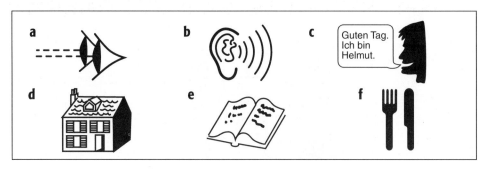

Claire Ouate interviewe Chantal et Laurent

Claire Ouate is a market researcher. We find her in a street in Rouen, interviewing various people. First, she stops Laurent and Chantal.

Mme Ouate Excusez-moi messieurs-dames, je travaille pour la SNES et . . .

Laurent Qu'est-ce que c'est la SNES?

Mme Ouate C'est la Société Nationale d'Enquêtes par Sondages. Je fais une enquête sur les Français et le poisson et je voudrais vous poser quelques questions.

Chantal Ah bon, d'accord.

Mme Ouate Habitez-vous à Rouen?

Laurent Oui, nous habitons à Rouen.

Mme Ouate Travaillez-vous aussi à Rouen?

Chantal Oui, nous travaillons à Rouen tous les deux.

Mme Ouate Mangez-vous souvent du poisson?

Chantal Moi, jamais. Je suis végétarienne.

Laurent Je mange quelquefois de la morue. Mais je préfère les sardines, j'en achète régulièrement.

Mme Ouate Parfait! Goûtez ceci.

Chantal Non merci!

Mme Ouate En fait, ce n'est pas du poisson. C'est du soja. C'est très riche en protéines et c'est bon pour la santé.

Chantal Et c'est parfait pour les végétariens!

MOTS ET EXPRESSIONS UTILES

souvent	*often*	goûter	*to taste/try*
quelquefois	*sometimes*	le soja	*soya*
préférer	*to prefer*	Je voudrais vous poser quelques questions	*I would like to ask you a few questions*
acheter	*to buy*	tous les deux	*both*
aimer	*to like*	bon pour la santé	*good for the health*
la morue	*cod*	jamais	*never*

avez-vous compris?

Choisissez la bonne réponse. *Choose the correct alternative.*

1 Mme Ouate travaille pour la SNIP/la SNES.

2 Laurent et Chantal habitent à Rouen/Dieppe.

3 Ils travaillent à Cabourg/Rouen.

4 Laurent mange quelquefois du poisson/de la viande.

5 Il préfère les sardines/la morue.

6 Laurent/Chantal n'achète pas de viande.

à vous!

Now imagine you are telling the interviewer where you and a close friend live, work and eat. Use **nous habitons**, **nous travaillons**, **nous mangeons ...**

et vous?

Answer the questions below. Try to use the following in some of your answers: **un peu**, **(assez) bien**, **quelquefois**, **régulièrement**, **souvent**, **le midi**, **le soir**, **une fois par semaine**.

Parlez-vous le français/l'allemand/l'espagnol?
Aimez-vous le poisson?
Achetez-vous souvent du poisson?
Est-ce que vous écoutez la radio?
Est-ce que vous regardez la télévision?
Préférez-vous la radio ou la télévision?

Claire Ouate interviewe un ouvrier d'usine

This time Claire stops a factory worker.

Mme Ouate	Bonjour, monsieur. Vous habitez Rouen?
L'ouvrier	Comment?
Mme Ouate	Habitez-vous à Rouen?

L'ouvrier	Parlez plus fort, je suis un peu sourd.
Mme Ouate	Est-ce que vous habitez à Rouen?
L'ouvrier	Ah non, madame, je n'habite pas ici, j'habite à Dieppe.
Mme Ouate	Travaillez-vous aussi à Dieppe?
L'ouvrier	Non, je ne travaille pas à Dieppe, je travaille ici.
Mme Ouate	Vous habitez au bord de la mer. Aimez-vous le poisson?
L'ouvrier	Le poison!!!
Mme Ouate	Non, non, pas le poison, le poisson.
L'ouvrier	Ah, le poisson! Ah, non, madame, je n'aime pas le poisson, je ne mange jamais de poisson, je déteste le poisson!
Mme Ouate	Alors, tant pis! Merci, monsieur, au revoir.
L'ouvrier	Comment?
Mme Ouate	Au revoir!

MOTS ET EXPRESSIONS UTILES

Comment?	*What?, Pardon?*
Parlez plus fort!	*Speak louder!*
sourd	*deaf*
détester	*to hate*
Tant pis!	*Too bad!*

avez-vous compris?

Répondez oui ou non aux questions suivantes. *Answer yes or no to the following questions.*

1 L'ouvrier, habite-t-il à Rouen?

2 Travaille-t-il à Rouen?

3 Aime-t-il le poisson?

4 Mange-t-il souvent du poisson?

à vous!

Travaillez avec un/une partenaire. *Work with a partner.* Fill in the questionnaire, then ask each other questions. Begin **Aimez-vous . . .?**

Examples: Aimez-vous les fruits?
Oui, j'aime les fruits./Non, je déteste les fruits.

Aimez-vous le soja?
Je ne sais pas!

J'aime	Je n'aime pas	Je déteste	
			la crème
			l'eau minérale
			les fruits
			le lait
			les légumes
			la moutarde
			le poisson
			les pommes frites
			le soja
			la viande
			le vin
			le whisky

Claire Ouate interviewe une passante

Now Claire talks to a passer-by.

Mme Ouate   Bonjour, madame, vous habitez Rouen?

Mme Ragot   Bien sûr! J'habite dans le centre-ville depuis vingt-cinq ans!

Mme Ouate	Avez-vous des enfants?
Mme Ragot	Oui, j'ai deux filles.
Mme Ouate	Quel âge ont-elles?
Mme Ragot	Elles ont dix-neuf et vingt ans. Elles étudient à l'université.
Mme Ouate	Elles habitent aussi à Rouen?
Mme Ragot	Non, elles habitent à Paris maintenant.
Mme Ouate	Aiment-elles la vie parisienne?
Mme Ragot	Ah, oui beaucoup, elles préfèrent Paris.
Mme Ouate	Ont-elles des passe-temps?
Mme Ragot	Elles aiment beaucoup le sport et la musique.
Mme Ouate	Quels sports?
Mme Ragot	Elles aiment la natation, elles jouent au tennis . . .
Mme Ouate	Elles jouent d'un instrument de musique?
Mme Ragot	Sophie aime la musique moderne, elle joue de la guitare et elle adore danser. Nicole préfère la musique classique; elle joue du piano.
Mme Ouate	Et vous, vous êtes musicienne aussi?
Mme Ragot	Non, mais je chante les airs de la Compagnie Créole: *C'est bon pour le moral, c'est bon pour le moral* . . .
Mme Ouate	À propos, aimez-vous le poisson?
Mme Ragot	Drôle de question! Oui, j'aime bien le poisson, pourquoi?

MOTS ET EXPRESSIONS UTILES

un(e) passant(e)	*a passer-by*
J'habite ici depuis vingt-cinq ans.	*I have been living here for twenty-five years.*
un passe-temps	*a hobby*
la natation	*swimming*
jouer	*to play*
musicien(ne)	*musical* (here)
chanter	*to sing*
J'aime bien …	*I quite like …*
à propos	*by the way*
drôle de question	*what a funny question*

avez-vous compris?

1 Est-ce que Mme Ragot habite Rouen depuis longtemps?

2 Elle a combien d'enfants?

3 Quel âge ont-elles?

4 Travaillent-elles?

5 Où habitent-elles?

6 Sont-elles musiciennes?

7 Quels sports aiment-elles?

8 Qu'est-ce que Mme Ragot aime chanter?

à vous!

Travaillez avec un/une partenaire. *Work with a partner.* Take it in turns to answer the questions below about the twins, Martin and Martine, according to the cues given. (Remember: don't sound the **-ent** ending of the verbs!)

– Martin et Martine sont étudiants?
– (**1** *Yes they study at the University of Dijon.*)
– Ils ont un appartement à Dijon?
– (**2** *Yes, they live in Dijon.*)
– Ils aiment Dijon?
– (**3** *They prefer Paris.*)
– Ont-ils des passe-temps?
– (**4** *They like sport, they play tennis.*)
– Ils sont musiciens?
– (**5** *Martin plays the guitar and Martine sings.*)

UN PEU DE GRAMMAIRE

Present tense of regular -er verbs:

TRAVAILLER *to work*

je travaille	*I work/am working*
tu travailles	*you work/are working*
il travaille	*he works/is working*
elle travaille	*she works/is working*
nous travaillons	*we work/are working*
vous travaillez	*you work/are working*
ils travaillent	*they work/are working*
elles travaillent	*they work/are working*

Question forms

Vous travaillez?	
Travaillez-vous?	*Do you work?/Are you working?*
Est-ce que vous travaillez?	
Il travaille?	
Travaille-t-il?	*Does he work?/Is he working?*
Est-ce qu'il travaille?	

Jouer

jouer (à)	*to play* (a game or with a toy)
Je joue au tennis.	*I play/am playing tennis.*
jouer (de)	*to play* (a musical instrument)
Je joue du piano/de la guitare.	*I play/am playing the piano/the guitar.*

▶ **Grammaire** 5(e), 6(c), 8, 9

EXERCICES

A   Prepare a list of questions that, as an interviewer, you might ask a famous personality. Ask him/her where they live, work, whether they like sport, play the piano, watch television, often eat fish and so on.

B   Answer the questions below in full, selecting the appropriate part of the verb and using the expressions in the bubbles. Each word or phrase can only be used once.

Example: Sylvie, où mangez-vous le midi? Je ...
Je mange à la cantine.

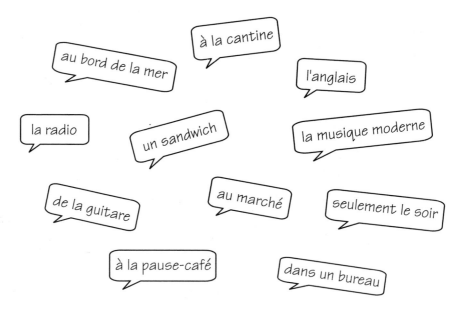

1   Où est-ce qu'ils travaillent? Ils ...

2   Où est-ce que vous habitez, monsieur? J' ...

3   Quelle sorte de musique aime-t-elle? Elle ...

4   Qu'est-ce que Chantal et Laurent étudient? Ils ...

5   Vous jouez d'un instrument de musique, les enfants? Nous ...

6   Quand Laurent parle-t-il à Chantal? Il ...

7   Quand regardez-vous la télé? Je ...

8   Les enfants, vous écoutez la radio ou des CD? Nous ...

9   Où est-ce que Mme Ragot achète le poisson? Elle ...

10   Qu'est-ce que tu manges le midi? Je ...

C Write a short letter to your new French friend. Tell him/her about yourself. Don't forget to ask a few questions.

Start with **Cher** (m.) or **Chère** (f.), followed by their first name, and end the letter with **Amicalement**, before your signature.

D Answer the following questions in French:

1 Où habitez-vous?

2 C'est où exactement?

3 Vous y habitez depuis longtemps?

4 Est-ce qu'on peut faire du sport à…?

5 Il y a combien d'écoles/d'églises?

6 Qu'est-ce qu'il y a pour les touristes?

7 Qu'est-ce qu'il y a d'autre?

8 Est-ce que vous aimez habiter à …?

écoutez bien!

Listen to the conversations and add the missing words in the texts below.

1 – Pardon messieurs-dames. Où _____-vous?
   – Nous _____ dans une petite maison en _____ .

2 – Éric et Bernard _____ dans une _____ . Vous aussi?
   – Non, moi je _____ travaille _____ !

3 – Sophie _____ la danse ou la musique?
   – La musique. Elle _____ du piano et elle _____ dans une chorale.

4 – Vous _____ _____ ?
   – Non, mais j'_____ l'_____ .

5 – Les enfants _____ l'anglais?
   – Oui, ils _____ _____ de la musique anglaise et _____ des films américains.

6 – Qu'est-ce que tu _____ ?
   – Du poisson. J'en _____ souvent. J'_____ ça!

mini-conversations

MOTS ET EXPRESSIONS UTILES

faire	to do/to make	bavarder	to chat
faire les devoirs	to do homework	tricoter	to knit
faire du bruit	to make a noise	l'été (m.)	(in) summer
faire la cuisine	to cook	l'hiver (m.)	(in) winter
faire du vélo	to cycle	les informations (f.)	the news
faire du ski	to ski	une erreur	a mistake

avez-vous compris?

1 Que fait la maman?

2 Qui fait les devoirs?

3 Qui fait du bruit?

4 Que font les garçons?

5 Que fait Antoine?

6 Annick fait la cuisine?

7 Que font les enfants Dupré?

8 Julien, qu'est-ce qu'il fait pendant les vacances?

9 Est-ce que les enfants font les devoirs?

10 Et Madame Dupré, qu'est-ce qu'elle fait?

à vous!

Complétez. *Fill in the gaps.* Use the correct form of **faire**.

Maman	Qu'est-ce que vous **1** _____ , les filles?
Filles	Nous **2** _____ les devoirs.
Maman	Et les garçons, qu'est-ce qu'ils **3** _____ ?
Filles	Ils jouent au football. Ils **4** _____ beaucoup de bruit! Et toi, qu'est-ce que tu **5** _____ ?
Maman	Moi, je **6** _____ la cuisine, naturellement.
Filles	Est-ce que tu **7** _____ un gâteau?
Maman	Non, je **8** _____ seulement une omelette.
Filles	Et Papa, qu'est-ce qu'il **9** _____ ?
Maman	Je ne sais pas!

Look at the pictures on pages 116–117 again. The statements below refer to each of them. Read them and answer **vrai** or **faux** accordingly.

1   La maman ne tricote pas.

2   Les enfants ne font pas les devoirs.

3   Paul et Élisabeth ne font pas de bruit.

4   Les garçons ont raison.

5   Antoine ne regarde pas la télévision.

6   Annick ne fait pas un gâteau.

7   Les enfants ne jouent pas au tennis.

8   Julien ne fait pas de vélo pendant les vacances.

9   Les enfants ne bavardent pas.

10   Madame Dupré ne fait pas la cuisine.

une chanson

This is a simple family tree. Look at it carefully, working out the relationships. Then listen to the song, about Cécile and Céline, written and sung by Anne Sylvestre.

La famille de Cécile et Céline

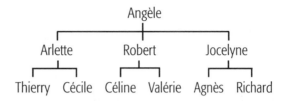

Cécile et Céline	*Cécile and Céline*
Ce sont deux cousines	*Are two cousins*
Qui s'entendent bien	*Who get on well*
Qui ont le même œil coquin	*Who have the same cheeky look*
Cécile et Céline	*Cécile and Céline*
Ont – ça se devine –	*Have – as you can guess –*
Des parents qui ont	*Parents who have*
Grandi dans la même maison	*Grown up in the same house*
Cécile est (c'est chouette)	*Cécile is (that's great)*
La fille d'Arlette	*Arlette's daughter*
La sœur de Robert	*Robert's sister*
Qui de Céline est le père	*Who is Céline's father*
Ça serait facile	*It would be easy*
Si avant Cécile	*If before Cécile*
Il n'y avait Thierry	*There wasn't Thierry*
Qui est le cousin de Valérie	*Who is Valérie's cousin*
Valérie Céline	*Valérie Céline*
Thierry sa frangine	*Thierry his sister*
Ont aussi Agnès	*Also have Agnès*
Qui de leurs parents est la nièce	*Who is their parent's niece*
Elle est leur cousine	*She is their cousin*
Fille de Jocelyne	*Jocelyne's daughter*
Qui est la dernière	*Who is the youngest*
La sœur d'Arlette et de Robert	*Arlette's and Robert's sister*

Donc dans la famille	*So in the family*
Il y a quatre filles	*There are four girls*
Mais il y a aussi	*But there is also*
Le petit cousin de Thierry	*Thierry's little cousin*
Agnès en est fière	*Agnès is proud of him*
C'est son petit frère	*He is her little brother*
Il s'appelle Richard	*His name is Richard*
Et il est né un peu plus tard	*And he was born a little later*
Richard et Céline	*Richard and Céline*
Ont d'autres cousines	*Have other cousins*
Et d'autres cousins	*Boys and girls*
Et puis des cousins de cousins	*And then cousins of cousins*
Mais ma ritournelle	*But my sing-song*
S'arrête à Angèle	*Stops at Angèle*
Qui est leur grand-mère	*Who is their grandmother*
Et qui fait tous leurs pull-overs	*And makes all their jumpers*
Si ça te fait rire	*If it makes you laugh*
Essaie de me dire	*Try and tell me*
Comment tes cousins	*How your cousins*
Ont pu te ressembler si bien	*Could look so much like you*
Et après tu chantes	*And afterwards you sing*
De qui est la tante	*Of whom your mother's*
La sœur de ta mère	*Sister is the aunt*
Et la fille de ton grand-père	*And the daughter of your grandfather*
Muriel et Marine	*Muriel and Marine*
Ce sont deux cousines	*Are two cousins*
Qui ont trois cousins	*Who have three cousins*
Rodolphe, Gilles et Sébastien	*Rodolphe, Gilles and Sébastien*
À toi de le dire	*Your turn to say it*
À toi de l'écrire	*Your turn to write it*
Tu le feras bien	*You will do it well*
Car moi je n'y comprends plus rien …	*Because I am now thoroughly confused …*

MOTS ET EXPRESSIONS UTILES

le cousin (m.)/la cousine (f.)	*the cousin*	le grand-père/la grand-mère	*the grandfather/the grandmother*
le père/la mère	*the father/the mother*	les petits-enfants	*the grand-children*
le frère/ la sœur	*the brother/the sister*	le beau-frère/père/fils	*the brother/father/son-in-law*
le neveu/la nièce	*the nephew/the niece*	la belle-mère/sœur/fille	*the mother/sister/daughter-in-law*
l'oncle (m.)/la tante	*the uncle/the aunt*	les beaux-parents	*the parents-in-law*

à vous!

Complétez. *Fill in the gaps.*

1 Cécile et Céline sont deux _____ .

2 Arlette est la _____ de Cécile.

3 Le _____ d'Arlette s'appelle Robert.

4 Robert est le _____ de Céline.

5 La _____ de Richard s'appelle Agnès.

6 Agnès est la _____ d'Arlette et de Robert.

7 Jocelyne est la _____ de Cécile et de Céline.

8 Angèle, la _____, fait tous les pull-overs des enfants

l'arbre généalogique de la famille Dupré

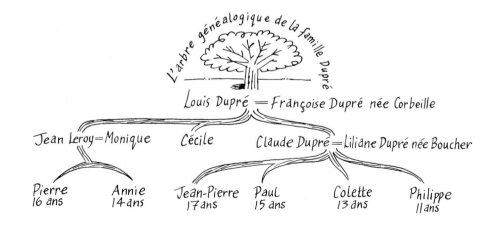

avez-vous compris?

Corrigez les erreurs. *Correct the mistakes*. Look at the Dupré family tree until you are familiar with it. The following sentences explain the family relationships; there are some mistakes. Find them and correct them.

1 Colette a deux frères.

2 La sœur de Pierre a treize ans.

3 Jean Leroy est le beau-frère de Claude Dupré.

4 Louis et Françoise ont cinq petits-enfants.

5 Annie a une cousine.

6 Cécile Dupré a quatre neveux et deux nièces.

7 Monique est la belle-sœur de Liliane.

8 Pierre et Annie ont deux oncles.

9 Les beaux-parents de Jean Leroy et Liliane Dupré s'appellent Louis et Françoise.

10 Françoise n'est pas la tante de Cécile.

11 Les petites-filles de Louis s'appellent Anne et Nicole.

12 Cécile est la belle-fille de Louis et Françoise.

et vous?

Avez-vous des frères, des sœurs, des cousins, une belle-mère, des petits-enfants, etc?

à la ferme des Dupré

Au grenier le chat attrape une souris.

Au premier étage Colette est dans sa chambre. Elle téléphone à une amie. Grand-père chante dans la salle de bain et Philippe joue de la trompette. Grand-mère mange du chocolat en cachette dans sa chambre.

Au rez-de-chaussée Madame Dupré regarde la télé au salon. Monsieur Dupré fait le ménage dans la salle à manger. Dans la cuisine Jean-Pierre épluche les pommes de terre et Paul fait des devoirs. Ils écoutent la radio.

À la cave l'oncle Jean goûte le cidre.

Dans la basse-cour tante Cécile donne à manger aux volailles.

Le facteur apporte une lettre. Il est **dans le jardin**.

MOTS ET EXPRESSIONS UTILES

le grenier	*the attic*
le salon	*the lounge*
la salle à manger	*the dining room*
la salle de séjour	*the living room*
la cuisine	*the kitchen*
la pièce	*the room*
la cave	*the cellar*
le rez-de-chaussée	*the ground floor*
la basse-cour	*the farmyard*
faire le ménage	*to do the housework*
en cachette	*in secret/hiding*
attraper	*to catch*
téléphoner (à)	*to telephone*
apporter	*to bring* (something)
éplucher	*to peel*

avez-vous compris?

Dans quelle pièce ou dans quelle partie de la ferme sont les Dupré? Que font-ils?
In which room or part of the farm are the Duprés? What are they doing?

1 Écrivez le nom de chaque personne sous le bon dessin. *Write the name of each person under the correct picture.*

2 Maintenant dites ce que fait chaque personne et où elle est. *Now say what each one is doing and where he/she is.*

Example: Jean-Pierre épluche les pommes de terre dans la cuisine.

à vous!

Vingt questions

Here is a game to play in small groups. One student chooses a part of the house and an activity, and writes them down without showing the others.

Example: Je suis dans le jardin. Je joue au football.

The rest of the group tries to guess both by asking questions in turn.

Example: Vous êtes dans une chambre? Vous écoutez la radio?

If defeated, the group should find out the answers by asking **Où êtes-vous?** and **Qu'est-ce que vous faites?**

 ## Paul et Élisabeth visitent la ferme

MOTS ET EXPRESSIONS UTILES

venez avec moi (venir)	*come with me (to come)*	une oie	*a goose*
une chèvre	*a goat*	un canard	*a duck*
un cheval (chevaux)	*a horse (horses)*	une poule	*a hen*
une vache	*a cow*	un poussin	*a chick*
une centaine	*about a hundred*	une moissonneuse-batteuse	*a combine-harvester*
un mouton	*a sheep*	J'arrive!	*I'm coming!*
un cochon	*a pig*	Que veux-tu/voulez-vous!	*What do you expect!*
drôle	*funny*		

avez-vous compris?

1 Le fermier a combien de chevaux/de vaches/de moutons?

2 Élisabeth aime-t-elle les cochons?

3 Qu'est-ce qu'il y a comme volailles dans la basse-cour?

4 Que regarde Paul?

5 Qu'est-ce que les enfants préfèrent?

à vous!

Help Paul and Élisabeth fill in their worksheet about the farm by writing how many of each animal the farmer owns.

LE FERMIER A COMBIEN D'ANIMAUX?

UN PEU DE GRAMMAIRE

FAIRE *to do/to make*	
je fais	*I do/am doing/I make/I am making*
tu fais	*you do/are doing/make/are making*
il/elle fait	*he/she does/is doing/makes/is making*
nous faisons	*we do/are doing/make/are making*
vous faites	*you do/are doing/make/are making*
ils/elles font	*they do/are doing/make/are making*

▶ **Grammaire** 4, 8, 15(d)

EXERCICES

A Qu'est-ce qu'ils font?

Example: **1** Elle chante.

BLA, BLA, BLA

L'Anglais Facile

1 **2** **3** **4** **5** **6**

7 **8** **9** **10** **11** **12**

B Look at the family tree on page 121 and fill in the gaps accordingly.

  1 Claude est le _____ de Liliane.
  2 Pierre est le _____ d'Annie.
  3 Annie est la _____ de Colette.
  4 Colette est la _____ de Françoise et de Louis.
  5 Jean Leroy est le _____ de Cécile.
  6 Cécile est la _____ de Paul.
  7 Paul est le _____ de Monique.
  8 Monique est la _____ de Jean Leroy.
  9 Liliane est la _____ de Françoise et Louis.
  10 Cécile et Monique sont les _____ de Claude.

C You are now being interviewed about your home. Answer the questions according to the cues given.

  – Où habitez-vous?
    (**1** *You live in the suburbs of London*.)
  – Vous habitez une maison ou un appartement?
    (**2** *You live in a flat*.)
  – Il est à quel étage?
    (**3** *It's on the second floor*.)
  – C'est grand?
    (**4** *No, it's small. Ask what 'living room' is in French*.)
  – Une salle de séjour.
    (**5** *Thank her, and tell her there is a living room, one bedroom, a kitchen and a bathroom*.)
  – Vous avez un garage?
    (**6** *No, but there is a car park*.)
  – Il y a un jardin?
    (**7** *No, but there is a tree in the middle of the car park!*)

D Prepare a talk for a group of French schoolchildren who are going to visit your farm museum. You'd like to tell them:

  - that the farm is big
  - that it's forty kilometres from London
  - that you have thirty cows, fifty sheep and about a hundred pigs
  - that you don't have any horses
  - to come with you
  - that there are hens and chicks in the farmyard
  - that you also have ducks and geese

E   Answer the following questions in French.

1   Vous habitez dans une maison ou dans un appartement?

2   Quelles pièces y a-t-il au rez-de chaussée?/Votre appartement est à quel étage?

3   Quelles pièces y a-t-il au premier étage?/Qu'est-ce qu'il y a comme pièces?

4   Qu'est-ce qu'il y a dans votre chambre?

5   Dans quelle pièce est-ce que vous regardez la télévision?

6   Où est-ce que vous faites les devoirs de français?

7   Qu'est-ce que vous aimez faire le soir à la maison?

8   Qui fait la cuisine dans votre famille?

9   Avez-vous un jardin?

10   Avez-vous un garage, un grenier ou une cave? Qu'est-ce qu'il y a dedans?

F   Describe your dream house (**La maison de mes rêves**).

écoutez bien!

Première partie

Listen to seven short conversations. For each one write down the activity mentioned and where it is taking place.

Deuxième partie

Listen again and fill in the gaps in the sentences below.

1   The boy is talking about his _____ .

2   Sophie is talking to her _____ .

3   She is talking about her _____ .

4   Nicole's _____ is not at home.

5   Gilles wants to talk to Françoise who is the boy's _____ .

6   Philippe is talking about his _____ .

7   The _____ are hungry.

lecture

Your company has asked you to produce an English version of their **gîte** (holiday home) brochure. They are particularly interested in the accommodation available, and the distance of each **gîte** from local amenities. Look at the two extracts given here, and draft an English equivalent for each one. Both houses are typical examples of traditional Breton homes.

GOURIN

7/8 PERS. / 47 M²

Demeure bretonne bien restaurée, située dans un village.

Rez-de-chaussée: Séjour, cuisine équipée, cheminée, coin-salon, coin-repas, WC, salle de bain, machine à laver.

Étage: 1 chambre 1 lit 2 personnes, 1 chambre 1 lit 2 personnes, 1 chambre 3 lits 1 personne. Grenier aménagé en salle de jeux. Jardin clos, mobilier de jardin. Commerces, piscine, tennis: Gourin.

Plage: Le Pouldu.

PLOURAY

2/4 PERS. / 48 M²

Demeure bretonne agréablement restaurée, située en pleine campagne au bout d'un petit chemin.

Rez-de-chaussée: Vaste séjour avec cheminée, mobilier salon, canapé-lit 2 personnes, coin-repas, coin-cuisine équipé, salle de bain, WC séparés.

Étage: 1 chambre 1 lit 2 personnes, 1 chambre 2 lits 1 personne. Jardin, 1 animal accepté.

Commerces: Plouray 5 km.

1 Look at the picture, and fill in the gaps using these expressions:

| par terre   autour   au milieu |

a – Où est le guide? – Il est _____ des touristes.

b – Où sont les touristes? – Ils sont _____ du guide.

c – Où sont les clés du guide? – Elles sont

_____ .

2 Look at the picture, and fill in the gaps using these expressions:

| où   quel   à gauche   quelle |

– Où est le café, s'il vous plaît?
– **a** _____ café?
– Le café de la poste.
– À droite de l'hôtel.
– **b** _____ est l'église, s'il vous plaît?
– **c** _____ église?
– L'église St. Pierre.
– **d** _____ de la mairie.

3 Complete the dialogue.

Vous	(**a** *Stop a passer-by politely and ask him how to get to the station.*)
Le passant	C'est facile. Vous êtes à pied?
Vous	(**b** *Say yes, but ask if it is far.*)
Le passant	Non, c'est à cinq minutes. Traversez le pont et prenez la première à gauche. La gare est au bout de la rue.
Vous	(**c** *Ask if there is a hotel near the station.*)
Le passant	Non, mais il y a un café juste en face.
Vous	(**d** *Ask if there is a hotel nearby.*)
Le passant	Oui, il y a un hôtel dans la deuxième rue à droite.
Vous	(**e** *Thank him and say goodbye.*)

4   Fill in the gaps with the following vocabulary.

à droite   traversez   prenez   par ici

quelle

à côté de   tout droit   loin   à pied

Un monsieur	Pardon madame, il y a une banque **a** _____ ?
Une dame	Oui, il y a le Crédit Rural.
Monsieur	C'est **b** _____ ?
Dame	Non, c'est à cinq minutes **c** _____ . Allez **d** _____ jusqu'à l'église.
Monsieur	**e** _____ église?
Dame	L'église St. Jacques. Là, tournez **f** _____ . **g** _____ la place et **h** _____ la première à gauche. La banque est **i** _____ la poste.
Monsieur	Merci beaucoup, madame. Au revoir.

5   Look at the family tree and choose the correct answer.

Pierre Dupont = Marie

Jean-Pierre = Dominique   Louise = Alain

Paul   Claire   Annie   Sylvie

a   Jean-Pierre est le père / le frère de Claire.

b   Marie est la belle-mère / la grand-mère de Sylvie.

c   Claire est la sœur / la femme d'Annie.

d   Alain est le neveu / le mari de Louise.

e   Louise est la tante / la nièce de Paul.

6   What are they doing? Complete the sentences using **faire**.

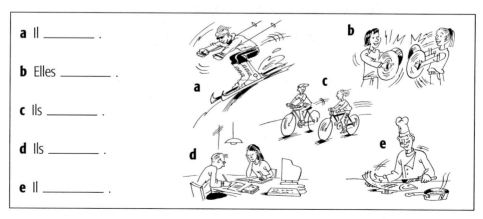

a Il _____ .

b Elles _____ .

c Ils _____ .

d Ils _____ .

e Il _____ .

7   The actress' answers to these interview questions have got muddled up. Can you match them?

  a   Où habitez-vous maintenant?

  b   Travaillez-vous en Angleterre?

  c   Préférez-vous le cinéma ou la télévision?

  d   Et vos filles, aiment-elles aussi le cinéma?

  e   Sophie joue-t-elle d'un instrument de musique?

  f   Et Anne, joue-t-elle aussi du piano?

  g   Est-ce que vous aimez le sport?

  h   Jouez-vous au tennis?

  i   Vous restez à la maison le soir?

  j   Regardez-vous souvent la télévision?

  (i)   Non. Sophie préfère la musique et Anne est sportive.

  (ii)   Nous habitons dans une villa en Californie, au bord de la mer.

  (iii)   Oui, elle joue du piano, et elle chante.

  (iv)   Oui, nous aimons beaucoup le sport.

  (v)   Je préfère le cinéma.

  (vi)   Non, je ne travaille plus en Europe.

  (vii)   Non, elle n'est pas musicienne.

  (viii)   Les filles jouent au tennis, mais moi je joue au badminton.

  (ix)   Non, je préfère écouter la radio.

  (x)   Oui, Nous écoutons des CD ou nous jouons au Scrabble.

8   Your friend wants to stay in a **gîte** in France. Tell her what the accommodation is like and what facilities there are.

■ HAUTEVILLE-SUR-MER

6/7 PERS. / 42 M²

Demeure normande, bien restaurée, située en pleine campagne, au bout d'un petit chemin.

Rez-de-chaussée: Séjour, canapé-lit 1 personne, cuisine équipée, coin-salon, coin-repas, WC, salle de bain.

Étage: 1 chambre 1 lit 2 personnes, 1 chambre 1 lit 2 personnes, 1 chambre 2 lits 1 personne.

Jardin clos, 1 animal accepté.

Commerces: Hauteville-sur-mer 3 km, Coutances 15 km.

Plage: Hauteville-sur-mer.

9   One of your family wants to buy a farm in France. Give a description of the farmhouse below and list the animals on the farm.

Ferme: Arromanches 20 km.
Rez-de-chaussée: Vaste cuisine avec cheminée, salon, séjour, salle à manger, WC.
Premier étage: Cinq chambres, salle de bain. Grenier aménagé en salle de jeux.
Cave, jardin clos.
Machines:
Deux tracteurs, une moissonneuse-batteuse.
Animaux:
Vingt vaches, quatre chevaux, vingt-cinq cochons.
Volailles:
Un coq, trente poules, quinze oies, dix-huit canards.

Dixième unité

quel temps fait-il?

Les quatre saisons

Quelquefois *au printemps* il fait mauvais, il pleut.

En été, en général, il fait du soleil, il fait beau.

En automne il fait souvent du vent.

En hiver il fait froid. Quelquefois il neige.

Dans le désert il fait très chaud.

Quelquefois, la nuit, il fait du brouillard.

MOTS ET EXPRESSIONS UTILES

Quel temps fait-il?	*What's the weather like?*
le printemps	*spring*
l'automne (m.)	*autumn*
quand	*when*

avez-vous compris?

1 Quel temps fait-il en hiver?

2 Quel temps fail-il au printemps?

3 Quand fait-il beau?

4 Où fait-il très chaud?

5 Quand fait-il souvent du vent?

6 Quand neige-t-il quelquefois?

7 Quand fait-il du soleil en général?

8 Quel temps fait-il dans le désert?

9 Quand fait-il froid?

10 Quand est-ce qu'il pleut?

à vous!

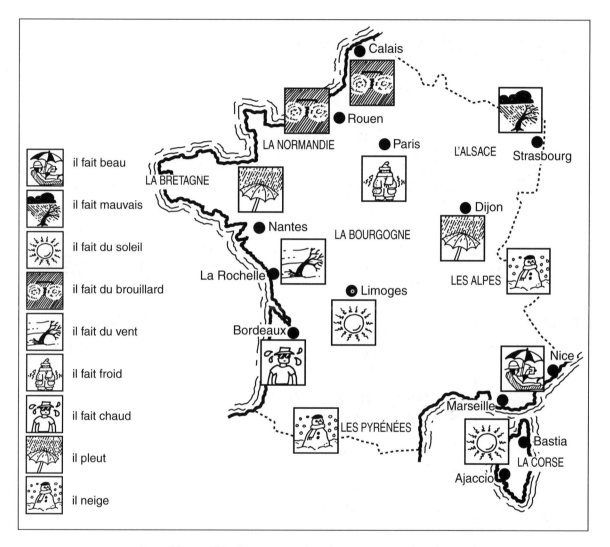

1 **Complétez.** *Fill in the gaps.* Look at the map to see what the weather is like in different areas of France.

a En Bretagne …
b À Paris …
c En Normandie …
d À Strasbourg …
e Dans les Alpes …

f À Nice …
g En Corse …
h Dans les Pyrénées …
i À Bordeaux …
j À La Rochelle …

2 **Travaillez avec un/une partenaire.** *Work with a partner.* Ask each other what the weather is like in various parts of France. Start with **Quel temps fait-il . . .?**

Claire interviewe un homme à la retraite

Claire Pardon, monsieur, je fais une enquête sur les Français et les passe-temps.

Homme Tiens, pourquoi donc?

Claire Je travaille pour la SNES. Que faites-vous quand vous avez du temps libre?

Homme J'ai beaucoup de temps libre maintenant, je suis à la retraite depuis trente ans. Quand il fait beau, je fais du jardinage.

Claire Vous avez un grand jardin?

Homme Assez grand. Il y a des fleurs et des légumes.

Claire Est-ce que vous aimez le jardinage?

Homme Oui, beaucoup, mais je préfère aller à la pêche et quand il pleut j'aime aller aux escargots. J'adore les escargots!

MOTS ET EXPRESSIONS UTILES

Tiens!	*Oh, really!*
le temps libre	*free time*
être à la retraite	*to be retired*
faire du jardinage	*to do some gardening*
aller à la pêche	*to go fishing*
un escargot	*a snail*

avez-vous compris?

1 Pourquoi le monsieur a-t-il beaucoup de temps libre?

2 Que fait-il quand il fait beau?

3 Qu'est-ce qu'il y a dans le jardin?

4 Il préfère la pêche ou le jardinage?

5 Qu'aime-t-il faire quand il pleut? Pourquoi?

à vous!

Travaillez avec un/une partenaire. Take it in turns to answer the questions below according to the cues given.

- Bonjour monsieur/madame. Quel âge avez-vous?
- (**1** *You are seventy.*)
- Vous êtes à la retraite?
- (**2** *Yes, you've been retired for five years.*)
- Alors, vous avez beaucoup de temps libre!
- (**3** *Yes, you are lucky!*)
- Qu'est-ce que vous faites quand il fait beau?
- (**4** *You do some gardening.*)
- Qu'est-ce qu'il y a dans votre jardin?
- (**5** *There are flowers and vegetables.*)
- Quel est votre passe-temps préféré?
- (**6** *To go fishing.*)

Claire interviewe un homme à la retraite (suite)

Claire	Êtes-vous très occupé le dimanche?
Homme	Non, rarement. Le matin, je vais à la messe, et après je bois l'apéritif au café avant de déjeuner. Mais le samedi soir, je joue de l'accordéon avec le groupe musical du village.
Claire	Ce sont des professionnels?
Homme	Oh non, des amateurs bien sûr!
Claire	Et le soir, que faites-vous?
Homme	Tous les soirs, sauf le samedi, je joue aux cartes avec des amis au café.
Claire	Et à la maison?
Homme	Quand je rentre à la maison, je prépare le dîner, puis je regarde la télé.
Claire	Quelles émissions préférez-vous?
Homme	Je regarde tout, mais je préfère les films d'aventure et j'adore les émissions pour les enfants.
Claire	Je ne voudrais pas être indiscrète, mais quel âge avez-vous?
Homme	J'ai quatre-vingt-quinze ans!

MOTS ET EXPRESSIONS UTILES

occupé	*busy*	je bois (boire)	*I drink (to drink)*
le samedi/dimanche	*on Saturdays/Sundays*	tous les soirs	*every night* (lit. all the evenings)
je vais/il va (aller)	*I go/he goes (to go)*	sauf	*except*
avant (de)	*before*	un film d'aventure	*an action film*
après	*after*	une émission	*a programme* (TV or radio)

avez-vous compris?

1 Le dimanche matin, il va à la messe ou au café?

2 Qu'est-ce qu'il fait le samedi soir?

3 Où et avec qui joue-t-il aux cartes?

4 Que fait-il le soir à la maison?

5 Quelles émissions préfère-t-il?

6 Quel âge a-t-il?

à vous!

Travaillez avec un/une partenaire. Continue with your interview.

– Et pendant le week-end?
– (**1** *You are very busy.*)
– Qu'est-ce que vous faites le dimanche matin?
– (**2** *You go to mass.*)
– Et après?
– (**3** *You have a drink in the café.*)
– Que faites-vous le samedi soir?
– (**4** *You play cards with friends.*)
– Vous aimez faire la cuisine?
– (**5** *No, but you prepare the evening meal every night.*)
– Tous les soirs?
– (**6** *Yes, except Saturdays.*)

Claire interviewe un jeune garçon

Claire   Pardon, petit, je voudrais te poser quelques questions.

Garçon   Oui, m'dame!

Claire   As-tu des frères et des sœurs?

Garçon   J'ai une grande sœur et un petit frère.

Claire   Est-ce que tu joues souvent avec ton petit frère?

Garçon   Après l'école, on joue presque toujours avec des voisins.

Claire   À quoi jouez-vous?

Garçon   Quelquefois, on joue au ballon, aux billes. Moi je préfère jouer aux gendarmes et aux voleurs!

Claire   Et quand il ne fait pas beau?

Garçon   En général, on regarde la télé, quelquefois on joue au ping-pong, au train électrique, aux fléchettes …

Claire   Tu as un ordinateur?

Garçon   Oui, j'adore jouer à l'ordinateur.

Claire   Et ta sœur, elle joue avec toi, de temps en temps?

Garçon   Oh non, elle ne joue plus, elle est trop vieille!

Claire   Ah oui, quel âge a-t-elle?

Garçon   Elle a quinze ans!

MOTS ET EXPRESSIONS UTILES

aujourd'hui	*today*	jouer aux fléchettes	*to play darts*
les loisirs (m.)	*leisure activities*	(presque) toujours	*(nearly) always*
on joue	*we play*	en général	*generally*
un voisin	*a neighbour*	un ordinateur	*a computer*
jouer au ballon/aux billes	*to play with a ball/marbles*	vieille (f.)	*old*
jouer aux gendarmes et aux voleurs	*to play cops and robbers*		

avez-vous compris?

1 Le jeune garçon a-t-il des frères et des sœurs?

2 A quoi joue-t-il avec les voisins après l'école?

3 Que font-ils quand il fait mauvais?

4 Aime-t-il jouer à l'ordinateur?

5 Pourquoi la sœur ne joue-t-elle plus?

6 Quel âge a-t-elle?

à vous!

Imagine that you are a child. Tell Claire what you do with your neighbours after school.

Use the familiar **on** for *we*.

Example: On joue aux gendarmes et aux voleurs.

Claire interviewe une jeune femme

Claire	Pardon, madame, je fais une enquête sur les Français et les passe-temps. Avez-vous beaucoup de temps libre?
Jeune femme	Excusez-moi, mais je suis très pressée ce matin.
Claire	Est-ce que vous travaillez?
Jeune femme	Oui, mais seulement à mi-temps, et comme j'ai des enfants, j'ai beaucoup de travail à la maison.
Claire	Qu'aimez-vous faire quand vous avez un peu de temps?
Jeune femme	J'aime lire le journal et faire les mots croisés. J'aime bien aussi faire du crochet et de la couture.
Claire	Et votre mari, qu'est-ce qu'il aime faire?
Jeune femme	Lui, il fait collection de timbres.
Claire	Et est-ce que vous êtes sportive?

Jeune femme	Moi, pas tellement! Je fais du yoga une fois par semaine, et le dimanche nous aimons faire une promenade dans les bois.
Claire	Les enfants, font-ils beaucoup de sport?
Jeune femme	Oh oui! Les garçons font du judo et les filles font de l'équitation. Et ils aiment tous la natation.
Claire	Et votre mari?
Jeune femme	Il ne fait jamais de sport. Il préfère regarder le sport à la télévision. Et en plus, il fume!

MOTS ET EXPRESSIONS UTILES

Je suis pressé(e).	*I am in a hurry.*
à mi-temps	*part-time*
les mots croisés (m.)	*crosswords*
faire du crochet/de la couture	*to crochet/sew*
faire collection (de)/faire une promenade	*to collect/to go for a walk*
la natation	*swimming*
l'équitation	*horse-riding*
fumer	*to smoke*

avez-vous compris?

1 Est-ce que la jeune femme travaille?

2 Pourquoi a-t-elle beaucoup de travail à la maison?

3 Quels sont les passe-temps de la jeune femme?

4 Quel est le passe-temps du mari de la jeune femme?

5 La jeune femme fait-elle du sport?

6 Et les enfants?

7 Le mari est-il aussi sportif? Pourquoi?

à vous!

Help Claire talk about the young woman by filling in the gaps with the following vocabulary:

lire

semaine

mi-temps

travail

pressée

mots croisés

La jeune femme est très **1** _____ ce matin, parce qu'elle a beaucoup de **2** _____ à la maison. Elle travaille aussi à **3** _____ . Elle aime **4** _____ le journal et faire les **5** _____ . Elle fait du yoga une fois par **6** _____ .

This time, help Claire talk about the young woman's family by filling in the gaps with the following vocabulary:

timbres

promenade

bois

natation

fume

sport

Le dimanche, la famille aime faire une **7** _____ dans les **8** _____ . Le mari fait collection de **9** _____ . Les enfants font beaucoup de **10** _____ . Ils aiment tous la **11** _____ . Mais le mari ne fait pas de sport et il **12** _____ !

et vous?

Avez-vous des passe-temps? Êtes-vous sportif/sportive?
Vous jouez au squash? au golf? au rugby?
Vous faites de l'aérobic? de la natation? du yoga? de l'équitation?

Claire has also been handing out some questionnaires. Here's one for you to fill in.

Je déteste	Je n'aime pas	J'aime bien	J'adore	Âge: … ans sexe: masc./fem.
				Nourriture
				aller au restaurant
				essayer un nouveau plat
				manger des gâteaux à la crème
				manger des plats exotiques
				manger des escargots et des cuisses de grenouilles
				boire du vin à table
				Vacances
				aller à l'étranger
				aller à la montagne
				voyager en voiture
				rester à la maison
				faire du camping
				visiter les endroits intéressants
				Le soir
				regarder la télévision
				écouter la radio
				passer des CD
				jouer aux cartes
				aller au lit tôt
				sortir (aller au cinéma, aller danser, etc.)

Questionnaire SNES: Cochez ☑ les cases correspondant à vos goûts

Je déteste	Je n'aime pas	J'aime bien	J'adore	Âge: . . . ans sexe: masc./fem.
				À la maison
				faire la vaisselle
				passer l'aspirateur
				repasser
				bricoler
				faire la cuisine
				faire la lessive
				Le dimanche
				rester au lit tard
				faire une promenade
				lire le journal
				inviter des amis
				faire le jardinage
				laver la voiture

Questionnaire SNES: Cochez ☑ les cases correspondant à vos goûts

After filling in the questionnaire, be prepared to ask your partner some questions, and to answer his/hers. You may prefer to limit yourself to one or two categories. Give extra information if you wish.

Example:
- Vous aimez regarder la télévision?
- J'adore regarder la télévision. Je regarde la télévision tous les soirs.
- Vous aimez faire la cuisine?
- Non, je déteste faire la cuisine. Je ne fais jamais la cuisine.
- Vous aimez manger des escargots et des cuisses de grenouilles?
- Non, je suis végétarien(ne).

l'alphabet de l'amitié

A J'aime mon ami avec un A parce qu'il est autrichien, il habite à Aigen, il mange de l'ail et il boit de l'alcool, il joue de l'accordéon et il fait de l'aérobic.

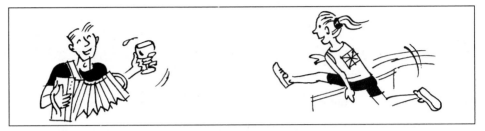

J'aime mon amie avec un A parce qu'elle est anglaise, elle habite à Aylesbury, elle mange des abricots et elle boit de l'anisette, elle joue de l'alto et elle fait de l'athlétisme.

B J'aime mon ami avec un B parce qu'il est belge, il habite à Bruxelles, il mange des biftecks et il boit du beaujolais, il joue au bridge et il fait du bruit.

J'aime mon amie avec un B parce qu'elle est brésilienne, elle habite à Brasilia, elle mange des bonbons et elle boit de la bière, elle joue au badminton et elle fait de la bicyclette.

C J'aime mon ami avec un C parce qu'il est canadien, il habite à Chicoutimi-Jonquière, il mange du camembert et il boit du calvados, il joue de la clarinette et il fait la cuisine.

J'aime mon amie avec un C parce qu'elle est chinoise, elle habite à Canton, elle mange des champignons et elle boit du champagne, elle joue de la contrebasse et elle fait du couscous.

à vous!

Continue, using some other letters of the alphabet in the same way.

J'aime mon ami(e) avec un E parce qu'il/elle est espagnol(e) ...

UN PEU DE GRAMMAIRE

Aimer / adorer / préférer / détester

+ **noun**	J'aime le sport.	*I like sport.*
	Ils adorent les frites.	*They love chips.*
	Il préfère la musique.	*He prefers music.*
	Nous détestons les devoirs.	*We hate homework.*
+ **verb**	J'aime lire.	*I like reading.*
	Elle adore manger au restaurant.	*She loves eating out.*
	Tu préfères aller au cinéma?	*Do you prefer to go to the cinema?*
	Il déteste faire du jardinage.	*He hates gardening.*

***on* means 'one' (generally)**

À la Martinique on parle français.	*In Martinique one speaks French.*

***on* means 'we' (familiar)**

On joue au badminton le jeudi.	*We play badminton on Thursdays.*

▶ **Grammaire** 10, 23(a)

EXERCICES

A Guess where you are! Choose from the places below.

> dans les Alpes, en Bourgogne, en Alsace, à La Martinique, en Corse, en Normandie, en Provence

1 Le temps est toujours variable. L'hiver il pleut et il fait souvent du brouillard. Au bord de la mer il fait du vent, surtout l'automne. Quelquefois il fait beau. L'été quand il fait du soleil on peut faire de la natation. Mais attention – l'eau est toujours froide! Dans cette région on boit du cidre.

2 En général il fait beau l'été. Il fait du soleil mais de temps en temps il pleut. On peut faire de longues promenades et de l'alpinisme. L'hiver il fait froid. Il neige souvent et on peut faire du ski. Le Mont Blanc est dans cette région.

3 Il fait toujours chaud. Il fait du soleil mais il pleut aussi. Il ne pleut pas beaucoup au printemps. Il n'y a pas de neige, donc on ne peut pas faire de ski; mais on peut faire du ski nautique. C'est une île tropicale. L'eau n'est pas froide. Dans cette île on mange beaucoup de bananes.

B Express your personal tastes by telling someone:

1 that you hate ironing, washing up, hoovering.

2 that you don't like going for a walk when it rains, going to bed early, reading the paper.

3 that you quite like doing crosswords, gardening when the weather is fine, playing cards with friends.

4 that you prefer going on holiday abroad, travelling by car, watching sport on television.

5 that you love inviting friends, pottering around, staying in bed late on Sundays.

C Delete words and phrases from the following, so that the sentences best reflect your own lifestyle:

Je vais quelquefois / souvent / rarement au théâtre. Je vais quelquefois / souvent / rarement au cinéma. Je vais quelquefois / souvent / rarement au restaurant. Je fais du sport de temps en temps / une fois par semaine / une fois par mois. Je ne fais jamais de sport.
Je fais du jardinage de temps en temps / deux fois par semaine / trois fois par mois. Je ne fais jamais de jardinage.
En général / quelquefois je fais une promenade le dimanche.
Je regarde la télé tous les soirs / quatre fois par semaine / une fois par semaine.
J'écoute quelquefois / souvent la radio. Je n'écoute jamais la radio. Une fois par mois / de temps en temps / quelquefois je joue aux cartes.

Now add a few more sentences of your own.

D   The answers of the interview are in the right order, but the questions have been mixed up. Number the questions so that they match the answers.

Questions

☐ **1** Où habitez-vous?

☐ Fait-elle beaucoup de sport?

☐ Qu'est-ce que vous aimez faire le soir quand vous ne regardez pas la télévision?

☐ Quel âge a-t-elle?

☐ Quelles émissions préfère-t-il?

☐ Comment s'appelle-t-elle?

☐ Est-ce que vous travaillez?

☐ Et votre mari, il est sportif?

☐ Qu'est-ce que vous faites quand vous avez du temps libre?

☐ Est-ce que vous avez des enfants?

Réponses

▨ Dans la banlieue de Nantes.

▨ Oui, mais seulement le matin.

▨ Je vais dans les musées et les galeries de peintures.

▨ Eh bien, je lis le journal et je fais de la couture.

▨ Oui, une fille.

▨ Anne-Marie.

▨ Elle a quinze ans.

▨ Elle adore la natation et elle fait de l'équitation.

▨ Pas du tout. Il préfère regarder la télé et fumer une cigarette!

▨ Les matches de football et les films d'aventure.

E   Write a second letter to your French penfriend telling him/her about your interests and describe the weather in your region.

écoutez bien!

Study the interviewer's chart carefully, before listening to the dialogue. Then tick the boxes as if you were conducting the interview. The first one has been done for you.

LES LOISIRS	jamais	rarement	quelquefois	de temps en temps	régulièrement	souvent	une fois par semaine	le samedi soir	le dimanche	tous les soirs
aller à la piscine			✓							
lire le journal										
aller au cinéma										
faire la cuisine										
faire la vaisselle										
aller à la montagne										
aller à l'étranger										
faire le jardinage										
jouer aux cartes										
aller à la pêche										

Onzième unité

Onzième unité

 ## la journée d'une femme moderne

1 À sept heures, mon mari prépare le petit déjeuner.

2 À huit heures et quart, je fais les lits.

3 François passe l'aspirateur pendant le week-end.

4 À huit heures et demie, je fais la vaisselle.

5 À neuf heures, je fais ma toilette.

6 Puis je quitte la maison vers neuf heures et demie, pour acheter des fruits, des légumes et du pain frais.

7 François fait les courses au supermarché le samedi matin.

8 Quelquefois je rencontre des amies et je bavarde avec elles.

9 Je rentre chez moi vers onze heures moins le quart et je range les achats.

10 Après ça, je fais la lessive ou je repasse.

11 Je déjeune vers midi et demi.

12 Ensuite je me prépare pour aller à l'hôpital où je commence à deux heures.

MOTS ET EXPRESSIONS UTILES

la journée	the day	rentrer chez moi	to return home
Je fais ma toilette.	I have a wash.	vers	at about
quitter	to leave	puis/après/ensuite	then/after/following that
frais (fraîche)	fresh	ranger (les achats)	to tidy away (the shopping)
le supermarché	supermarket	déjeuner	to have lunch
faire les courses	to do the shopping	je me prépare	I get ready
rencontrer	to meet	commencer	to begin

avez-vous compris?

1 À quelle heure François prépare-t-il le petit déjeuner? *7*

2 À quelle heure Marie fait-elle les lits? *8:15*

3 Qui passe l'aspirateur? *François*

4 Que fait Marie à huit heures et demie? *Elle fait la vaiselle*

5 Quand fait-elle sa toilette? *9*

6 À quelle heure quitte-t-elle la maison pour faire des courses? *9³⁰*

7 Où François fait-il les courses le samedi? *au supermarché*

8 Est-ce que Marie bavarde souvent avec des amies? *quelquefois*

9 Que fait-elle quand elle rentre chez elle? *Elle range les achats*

10 Que fait-elle après ça? *Elle fait la lessive*

11 Que fait-elle vers midi et demi? *Elle dejeune*

12 À quelle heure commence-t-elle à l'hôpital? *2 pm*

à vous!

1 **Quelle heure est-il?** *What's the time?*
Reliez l'heure à la bonne pendule. *Link the time with the correct clock.*

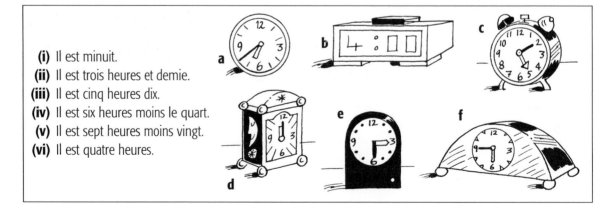

(i) Il est minuit.
(ii) Il est trois heures et demie.
(iii) Il est cinq heures dix.
(iv) Il est six heures moins le quart.
(v) Il est sept heures moins vingt.
(vi) Il est quatre heures.

2 **Travaillez avec un(e) partenaire** / *Work with a partner.* Dictate some times in French and see if he/she can write them down correctly.

et vous?

Comment passez-vous une journée en général? *How do you spend a day generally?*

1 Préparez-vous le petit déjeuner? Passez-vous l'aspirateur? Faites-vous les lits? la vaisselle? Si oui, tous les jours? Et à quelle heure?

2 Quand faites-vous les courses?

3 Bavardez-vous quelquefois avec des amis? Quand et où?

4 Faites-vous souvent la lessive ou la cuisine?

5 Repassez-vous quelquefois?

6 Travaillez-vous? Si oui, à quelle heure commencez-vous?

Marie chez le boucher

La bouchère	Bonjour, Madame Muller, vous désirez?
Marie	Je voudrais des côtelettes d'agneau.
Bouchère	Oui, combien en voulez-vous?
Marie	Quatre.
Bouchère	Voilà! Et avec ça?
Marie	Un beau rôti de bœuf pour six personnes.
Bouchère	Comme ça?
Marie	Très bien. Je voudrais aussi un pot de rillettes et un petit saucisson sec.
Bouchère	Vous avez des invités ce soir?
Marie	Oui, d'anciens voisins qui habitent maintenant à Colmar.
Bouchère	Voilà! Ça sera tout?
Marie	Oui merci, ça fait combien?
Bouchère	Alors ... 75 euros.
Marie	Voilà!
Bouchère	Merci et bonne soirée!

MOTS ET EXPRESSIONS UTILES

chez le boucher/à la boucherie	*at the butcher's*
une côtelette d'agneau	*a lamb chop*
un beau rôti de bœuf/porc	*a nice joint of beef/pork*
un pot de rillettes	*a pot of minced pork, goose*
d'anciens voisins	*former neighbours*
des invités	*guests*
Combien en voulez-vous?	*How much/many do you want?*
Et avec ça?	*Anything else?*
Ça sera tout?	*Will that be all?*
Ça fait combien?	*How much does that come to?*
Bonne soirée!	*Have a good evening.*

avez-vous compris?

1 Combien de côtelettes d'agneau Marie achète-t-elle?

2 Quelle sorte de rôti achète-t-elle?

3 Est-ce un gros rôti?

4 Quelle charcuterie achète-t-elle?

5 Pourquoi achète-t-elle beaucoup de viande?

à vous!

Travaillez avec un/une partenaire. Provide the butcher's part of the dialogue.

Boucher/bouchère	**1** _____ ?	
Client(e)	Je voudrais un rôti de bœuf.	
Boucher/bouchère	**2** _____ ?	
Client(e)	Oui, très bien.	
Boucher/bouchère	**3** _____ ?	
Client(e)	C'est tout, merci, ça fait combien?	
Boucher/bouchère	**4** _____ ?	

Using this dialogue as a model, now ask for a joint of pork, then a chicken, and finally, two lamb chops.

Marie à la crémerie

La crémière	Bonjour, madame, vous désirez?
Marie	Je voudrais un choix de fromages: un camembert, une tranche de roquefort, un beau morceau de gruyère …
Crémière	Combien de gruyère?
Marie	Environ une demi-livre.
Crémière	Bien, et avec ceci?
Marie	Un petit fromage de chèvre.
Crémière	Voilà.
Marie	Je voudrais aussi des yaourts.
Crémière	Nature ou aux fruits?
Marie	Nature.

Crémière	Oui, combien?
Marie	Huit … Merci. Je voudrais aussi un litre de lait et un petit pot de crème fraîche. Et ça sera tout.
Crémière	Bien madame, ça fait 34 euros.
Marie	Oh pardon! Il me faut aussi une douzaine d'œufs et une demi-livre de beurre.
Crémière	Quel beurre préférez-vous?
Marie	Du beurre doux des Charentes.
Crémière	Voilà. C'est tout?
Marie	Oui, cette fois c'est tout!

MOTS ET EXPRESSIONS UTILES

à la crémerie	*at the dairy*		ça fait	*that comes to, is*
un choix de/d'	*a selection of*		il me faut	*I need*
une tranche de	*a slice of*		doux	*unsalted* (here), *soft, sweet*
un beau morceau de/d'	*a nice piece of*		c'est tout	*that's all*
une demi-livre de/d'	*half a pound of* (c 250 grams)		cette fois	*this time*
Et avec ceci?	*Anything else?*			

avez-vous compris?

1 Combien de sortes de fromages Marie achète-t-elle?

2 Combien de gruyère demande-t-elle?

3 Achète-t-elle des yaourts aux fruits?

4 Combien achète-t-elle de lait? de crème fraîche?

5 Achète-t-elle du beurre de Normandie?

à vous!

Travaillez avec un/une partenaire. Provide the client's part of the dialogue, using the cues given, then read the conversation.

Crémier/crémière	Bonjour monsieur/madame. Vous désirez?
Client(e)	(**1** *Say you would like a camembert, a slice of roquefort, and a nice piece of gruyère*.)
Crémier/crémière	Combien de gruyère?
Client(e)	(**2** *Say about half a pound*.)
Crémier/crémière	Bien, et avec ceci?
Client(e)	(**3** *Say you want some yogurts*.)
Crémier/crémière	Nature ou aux fruits?
Client(e)	(**4** *Say plain*.)
Crémier/crémière	Oui, combien?

Client(e)	(**5** *Say nine. You also want a pot of fresh cream.*)
Crémier/crémière	Bien monsieur/madame. Ça sera tout?
Client(e)	(**6** *Say yes. Then ask how much it comes to.*)
Crémier/crémière	Ça fait 32 euros.

Marie chez le marchand de primeurs

Le marchand	À qui le tour?
Marie	C'est à moi! Je voudrais cinq kilos de pommes de terre, s'il vous plaît.
Une cliente pressée	Pardon! C'est mon tour!
Marchand	Je crois que Madame Muller a raison, madame. Alors, cinq kilos de pommes de terre … Voilà.
Marie	Merci! Je voudrais faire une salade de fruits. Donnez-moi un kilo de pommes, un kilo d'oranges, trois bananes et une livre de raisin.
Marchand	Voilà! Et avec ceci?
Marie	C'est combien, les pamplemousses?
Marchand	Un euro cinquante la pièce, madame.
Marie	Alors deux pamplemousses, un chou-fleur, un kilo de carottes, un peu de persil et cent cinquante grammes de champignons.
Une client pressée	Ce n'est pas possible! Elle achète le magasin!
Marchand	Vous désirez autre chose?
Marie	Non, c'est tout pour aujourd'hui, merci.

MOTS ET EXPRESSIONS UTILES

Chez le marchand de primeurs	*at the greengrocer's*	le raisin	*grapes*
À qui le tour?	*Whose turn is it?*	C'est combien …?	*How much is/are …?*
C'est à moi!	*It's mine!*	… la pièce	*… each*
C'est mon tour!	*It's my turn!*	un chou-fleur	*a cauliflower*
Je crois que …	*I think that …*	le persil	*parsley*
Donnez-moi …	*Give me …*		

avez-vous compris?

Choisissez la bonne réponse.

1 Marie achète cinq livres / kilos de pommes de terre.

2 Elle achète beaucoup de fruits pour faire une tarte / une salade de fruits.

3 Elle achète un kilo / une livre de carottes.

4 Elle achète cent cinquante grammes / livres de champignons.

5 Elle achète / n'achète pas le magasin.

à vous!

Fill in the gaps with the following vocabulary.

voilà   un   désirez   tout   voudrais   livre   deux   combien   grammes

Cliente	Je **1** _____ des pommes de terre.
Marchand	Oui, **2** _____ ?
Cliente	Trois kilos.
Marchand	**3** _____ . Et avec ça?
Cliente	**4** _____ pamplemousses, **5** _____ beau chou-fleur et deux cents **6** _____ de champignons.
Marchand	Et avec ceci?
Cliente	Une **7** _____ de raisin.
Marchand	Voilà! Vous **8** _____ autre chose?
Cliente	Non, c'est **9** _____ , merci.

Marie chez le boulanger

La boulangère	Vous désirez?
Marie	Je voudrais trois baguettes, s'il vous plaît.

Boulangère	Voilà, et avec ça?
Marie	Je voudrais des gâteaux, six gâteaux.
Boulangère	Oui madame.
Marie	Hmmm, voyons, . . . deux éclairs au chocolat . . .
Boulangère	Je suis désolée, je n'ai plus d'éclairs au chocolat. Au café?
Marie	Alors au café. Deux mille-feuilles . . .
Boulangère	Deux mille-feuilles aussi! Faites attention à votre ligne Madame Muller!
Marie	C'est parce que nous avons des invités ce soir.
Boulangère	Ah bon! Je comprends. Et avec ceci?
Marie	Il me faut deux tartes.
Boulangère	Pommes, prunes, abricots . . .
Marie	Non, deux tartes aux fraises, s'il vous plaît.
Boulangère	Oui, voilà, et avec ça?
Marie	Ce sera tout, merci. Ça fait combien?
Boulangère	Alors, avec les trois baguettes, ça fait 15 euros, madame.

MOTS ET EXPRESSIONS UTILES

chez le boulanger/à la boulangerie	*at the baker's*	je comprends (comprendre)	*I understand (to understand)*
un mille-feuille	*a cream slice*	Ah bon!	*Really!*
Faites attention à votre ligne!	*Watch your figure!*		

à vous!

Travaillez avec un/une partenaire.

You work in a **boulangerie-pâtisserie,** and are responsible for pricing the items below. Decide how much they would cost, and then be prepared to answer your partner's/customer's queries. The customer says **c'est combien?** to ask the price, and **ça fait combien?** to ask for the final bill.

Example: C'est combien les mille-feuilles?
            Deux euros.

quelques problèmes!

Il a beaucoup de travail.   Il y a trop de nourriture dans le frigidaire.   Il n'a pas assez d'argent.

à vous!

1 Ils ont _____ enfants.

2 Il y a _____ gens dans la voiture.

3 Il n'y a pas _____ hommes.

des dates et des fêtes

Claire interviewe une passante à Rouen.

Claire	Pardon, madame, je ne voudrais pas être indiscrète, mais, quelle est la date de votre anniversaire?
Catherine	C'est aujourd'hui! C'est le 17 mars.
Claire	Heureux anniversaire, alors! Et votre fête, c'est quand?
Catherine	Je m'appelle Catherine. La Sainte Catherine est fin novembre, le 25 exactement.
Claire	Et à quelles dates êtes-vous en vacances?
Catherine	En général, je suis en vacances au mois d'août. Cette année je pars début août, du premier au quinze.
Claire	Êtes-vous mariée?
Catherine	Oui, depuis douze ans.
Claire	À quelle date est votre anniversaire de mariage?
Catherine	C'est le 12 juin. Nous le fêtons tous les ans. Je prépare un repas spécial et mon mari m'achète toujours un cadeau.
Claire	Et dites-moi, c'est quand, l'anniversaire de votre mari?
Catherine	Je ne sais pas! J'oublie toujours!

MOTS ET EXPRESSIONS UTILES

les jours de la semaine	*the days of the week*		
lundi	*Monday*	votre fête (f.)	*your name day/saint's day*
mardi	*Tuesday*	fêter	*to celebrate*
mercredi	*Wednesday*	du … au …	*from the … to the …*
jeudi	*Thursday*	fin novembre	*at the end of/late November*
vendredi	*Friday*	début août	*at the beginning of August/early August*
samedi	*Saturday*	cette année	*this year*
dimanche	*Sunday*	tous les ans	*every year*
votre anniversaire (m.)	*your birthday*	je pars (partir)	*I go away (to go away, to leave)*
votre anniversaire de mariage	*your wedding anniversary*	oublier	*to forget*

avez-vous compris?

1 C'est quand l'anniversaire de Catherine?

2 Quelle est la date de la Sainte Catherine?

3 Quand Catherine est-elle en vacances?

4 À quelle date est l'anniversaire de mariage de Catherine?

5 Quand est l'anniversaire du mari de Catherine?

à vous!

Regardez le calendrier français et complétez les activités.

First, look up these dates to find out what they are in French, and try to give their English equivalents.

	Date	Français	Anglais
1	dimanche 14 février	la Saint Valentin	Valentine's Day
2	mardi 23 février	…	…
3	dimanche 11 avril	…	…
4	samedi 1er mai	…	…
5	dimanche 6 juin	…	…
6	dimanche 20 juin	…	…
7	mercredi 14 juillet	…	…
8	lundi 1er novembre	…	…
9	samedi 25 décembre	…	…
10	vendredi 31 décembre	…	…

Now answer the following questions:

11 La Saint Dominique, la Saint Laurent et la Sainte Claire sont début août. Quels jours de la semaine sont ces fêtes exactement?

12 À quelles dates sont le premier jour du printemps/le premier jour de l'été/le premier jour de l'automne/le premier jour de l'hiver?

Calendrier

JANVIER

1V JOUR DE L'AN
2S s Basile
3D Epiphanie
4L s Odilon
5M s Edouard
6M s Mélanie
7J s Raymond
8V s Lucien
9S s* Alix
10D Bapt. du Christ
11L s Paulin
12M s* Tatiana
13M s* Yvette
14J s Nina
15V s Remi
16S s Marcel
17D s* Roseline
18L s* Prisca
19M s Marius
20M s Sébastien
21J s* Agnès
22V s Vincent
23S s Barnard
24D s François S.
25L Conv. s. Paul
26M s* Paule
27M s* Angèle
28J s Thomas Aq.
29V s Gildas
30S s* Martine
31D s* Marcelle

FÉVRIER

1L s* Ella
2M Présent. Seign.
3M s Blaise
4J s* Véronique
5V s* Agathe
6S s Gaston
7D s* Eugénie
8L s* Jacquel.
9M s* Apolline
10M s Arnaud
11J N.-D. Lourdes
12V s Félix
13S s* Béatrice
14D s Valentin
15L s Claude
16M s* Julienne
17M s Alexis
18J s* Bernadette
19V s Gabin
20S s* Aimée
21D s Pierre Dam.
22L s* Isabelle
23M Mardi Gras
24M Cendres
25J s Roméo
26V s Nestor
27S s* Honorine
28D Carême

MARS

1L s Aubin
2M s Charles le B.
3M s Guénolé
4J s Casimir
5V s* Olive
6S s* Colette
7D s* Félicité
8L s Jean de Dieu
9M s* Françoise
10M s Vivien
11J s* Rosine
12V s* Justine
13S s Rodrigue
14D s* Mathilde
15L s* Louise
16M s* Bénédicte
17M s Patrice
18J s Mi-Carême
19V s Joseph
20S PRINTEMPS
21D s* Clémence
22L s* Léa
23M s Victorien
24M s* Catherine
25J Annonciation
26V s* Larissa
27S s Habib
28D s Gontran
29L s* Gwladys
30M s Amédée
31M s Benjamin

AVRIL

1J s Hugues
2V s* Sandrine
3S s Richard
4D Rameaux
5L s* Irène
6M s Marcellin
7M s J.-B. Salle
8J s* Julie
9V Vendredi Saint
10S s Fulbert
11D PÂQUES
12L s Jules
13M s* Ida
14M s Maxime
15J s Paterne
16V s Benoît Labre
17S s Anicet
18D s Parfait
19L s* Emma
20M s* Odette
21M s Anselme
22J s Alexandre
23V s Georges
24S s Fidèle
25D Souv. Déportés
26L s* Alida
27M s* Zita
28M s* Valérie
29J s Catherine S.
30V s Robert

MAI

1S Fête du Travail
2D s Boris
3L ss Jacq./Phil.
4M s Sylvain
5M s* Judith
6J s* Prudence
7V s* Gisèle
8S VICTOIRE 1945
9D F. Jeanne d'Arc
10L s* Solange
11M s* Estelle
12M s Achille
13J s* Rolande
14V s Matthias
15S s* Denise
16D s Honoré
17L s Pascal
18M s Eric
19M s Yves
20J ASCENSION
21V s Constantin
22S s Emile
23D s Didier
24L s Donatien
25M s* Sophie
26M s* Bérenger
27J s Augustin C.
28V s Germain
29S s Aymar
30D PENTECÔTE
31L Visitation

JUIN

1M s Justin
2M s* Blandine
3J s Kévin
4V s* Clotilde
5S s Igor
6D Fête des Mères
7L s Gilbert
8M s Médard
9M s* Diane
10J s Landry
11V s Barnabé
12S s Guy
13D Fête Dieu
14L s Elisée
15M s* Germaine
16M s J.-F. Régis
17J s Hervé
18V Sacré-Cœur
19S s Romuald
20D Fête des Pères
21L ÉTÉ
22M s Alban
23M s* Audrey
24J s Jean-Baptiste
25V s Prosper
26S s Anthelme
27D s Fernand
28L s Irénée
29M ss Pierre/Paul
30M s Martial

JUILLET

1J s Thierry
2V s Martinien
3S s Thomas
4D s Florent
5L s Ant.-M.
6M s* Marietta
7M s Raoul
8J s Thibaut
9V s* Amandine
10S s Ulrich
11D s Benoît
12L s Olivier
13M ss Henri/Joël
14M Fête Nationale
15J s Donald
16V ND Mt Carmel
17S s* Charlotte
18D s Frédéric
19L s Arsène
20M s* Marina
21M s Victor
22J s* Marie-Mad.
23V s* Brigitte
24S s* Christine
25D s Jacques M.
26L ss Anne/Joa. 30
27M s* Nathalie
28M s Samson
29J s* Marthe
30V s* Juliette
31S s Ignace de L.

AOÛT

1D s Alphonse
2L s Julien
3M s* Lydie
4M s JM Vianney
5J s Abel
6V Transfiguration
7S s Gaétan
8D s Dominique
9L s Amour
10M s Laurent
11M s* Claire
12J s* Clarisse
13V s Hippolyte
14S s Evrard
15D ASSOMPTION
16L s Armel
17M s* Hyacinthe
18M s* Hélène
19J s Jean Eudes
20V s Bernard
21S s Christophe
22D s Fabrice
23L s* Rose
24M s Barthélemy
25M s Louis
26J s* Natacha
27V s* Monique
28S s Augustin
29D s* Sabine
30L s Fiacre
31M s Aristide

SEPTEMBRE

1M s Gilles
2J s* Ingrid
3V s Grégoire
4S s* Rosalie
5D s* Raïssa
6L s Bertrand
7M s* Reine
8M Nativité N.-D.
9J s Alain
10V s* Inès
11S s Adelphe
12D s Apollinaire
13L s Aimé
14M Sainte Croix
15M s Roland
16J s* Edith
17V s Renaud
18S s* Nadège
19D s* Emilie
20L s Davy
21M s Matthieu
22M s Maurice
23J AUTOMNE
24V s* Thècle
25S s Hermann
26D ss Côme/Damien
27L s Vincent P. 39
28M s Venceslas
29M ss Michel/Gabriel
30J s Jérôme

OCTOBRE

1V s* Thérèse E.-J.
2S s Léger
3D s Gérard
4L s Franc. A.
5M s* Fleur
6M s Bruno
7J s Serge
8V s* Pélagie
9S s Denis
10D s Ghislain
11L s Firmin
12M s Wilfried
13M s Géraud
14J s Juste
15V s* Thérèse d'A.
16S s* Edwige
17D s Baudouin
18L s Luc
19M s René
20M s* Adeline
21J s* Céline
22V s Salomé
23S s Jean de C.
24D s Florentin
25L s Crépin
26M s Dimitri
27M s Emeline
28J ss Simon/Jude
29V s Narcisse
30S s* Bienvenue
31D s Quentin

NOVEMBRE

1L TOUSSAINT
2M Défunts
3M s Hubert
4J s Charles Bor.
5V s Sylvie
6S s* Bertille
7D s* Carine
8L s Geoffroy
9M s Théodore
10M s Léon
11J ARMISTICE 1918
12V s Christian
13S s Brice
14D s Sidoine
15L s Albert
16M s* Marguerite
17M s* Elisabeth
18J s* Aude
19V s Tanguy
20S s Edmond
21D Christ Roi
22L s* Cécile
23M s Clément
24M s* Flora
25J s* Catherine L.
26V s* Delphine
27S s Séverin
28D Avent
29L s Saturnin
30M s André

DÉCEMBRE

1M s* Florence
2J s* Viviane
3V s François-X.
4S s* Barbara
5D s Gérard
6L s Nicolas
7M s Ambroise
8M Imm. Concept.
9J s Pierre Fourier
10V s Romaric
11S s Daniel
12D s* J.-F. Chantal
13L s* Lucie
14M s* Odile
15M s* Ninon
16J s* Alice
17V s Judicaël
18S s Gatien
19D s Urbain
20L s Théophile
21M HIVER
22M s* Françoise-X.
23J s Armand
24V s* Adèle
25S NOËL
26D Sainte Famille
27L s Jean Ap.
28M ss Innocents
29M s David
30J s Roger
31V s Sylvestre

et vous?

Maintenant, utilisez un calendrier de cette année. Cherchez quels jours de la semaine sont Noël/votre anniversaire/l'anniversaire de votre mari – ou femme – si vous êtes marié(e), etc. Cherchez les dates de Pâques/du premier jour du printemps/de l'été, etc.

UN PEU DE GRAMMAIRE

L'heure	**the time**
Quelle heure est-il?	*What's the time?*
Il est dix heures.	*It's ten o'clock.*
Il est dix heures et quart.	*It's a quarter past ten.*
Il est dix heures et demie.	*It's half past ten.*
Il est onze heures moins le quart.	*It's a quarter to eleven.*
Il est onze heures moins dix/vingt.	*It's ten/twenty to eleven.*
Il est onze heures dix/vingt.	*It's ten/twenty past eleven.*
Il est midi/minuit.	*It's midday/midnight.*

Expressing quantity	
assez de/beaucoup de/trop de	*enough/a lot of/too much, too many*
Trop de pommes.	*Too many apples.*
but	
Assez d'argent.	*Enough money.*
Beaucoup d'hommes.	*A lot of men.*

▶ **Grammaire** 5(d), 6(b), 8(c)

EXERCICES

A Quelle heure est-il?

Il est …

B Describe the food and drink by matching words from the two boxes below. Use each word only once. The first one has been done for you.

Example: **1** un verre de vin

une bouteille ☐
un verre **1**
un bol ☐
un tonneau ☐
une tasse ☐
un pot ☐
des boîtes ☐
une assiette ☐
un paquet ☐
un litre ☐
une livre ☐
une cuillerée ☐

de bonbons ☐
de raisin ☐
de bière ☐
d'huile ☐
de café ☐
de cidre ☐
de soupe ☐
d'eau ☐
de thé ☐
de vin **1**
de confiture ☐
de lait ☐

C In each of the four recipes below, the quantity of one ingredient is obviously wrong. Find the mistake and correct it if you can.

1
VINAIGRETTE
❖
3 cuillerées à soupe d'huile
1 cuillerée à soupe de vinaigre
1 pot de moutarde
sel, poivre

2
PÂTE À CRÊPES
❖
250 grammes de farine
1 douzaine d'œufs
½ litre de lait
1 cuillerée à café d'huile
1 cuillerée à soupe de cognac
1 pincée de sel

3
GRATIN DAUPHINOIS
❖
500 grammes de pommes de terre
40 grammes de beurre
1 petit pot de crème fraîche
150 litres de lait
1 gousse d'ail
sel, poivre, noix de muscade

4
MADELEINES
❖
200 kilos de farine
3 œufs
150 grammes de sucre
125 grammes de beurre
1 cuillerée à dessert de jus de citron
1 pincée de sel

D You are at the grocer's in France. Use the cues provided to do your shopping.

Épicier À qui le tour?

Vous (**1** *Say it is your turn, and tell him you would like a tin of sardines in oil.*)

Épicier Voilà. Et avec ça?

Vous (**2** *Tell him that you'd like a bottle of water and a litre of red wine.*)

Épicier Voilà. Vous désirez autre chose?

Vous (**3** *Say yes, and tell him you would also like half a pound of coffee and a kilo of sugar.*)

Épicier Voilà. Et avec ceci?

Vous (**4** *Ask him if he has any bread.*)

Épicier Je suis désolé, je n'ai pas de pain.

Vous (**5** *Ask him if he has any cheese.*)

Épicier Oui. Quel fromage voulez-vous?

Vous (**6** *Ask him for a slice of roquefort, a small goat's cheese and a piece of gruyère.*)

Épicier Alors voilà. Et avec ça?

Vous (**7** *Tell him that it is all, and ask him how much it is.*)

E   You are being asked to give details of important dates in your life by Claire. Answer her questions according to the cues given.

Claire	Votre anniversaire, c'est quand?
Vous	(**1** *It's February 29th.*)
Claire	Vous n'avez pas de chance! Et votre fête?
Vous	(**2** *Tell her your name is Dominique; it's August 8th.*)
Claire	Vous êtes marié(e)?
Vous	(**3** *No, you are single.*)
Claire	Quand partez-vous en vacances?
Vous	(**4** *At the beginning of July.*)
Claire	À quelles dates exactement?
Vous	(**5** *From the 1st to the 15th.*)
Claire	Tous les ans?
Vous	(**6** *Sometimes you go away at Christmas or at Easter.*)
Claire	Pourquoi?
Vous	(**7** *Because you love skiing.*)

écoutez bien!

Première partie

You are going to hear part of an interview. A market researcher is asking a woman about her timetable (**l'emploi du temps**). Help him/her complete the form.

Horaires de travail: *Commence à (1) _____ .*
Rentre à la maison (2) _____ .

Déjeuner: *De (3) _____ à (4) _____ .*
Sandwich et promenade (beau temps) ou cantine.

Dîner: *(5) _____ .*

Courses: *(6) _____ pendant l'heure du déjeuner.*
(7) _____ le samedi (déteste ça). Marché le
(8) _____ avec (9) _____ .

Télévision: *Aime beaucoup. Regarde tous les soirs de*
(10) _____ à (11) _____ ou (12) _____ .

Religion: *Messe à (13) _____ et (14) _____ .*
De temps en temps le dimanche à (15) _____ .

Deuxième partie

Listen to a man buying some presents in a souvenir shop (**magasin de souvenirs**) in Alsace. Find out how much each article mentioned costs.

lecture

The following questionnaire about health appears in a French magazine. Fill it in and find out how healthy you are.

SPÉCIAL JEU Des tests pour vous!

Choisissez la bonne réponse, selon vos goûts et vos habitudes:

1. Combien de gâteaux ou gâteaux secs mangez-vous par jour …?
- (a) 0–5 ☐
- (b) 5–10 ☐
- (c) plus de 10 ☐

2. Combien de verres de vin buvez-vous par semaine …?
- (a) 0–7 ☐
- (b) 7–14 ☐
- (c) plus de 14 ☐

3. Combien de cigarettes fumez-vous par jour …?
- (a) 0 ☐
- (b) 1–5 ☐
- (c) plus de 10 ☐

4. Combien de fois par jour/par semaine mangez-vous des fruits et des légumes …?
- (a) à chaque repas ☐
- (b) une ou deux fois par jour ☐
- (c) une ou deux fois par semaine ☐

5. Quand mangez-vous des bonbons ou du chocolat …?
- (a) tous les jours ☐
- (b) une ou deux fois par semaine ☐
- (c) rarement ☐

6. Vous faites de la marche à pied …
- (a) tous les jours ☐
- (b) une fois par semaine ☐
- (c) rarement ☐

7. Vous faites du sport (football, tennis, natation, etc.) …
- (a) régulièrement ☐
- (b) de temps en temps ☐
- (c) jamais ☐

8. Pour aller au travail …
- (a) vous prenez le train/la voiture ☐
- (b) vous y allez à pied ☐
- (c) vous y allez en vélo ☐

RÉPONSES

Combien de points avez-vous? **1**(a) 3, (b) 2, (c) 1. **2** (a) 3, (b) 2, (c) 1. **3** (a) 3, (b) 2, (c) 1. **4** (a) 3, (b) 2, (c) 1. **5** (a) 1, (b) 2, (c) 3. **6** (a) 3, (b) 2, (c) 1. **7** (a) 3, (b) 2, (c) 1. **8** (a) 1, (b) 3, (c) 2.

Plus de vingt points   Bravo! Vous êtes en bonne santé!

Entre quinze et vingt points   Très bien. En général vous mangez bien, vous ne mangez pas trop de bonbons, vous mangez assez de légumes.

Entre douze et quinze points   Ça va, mais faites attention à votre ligne!

Moins de dix points   Oh là là! Franchement vous mangez trop et vous buvez trop! Vous mangez trop de bonbons, trop de gâteaux, mais vous ne mangez pas assez de fruits et de légumes. En plus, vous ne faites pas assez de sport.

Douzième unité

Un drôle de week-end!

Laurent et Chantal décident de passer un week-end au bord de la mer. Malheureusement la voiture de Laurent est en panne.

J'attends Laurent.

1 Chantal attend le taxi.

J'entends la voiture.

2 Elle entend la voiture.

Je prends l'appareil photo.

3 Elle prend l'appareil photo et le sac de voyage.

Je descends vite.

4 Puis elle descend vite l'escalier.

J'attends Chantal.

5 Dans le taxi, Laurent attend Chantal pour aller à la gare.

MOTS ET EXPRESSIONS UTILES

passer	*to spend (time)*
en panne	*broken down*
l'appareil (m.) photo	*the camera*
le sac de voyage	*the travelling bag*
j'attends	*I wait for*
j'entends	*I hear*
je descends	*I go down, get out of*
prendre ⚠	*to take*

avez-vous compris?

1 Que fait Chantal?

2 Qu'est-ce qu'elle entend?

3 Qu'est-ce qu'elle prend?

4 Comment descend-elle l'escalier?

5 Pourquoi Laurent attend-il Chantal?

un drôle de week-end! (suite)

Chantal achète les billets de train au guichet de la gare.

Chantal	Pardon, monsieur, le prochain train pour Dieppe part à quelle heure?
Employé	À huit heures, mademoiselle.
Chantal	De quel quai?
Employé	Quai numéro trois.
Chantal	Et il arrive à Dieppe à quelle heure?
Employé	À huit heures et demie.
Chantal	Alors, deux billets, s'il vous plaît.
Employé	Aller simple?
Chantal	Non, aller et retour.
Employé	Vous rentrez quand?
Chantal	Demain soir. Il y a un train vers huit heures?
Employé	Attendez un instant, mademoiselle. Voyons . . . 18h50, 19h20, 19h50. Voilà. Vous avez un train à dix-neuf heures cinquante.
Chantal	Et il arrive à Rouen à quelle heure?
Employé	À vingt heures vingt.
Chantal	Et le suivant?
Employé	Le train suivant est à vingt heures cinquante.
Chantal	Merci, monsieur.

MOTS ET EXPRESSIONS UTILES

le billet	*the ticket*	suivant *following, one after*	
le guichet	*the ticket office*	un aller et retour *a return ticket*	
le quai	*the platform*	un aller simple *a single ticket*	
prochain	*next*	Le train part/arrive à quelle heure?	*What time does the train leave/arrive?*

avez-vous compris?

Répondez vrai ou faux.

1 Le prochain train pour Dieppe part à huit heures moins dix.

2 Le train part du quai numéro trois.

3 Il arrive à Dieppe à huit heures et demie.

4 Chantal prend deux allers simples.

5 Laurent et Chantal rentrent dimanche soir.

à vous!

Travaillez avec un/une partenaire. Choose a destination. Then, using the table, practise asking what time the next train is, the platform number, and when the train arrives. You set out from Paris on a Monday.

train	803	807	833*	811	821*
quai	**13**	**14**	**15**	**16**	**17**
PARIS	7.00	7.40	8.29	10.23	13.24
LYON	9.00				15.30
AVIGNON	10.50				
MARSEILLE		12.35			
TOULON			13.46	15.58	
NICE			15.27	17.58	20.25

Notes: *le train numéro 833 ne circule pas les lundis
     *le train numéro 821 ne circule pas les vendredis

un drôle de week-end! (suite)

Laurent et Chantal sont maintenant sur le quai.

1 Comme ils sont un peu en avance, ils attendent le train.

Nous attendons le train.

Nous prenons le train.

2 Ils prennent le train à huit heures exactement. Dans le train, ils admirent la campagne.

Nous descendons du train.

3 Une demi-heure plus tard, le train arrive à Dieppe. Ils descendent du train. Ils sont enfin au bord de la mer.

4 Ils prennent un taxi. Ils arrivent à l'hôtel et ils y laissent les bagages.

5 Ils prennent l'appareil photo, les maillots de bain et une serviette.

MOTS ET EXPRESSIONS UTILES

un peu en avance	*a little early*	un maillot de bain	*a swimming costume*
enfin	*finally, at last*	une serviette	*a towel*
les bagages (m.)	*luggage*		

avez-vous compris?

1 À quelle heure prennent-ils le train?

2 Que font-ils quand ils arrivent à Dieppe?

3 Où sont-ils enfin?

4 Que laissent-ils à l'hôtel?

5 Que prennent-ils?

un drôle de week-end! (suite)

Au syndicat d'initiative.

Employée Monsieur, qu'y a-t-il pour votre service?

Laurent Je voudrais des renseignements sur Dieppe.

Employée Je peux vous donner quelques dépliants, si vous voulez.

Laurent Merci mademoiselle . . . Mmm . . . Le château est loin d'ici?

Employée	Le château-musée? Non. C'est très facile. En sortant de l'hôtel, vous tournez à gauche. Vous descendez le boulevard de Verdun . . .
Laurent	Alors, je descends le boulevard de Verdun . . .
Employée	Oui, jusqu'au bout. Le château est juste en face.
Laurent	Ah, très bien. Et il est ouvert aujourd'hui?
Employée	Oui, en ce moment, il est ouvert tous les jours. Il est fermé le mardi du 1er octobre au 31 mai.
Laurent	Il ouvre à quelle heure?
Employée	À dix heures, je crois. Mais attention, il ferme de midi à deux heures.
Laurent	Et il ferme à quelle heure le soir?
Employée	A dix-huit heures.
Laurent	Merci, mademoiselle. Au revoir!

MOTS ET EXPRESSIONS UTILES

un dépliant	*a leaflet*
des renseignements (m.)	*information*
en sortant (de)	*when you come out (of)*
Qu'y a-t-il pour votre service?	*What can I do for you?*
je peux (pouvoir)	*I can*
Si vous voulez … (vouloir)	*If you like/want …*
Je vous en prie.	*Don't mention it.*
ouvrir	*to open*
Le château ouvre à quelle heure?	*What time does the castle open?*
Le château ferme à quelle heure?	*What time does the castle close?*
Le château est ouvert/fermé.	*The castle is open/closed.*
le matin/le midi/l'après-midi/le soir	*in the morning/at lunchtime/in the afternoon/in the evening*
de … heure(s) à … heure(s)	*from … until …*

avez-vous compris?

Répondez vrai ou faux.

1 Laurent demande des renseignements sur Dieppe.

2 Le château-musée est facile à trouver.

3 Il est ouvert seulement le mardi.

4 Il est ouvert à l'heure du déjeuner.

5 Il ferme à six heures du soir.

à vous!

Look at the details of the opening times of some of the monuments and museums in Rouen. Now tell an English friend when he/she can visit them. For instance, the belfry is open from Easter till the first Sunday in October. (Note that **un jour férié** is *a public holiday*.)

Beffroi: Ouvert Pâques au 1er dimanche d'octobre de 10h à 12h et de 14h à 18h. Fermé le mercredi matin et le mardi.

Musée des Beaux-Arts: Visite de 10h à 12h et de 14h à 18h. Fermé le mercredi matin et le mardi.

Musée Jeanne d'Arc: Ouvert de 9h30 à 18h30 du 1er avril au 15 octobre; de 10h à 12h et de 14h à 18h30 le reste de l'année.

Musée Corneille: Visite de 10h à 12h et de 14h à 18h; fermé le jeudi, le vendredi matin, en novembre et certains jours fériés.

jeu de rôles

Partenaire A

(Partner B should refer to page 179.)

A1 Use the signs below to answer your partner's questions.

Château de la Brossellerie

Ouvert de 10h à 12h et de 14h à 17h

Fermé le mardi

Entrée 3€

Visites guidées

Bibliothèque municipale

Mardi, jeudi et vendredi:

Ouverte de 12h30 à 19h15

Mercredi et samedi:

Ouverte de 10h à 19h

Fermée le lundi

A2 Get the information required by asking your partner. Make a note of his/her answers.

At the museum

1 Find out about the opening times.

2 Make sure it does not close at lunchtime.

3 Ask if it is open every day.

At the Post Office

1 Ask at what time it opens.

2 Ask at what time it closes.

3 Check whether this is the case every day

un drôle de week-end! (suite)

Laurent et Chantal décident de visiter le château plus tard.

1 D'abord ils font une promenade sur la plage. Il fait très beau, le soleil brille.

Nous prenons des photos.

2 Ils prennent beaucoup de photos.

Qu'est-ce qu'il y a?

Je ne sais pas!

3 Tout à coup l'appareil ne marche plus. Ils sont très surpris. Ils examinent l'appareil. Chantal interroge Laurent, mais il ne répond pas.

Nous comprenons!

4 Enfin ils comprennent: la pellicule est finie.

Voilà.

Merci.

5 Sur la plage un jeune garçon vend des glaces. Laurent et Chantal achètent chacun un esquimau.

Oh, ça suffit maintenant!

Regarde-moi!

6 L'après-midi, Chantal prend un bain de soleil. Laurent prend beaucoup de photos de sa petite amie. Ils oublient le château!

MOTS ET EXPRESSIONS UTILES

la pellicule	*the (roll of) film*	l'appareil ne marche plus	*the camera doesn't work any more*
d'abord	*at first*	chacun(e)	*each*
tout à coup	*suddenly*	un esquimau	*an ice-cream* (on a stick)
comprendre	*to understand*	prendre un bain de soleil	*to sunbathe*
répondre	*to answer*	sa petite amie	*his girlfriend*

avez-vous compris?

1 Que font Chantal et Laurent d'abord?

2 Quel temps fait-il?

3 Que font-ils avec l'appareil photo?

4 Pourquoi l'appareil ne marche-t-il plus tout à coup?

5 Où achètent-ils des esquimaux?

6 Que font-ils l'après-midi?

jeu de rôles

Partenaire B

(Partner A should refer to page 177.)

B1 Get the information required by asking your partner. Make a note of his/her answers.

B2 Use the signs below to answer your partner's questions.

At the castle

1 Find out about the opening times in the mornings.

2 Find out about the opening times in the afternoons.

3 Ask if it is open every day.

> Musée
> **Ouvert de 10h30 à 18h30**
> **Fermé le lundi et mardi**
> **Entrée 1€**
> **Visite libre**

At the library

1 Ask if it is open every day.

2 Ask if it is open in the morning.

3 Ask what time it shuts.

> Postes et télécommunications
> **Heures d'ouverture**
> **du lundi au vendredi 8h–19h**
> **samedi 8h–12h**
> **Fermé dimanches et jours fériés**

un drôle de week-end! (suite et fin)

Plus tard le couple retourne à l'hôtel.

1 Le soir, au bar de l'hôtel, ils bavardent avec d'autres clients.

2 Le dimanche matin, ils visitent Dieppe et le midi, ils déjeunent dans un petit restaurant du port.

3 La radio marche. Ils écoutent les informations.

Nous apprenons une mauvaise nouvelle!

4 Ils apprennent une mauvaise nouvelle: les cheminots sont en grève!

MOTS ET EXPRESSIONS UTILES

un cheminot	*railway worker*
une nouvelle	*a news item*
en grève	*on strike*
apprendre	*to learn*

avez-vous compris?

Répondez en français.

1 Que font Laurent et Chantal le soir?

2 Que font-ils le dimanche matin?

3 Où déjeunent-ils?

4 Qu'est-ce qu'ils écoutent à la radio?

5 Est-ce qu'ils apprennent une bonne nouvelle?

à vous!

Help a friend say how she spends her weekends by filling in the gaps with the following vocabulary:

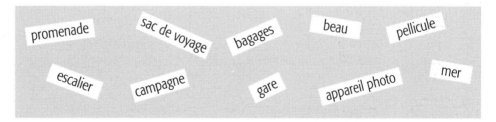

promenade   sac de voyage   bagages   beau   pellicule

escalier   campagne   gare   appareil photo   mer

Tous les week-ends, s'il fait **1** _____ , nous prenons le train pour aller au bord de la **2** _____ ou à la **3** _____ . Quand j'entends la voiture de Michel, je prends l' **4** _____ et le **5** _____ , et je descends vite l' **6** _____ . Nous laissons la voiture au parking de la **7** _____ . Quand nous arrivons, nous laissons les **8** _____ à l'hôtel et nous faisons une **9** _____ . Nous prenons beaucoup de photos, et souvent, le soir, la **10** _____ est finie.

UN PEU DE GRAMMAIRE

Present tense of -re verbs

Vendre type (attendre *to wait for*, descendre *to go down, get off*, entendre *to hear*,
répondre *to reply*)

je vends	*I sell/am selling*
tu vends	*you sell/are selling*
il/elle vend	*he/she sells/is selling*
on vend	*one sells/is selling*
nous vendons	*we sell/are selling*
vous vendez	*you sell/are selling*
ils/elles vendent	*they sell/are selling*

Prendre type (apprendre *to learn*, comprendre *to understand*)

je prends	*I take/am taking*
tu prends	*you take/are taking*
il/elle prend	*he/she takes/is taking*
on prend	*one takes/is taking*
nous prenons	*we take/are taking*
vous prenez	*you take/are taking*
ils/elles prennent	*they take/are taking*

▶ **Grammaire** 11, 15(c)

EXERCICES

A   Use the following verbs to fill in the story of Paul, a CD salesman:

prend   vend   descend   répond   comprend   apprend   attendre

Paul **1** _____ le français parce qu'il voyage souvent en France pour son travail. Il **2** _____ des CD. Il ne parle pas très bien, mais il **3** _____ . Il **4** _____ toujours l'avion. En général, il **5** _____ dans un petit hôtel à Paris. Quand la réceptionniste parle à Paul, il **6** _____ en anglais. Il n'aime pas **7** _____ alors il prend souvent le métro parce qu'il y a beaucoup d'embouteillages.

B   Match up the following questions and answers.

1 Est-ce que vous vendez du pain?   **a** Non, je préfère prendre un bain.

2 Qu'est-ce que tu prends?   **b** J'apprends l'espagnol.

3 Qu'est-ce qu'elle attend?   **c** Non, je suis un peu sourd.

4 Pourquoi ne répondent-elles pas?   **d** Le bus pour la piscine.

5 Vous prenez une douche le soir?   **e** Non, seulement des gâteaux.

6 Vous entendez la musique?   **f** Devant le cinéma.

7 Tu apprends l'anglais ou l'allemand?   **g** Un kir, j'adore le kir!

8 Où est-ce que je descends?   **h** Elles ne comprennent pas le français.

C   You are making enquiries about train times at the station. Use the cues given.

Vous   (**1** *Ask what time the next train for Dijon leaves*.)

Employé(e)   À dix-sept heures vingt-cinq.

Vous   (**2** *Ask when it arrives in Dijon*.)

Employé(e)   À dix-neuf heures quarante.

Vous   (**3** *Enquire what platform*.)

Employé(e)   Quai numéro deux.

Vous   (**4** *Ask for three tickets*.)

Employé(e)   Aller simple ou aller et retour?

Vous   (**5** *Say return*.)

Employé(e)   Vous rentrez quand?

Vous   (**6** *Say Monday evening*.)

D   **Complétez les conversations**. Fill in the gaps with the correct forms of the verbs to complete the conversations. Use **attendre**, **descendre**, **entendre**, **répondre** or **vendre**.

1 – Qui _____-vous?

– Nous _____ le professeur de français. Et toi?

– Moi, j'_____ le prof de maths.

2 – Qu'est-ce que vous _____ ?

– Je _____ des fruits et des légumes. Et vous?

– Nous _____ des livres et des journaux.

3 – Est-ce que vous _____ du bruit?

– Oui, nous _____ des enfants qui jouent.

– Moi, j'_____ un chien.

4 – Pourquoi est-ce que vous ne _____ pas?

– Nous ne _____ par parce que nous ne comprenons pas la question.

– Je ne _____ pas parce que je suis timide.

5 – Où est-ce que vous _____ ?

– Je vais à Notre-Dame; je _____ à la station Cité. Et vous?

– Nous _____ à Odéon.

Do the same, but this time use **apprendre**, **comprendre** or **prendre**.

6 – Qu'est-ce que vous _____ ?

– Je _____ un café.

– Nous _____ un thé.

7 – Vous _____ le français?

– Oui, nous _____ le français depuis deux ans. Et vous?

– Moi, j'_____ l'espagnol.

8 – Est-ce que vous _____ ?

– Non, nous ne _____ pas, vous parlez trop vite!

– Moi, je _____ tout, c'est facile!

écoutez bien!

Première partie

À la gare

You are in the Gare le Lyon in Paris and hear some announcements about the TGV (Train à Grande Vitesse – *High speed train*) departure and arrival times. Check your timetable and make all the necessary alterations.

Destinations	**Départs** PARIS	**Arrivées**
ANNECY	7.24	11.59
LAUSANNE	12.25	16.06
DIJON	14.10	15.56
MACON	4.32	6.13
GENÈVE	17.42	21.30
BERNE	18.06	22.47

Deuxième partie

À la radio

Listen to the radio announcements about forthcoming programmes. Then link the titles or names of programmes (**émissions**) with their time of broadcasting (**heures**) and their English summaries (**résumés**).

émissions	**heures**
1 Jacqueline et Compagnie	**a** midi
2 Résultat de l'enquête sur le cinéma	**b** 14 heures à 16 heures
3 La route en chansons	**c** 21 heures 30
4 Info-Déjeuner	**d** 6 heures à 10 heures
5 Le Hit-Parade	**e** 15 heures

résumés

(i) *Top of the Pops with Léo*	**(ii)** *The news read by Didier Gallet*

(iii)
A young journalist talks of her adventures in Africa

(iv) *Traffic report and music*	**(v)** *Results of the survey about the cinema in France*

lecture

You love old castles, but can't decide whether to visit the **Château de Clermont** or the **Château de Menthon**, as you haven't time to see both. Which one would you choose:

1 if you wanted to be able to get light refreshments?

2 if you were going at Easter?

3 if you wanted to visit the birthplace of Saint Bernard, patron saint of climbers and skiers?

4 if you wanted a guided tour for a group?

5 if you were interested in old books and period furniture?

6 if you were going in October?

7 if you were staying near Lake Annecy?

8 if you were only there for a weekend or a bank holiday?

Château de Clermont

74270 Clermont

☎ 04 50 69 63 15 ou 04 50 33 50 48

Ouverture de Pâques à fin octobre

Avril, Mai – Samedi, dimanche et jours fériés de 14h à 18h. Tous les jours de la semaine: visites guidées sur rendez-vous pour des groupes constitués (15 personnes minimum)

Juin – De 14h à 18h. Le matin: visites guidées pour des groupes constitués (15 personnes minimum)

Juillet, Août, Septembre – Tous les jours de 10h30 à 19h.

Octobre – Samedi, dimanche et jours fériés de 14h à 18h. Tous les jours de la semaine: visites guidées sur rendez-vous pour des groupes constitués (15 personnes minimum)

Château de Menthon

Heures d'ouverture

Visites en mai, juin et septembre: jeudi, samedi, dimanche et jours fériés de 14h à 18h. Juillet et août: tous les jours de 12h à 18h. Restauration légère sur place.

☎ 04 50 60 12 05

Depuis le Xe siècle, le Château de Menthon a toujours été habité par la même famille et a vu la naissance, en 1008, de saint Bernard de Menthon, patron des alpinistes et des skieurs. La forteresse médiévale, transformée au XVIIIe en une riche demeure seigneuriale, fut épargnée par les guerres et la Révolution française, puisqu'elle se trouvait alors dans le duché de Savoie.

Le Château renferme toujours son riche mobilier et sa décoration d'époque, ainsi qu'une importante bibliothèque que vous découvrirez au cours de la visite guidée.

De ses terrasses surplombant le lac d'Annecy, vous admirerez un vaste et superbe panorama.

Faites le point! unités 10–12

1 What's the weather like?

2 Tell a friend that:

a you generally are on holiday in June.
b you often take pictures.
c you sometimes go for a walk on Sundays.
d you rarely play tennis.
e you have a bath every day.
f you cook from time to time.
g you never take the bus.
h you do the shopping in the morning.
i you do not watch television on Saturdays.
j you often play the guitar.
k you study French once a week.
l you always do homework.

3 Write full sentences. **Quelle heure est-il? Il est ...**

4 **La matinée d'une femme au foyer.** Finish the sentences.

a À neuf heures moins vingt elle …

b À dix heures elle …

c À dix heures et quart elle …

d et elle …

e À midi elle …

5 Fill in the gaps with the correct word.

a une _____ de thé
b des _____ de bière
c une _____ de vin
d un _____ d'eau
e une _____ de roquefort

f un _____ de crème fraîche
g un _____ de bonbons
h un _____ de cidre
i un _____ de café
j une _____ de soupe

6 **C'est quelle date?** Write full sentences.

a 2–5
b 23–4
c 14–6
d 17–7
e 1–1

f 4–2
g 19–9
h 21–10
i 29–11
j 10–12

7 In the following series of questions and answers, give the correct form of the verbs in brackets.

a Qu'est-ce que vous _____ ? (vendre)
Nous _____ beaucoup de choses.
b Qu'est-ce que vous _____ ? (prendre)
Je _____ un verre de vin. Et vous?
c Qu'est-ce qu'il _____ ? (attendre)
Il _____ le train.
d Est-ce qu'ils _____ ? (comprendre)
Non, ils ne parlent pas français, ils ne _____ rien!
e Est-ce que vous _____ du pain? (vendre)
Oui, mais les boulangers _____ du pain frais.

f Où _____-vous? (descendre)

   Je _____ à la station Odéon.

g Est-ce que vous _____ l'allemand? (apprendre)

   Non, j'_____ l'anglais.

h Est-ce que tu _____ à la lettre de Mary en anglais? (répondre)

   Non, je _____ en français.

i Quand vous êtes en vacances, est-ce que vous _____ des photos? (prendre)

   Oui, nous en _____ beaucoup.

j Est-ce que vous _____ l'italien? (comprendre)

   Non, mais je _____ bien l'espagnol.

8 Give the correct form of the verbs.

Christine **a** _____ (attendre) son ami Michel. Quand elle **b** _____ (entendre) la voiture, elle **c** _____ (prendre) son sac et ses lunettes et elle **d** _____ (descendre) vite l'escalier. Michel **e** _____ (attendre) Christine pour aller au cinéma. Ils **f** _____ (décider) d'aller voir un film russe. Mais le film est en version originale et ils ne **g** _____ (comprendre) rien!

9 Name the food. Use **un**, **une**, **des**, **du** or **de la** as appropriate.

10   You are at the greengrocer's. Complete the following conversation:

Vous   (**a** *Say hello to the greengrocer.*)

Marchand   Bonjour. Vous désirez?

Vous   (**b** *Tell him you'd like a kilo of apples.*)

Marchand   Voilà. Et avec ça?

Vous   (**c** *Ask for a pound of grapes.*)

Marchand   Vous désirez autre chose?

Vous   (**d** *Ask for two grapefruit, a cauliflower and 200 grams of mushrooms.*)

Marchand   Voilà. Avec ceci?

Vous   (**e** *Say that's all and ask how much it is.*)

Marchand   Alors ça fait cinq euros cinquante.

Vous   (**f** *Give him the money and say goodbye.*)

les vêtements de femme

Lucien et Josée regardent des vêtements dans un catalogue par correspondance.

1 CHEMISIER
Soie (100%)
R 212 Blanc
R 213 Champagne
Lavage à la main
120€

2 JUPE
Laine (100%)
Écossaise
P 170
Nettoyage à sec
110€ Ⓟ

3 TAILLEUR
Polyester (55%), Laine (45%)
W 316 Brun
W 317 Bleu marine
W 318 Rouge
Nettoyage à sec
400€ Ⓟ

4 PULL-OVER
Mohair (100%)
J 121 Beige
J 122 Gris clair
Lavage à la main
160€

5 ROBE
Coton (100%)
H 207 Vert amande
H 208 Abricot
Lavage en machine
150€

6 VESTE
Fourrure synthétique
G 618
Nettoyage à sec
240€ Ⓟ

7 IMPERMÉABLE
Polyester (65%), Coton (35%)
K 113 Gris Foncé
K 114 Kaki
Lavage en machine
190€

8 CORSAGE
Coton (100%)
X 402 Orange   à fleurs jaunes
Lavage en machine
64€

9 PANTALON
Velours
D 198 Noir
D 199 Marron
Lavage en machine
80€

10 MANTEAU
Tweed
T 211
Nettoyage à sec
500€

11 ROBE DU SOIR
Satin
Longue, décolletée dans le dos
Y 530 Rose
Nettoyage à sec
360€

| TAILLES: | 36 | 38 | 40 | 42 | 44 | 46 | 48 |

MOTS ET EXPRESSIONS UTILES

des vêtements (m.pl.)	*clothes*		une veste	*a jacket*
un chemisier	*a shirt (for women)*		un imperméable	*a raincoat*
une jupe	*a skirt*		un corsage	*a blouse*
un tailleur	*a suit (for women)*		un pantalon	*trousers*
un pull-over	*a jumper, pullover*		un manteau	*a coat*
une robe (du soir)	*a(n) (evening) dress*			

avez-vous compris?

Regardez le catalogue et écoutez Josée sur la cassette. Faites une liste des vêtements qu'elle aime bien et une liste des vêtements qu'elle n'aime pas.

Josée aime	Josée n'aime pas

à vous!

Without looking at the 'Mots et expressions utiles', try to match the French and English equivalents for an English version of the catalogue.

1	a blouse	**a**	un chemisier
2	a coat	**b**	un corsage
3	a dress	**c**	un imperméable
4	a jacket	**d**	une jupe
5	a jumper	**e**	un manteau
6	a raincoat	**f**	un pantalon
7	a shirt	**g**	un pull-over
8	a skirt	**h**	une robe
9	a suit	**i**	un tailleur
10	trousers	**j**	une veste

MOTS ET EXPRESSIONS UTILES

blanc/blanche	*white*	vert(e)	*green*
marron (inv.)	*brown*	jaune	*yellow*
brun(e)	*brown*	noir(e)	*black*
bleu(e)	*blue*	rose	*pink*
bleu marine (inv.)	*navy blue*	clair	*light*
rouge	*red*	foncé	*dark*
gris(e)	*grey*		

avez-vous compris?

Regardez le catalogue encore une fois et complétez les phrases suivantes:

1 – The suit is a classic design. You can get it in _____ , _____ or _____.

2 – There is a lovely mohair jumper. The colours available are _____ and _____.

3 – I don't like the colours of the raincoat. It comes in _____ and _____.

4 – I don't like the blouse either. It's rather garish, _____ with _____ flowers!

5 – I like the shape of the evening dress, but I never wear _____.

6 – I'm thinking of getting two pairs of trousers, one in _____ and the other in _____.

à vous!

Select items for your autumn collection by using the following colours that are in fashion.

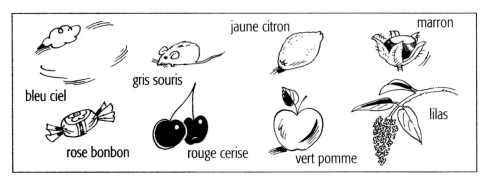

bleu ciel
gris souris
jaune citron
marron
rose bonbon
rouge cerise
vert pomme
lilas

Make a list of the clothes, adding the fashionable colour you think is most suitable for each item. Do not alter the form of the adjectives given.

Example: une veste jaune citron

If you want to include black or white in your collection, remember to use the feminine forms for the feminine items.

Example: une robe blanche

et vous?

Qu'est-ce que vous aimez comme vêtements? *What kind of clothes do you like?* Browse through the catalogue and say which clothes you like or dislike. Use phrases such as **J'adore …/J'aime bien…/Je n'aime pas beaucoup …/Je n'aime pas la couleur.**

MOTS ET EXPRESSIONS UTILES

soie (f.)	*silk*	écossais(e)	*tartan*
laine (f.)	*wool*	à fleurs	*with flowers*
coton (m.)	*cotton*	long(ue)	*long*
fourrure (f.)	*fur*	décolleté(e) dans le dos	*low-cut at the back*
velours (m.)	*velvet*		

avez-vous compris?

Regardez le catalogue encore une fois et répondez aux questions suivantes:

1 Which two items contain polyester?

2 Which two items are made of cotton?

3 What is the skirt made of?

4 Is the evening dress made of silk?

5 What is the jacket made of?

6 What is made of velvet?

7 What is the pattern of the blouse?

8 What is the pattern of the skirt?

à vous!

Decide on a suitable material or pattern for each of the following items. Use **en** in front of the materials.

1 une robe	**6** un chemisier
2 une robe du soir	**7** un tailleur
3 une jupe	**8** un manteau
4 un pantalon	**9** un imperméable
5 un pull-over	**10** une veste

les vêtements d'homme

Maintenant, Josée et Lucien regardent les vêtements pour hommes.

1 BLOUSON
Polyester (50%), Laine (50%)
CK 85 Rouge, à carreaux
190€

2 BLUE-JEAN
BK 18
84€

3 COSTUME
Polyester (100%)
LK 84 Gris
LK 85 Bleu marine
480€

4 CHEMISE À RAYURES
Polyester (65%), Coton (35%)
RK 43 Bleue et blanche
RK 44 Rose et blanche
72€

5 CRAVATE
Soie
JK 81 Bordeaux
JK 82 Vert bouteille
55€

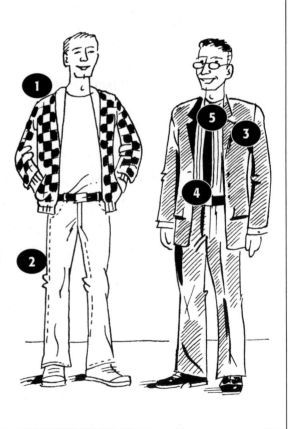

6 PARDESSUS
Pure laine vierge
HK 42 Gris
HK 43 Brun
640€

7 CHEMISE UNIE
Coton (100%)
VK 54 Blanche
VK 55 Bleue
62€

8 SMOKING
Polyester (45%), Laine (55%)
ZK 97 Noir
390€

9 CHEMISE À JABOT DE DENTELLE
TK 36 Blanche
TK 37 Crème
153€

10 NŒUD PAPILLON
Soie
SK 88 Uni
SK 89 À pois
69€

TAILLES: **P** (petit) **M** (moyen) **G** (grand)

MOTS ET EXPRESSIONS UTILES

un blouson	*a short (zipped) jacket*		un nœud papillon	*a bow tie*
un blue-jean	*jeans*		à carreaux	*checked*
un costume	*a suit* (for men)		à rayures	*with stripes*
une chemise	*a shirt* (for men)		à dentelle	*with lace*
une cravate	*a tie*		à pois	*with polka dots*
un pardessus	*an overcoat*		uni(e)	*plain*
un smoking	*a dinner jacket*			

à vous!

Écoutez la cassette et montrez du doigt les vêtements sélectionnés par Lucien.
Listen to the cassette and point to the clothes that Lucien has selected.

avez-vous compris?

Check the French translation of the items of clothing below. If you find any mistakes, correct them; otherwise, put a tick.

1 *jeans* = un pantalon

2 *short (zipped) jacket* = un pull-over

3 *shirt* = une chemise

4 *dinner jacket* = une veste

5 *tie* = une cravate

6 *bow tie* = un nœud papillon

7 *overcoat* = un imperméable

8 *suit* = un costume

Now, label this sample of patterns for a client. The first one has been done already.

à dentelle

à vous!

Complete the order form below. You will find the information you need in Lucien and Josée's mail-order catalogue.

BON DE COMMANDE					
M./Mme/Mlle NOM:					
ADRESSE:					
CODE POSTAL:			TÉLÉPHONE:		
Numéro de catalogue				Article	Taille	Couleur	Prix (Euros)
				Robe		*Abricot*	
P	*1*	*7*	*0*				
D	*1*	*9*	*9*				*80*
				Imperméable		*Gris foncé*	
V	*K*	*5*	*5*				
				Cravate		*Bordeaux*	
						Total	

les accessoires

Maintenant Josée regarde les accessoires, et en particulier les articles en cuir.

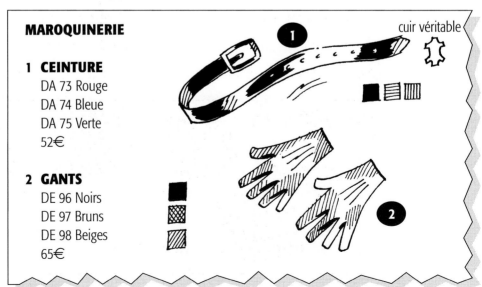

MAROQUINERIE

cuir véritable

1 CEINTURE
DA 73 Rouge
DA 74 Bleue
DA 75 Verte
52€

2 GANTS
DE 96 Noirs
DE 97 Bruns
DE 98 Beiges
65€

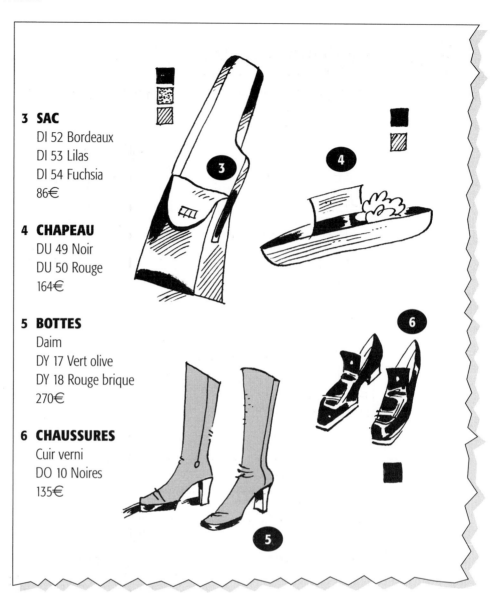

3 SAC
DI 52 Bordeaux
DI 53 Lilas
DI 54 Fuchsia
86€

4 CHAPEAU
DU 49 Noir
DU 50 Rouge
164€

5 BOTTES
Daim
DY 17 Vert olive
DY 18 Rouge brique
270€

6 CHAUSSURES
Cuir verni
DO 10 Noires
135€

MOTS ET EXPRESSIONS UTILES

accessoires (m.)	*accessories*	un chapeau	*a hat*
maroquinerie (f.)	*fine leather goods*	des bottes (f.)	*boots*
cuir (véritable) (m.)	*(real) leather*	des chaussures (f.)	*shoes*
une ceinture	*a belt*	daim (m.)	*suede*
des gants (m.)	*gloves*	cuir verni (m.)	*patent leather*
un sac (à main)	*a (hand)bag*		

avez-vous compris?

Complete the French list so that it matches the English items.

1 un sac en cuir _____

2 une _____ en daim

3 des _____ en cuir marron

4 des gants en cuir _____

5 un _____ vert olive

6 des _____ en cuir bordeaux

a an olive green hat

b maroon leather boots

c real leather gloves

d a suede belt

e a patent-leather bag

f brown leather shoes

à vous!

Travaillez avec un/une partenaire. Imagine that you want to order several items from Lucien and Josée's catalogue. You know what you want and you have the order form, but you have lent the catalogue to a friend. Give him/her a ring to find out the reference numbers and prices. Write them down.

Example: – Le pantalon noir, c'est quel numéro?
  – C'est D, cent quatre-vingt-dix-huit (D 198).
  – Et c'est combien?
  – Quatre-vingts euros (80€).
  – Les bottes vert olive, c'est quel numéro?
  – C'est le D, Y, zéro, six, dix-sept (DY 17).
  – Et c'est combien?
  – Deux cent soixante-dix euros. (270€)

Take turns, and make sure you revise your numbers and the French alphabet before you start.

au magasin de vêtements

Pendant leur visite à Paris Josée et Lucien décident d'acheter des vêtements. Lucien a besoin d'un pantalon.

Vendeuse Bonjour messieurs-dames. Vous désirez?

Lucien Je cherche un pantalon.

Vendeuse Voyons . . . Ce pantalon en pure laine vierge est de très belle qualité.

Lucien	Je porte surtout du coton. Nous habitons à la Martinique, et en général, la laine c'est trop chaud.
Vendeuse	Ce modèle vous plaît?
Lucien	Non, je n'aime pas la couleur.
Venduese	Ce pantalon-là est très chic.
Lucien	Oui, mais il est trop élégant.
Vendeuse	Et celui-ci?
Lucien	Je déteste les pantalons à carreaux!
Josée	Combien coûte ce pantalon gris clair?
Vendeuse	150 euros, madame.
Lucien	Oh là là! Vous avez quelque chose de moins cher?
Vendeuse	Celui-ci fait 104 euros.
Lucien	Ah oui, il me plaît. Je peux l'essayer?
Vendeuse	Mais certainement, monsieur. Vous faites quelle taille?
Lucien	Du 46.
Vendeuse	44, 48, 50 . . .

Oh, quel dommage!

Je suis désolée, monsieur, mais je n'ai pas votre taille.

MOTS ET EXPRESSIONS UTILES

je porte	*I wear*
Combien coûte/fait …?	*How much does … cost?*
Il/Elle coûte/fait … euros.	*It is … euros.*
… vous plaît?	*Do you like … ?*
quelque chose de moins cher	*something less expensive*
Il/Elle me plaît	*I like it (m./f.)*
Je peux l'essayer?	*Can I try it on?*
Vous faites quelle taille?	*What size are you?*
celui-ci (m.)	*this one*

avez-vous compris?

Write a list of all Lucien's reasons for rejecting the various pairs of trousers offered to him by the shop assistant.

à vous!

Travaillez avec un/une partenaire. You go into a shop to buy a raincoat. Take it in turns to act as the customer and shop assistant. Respond according to the cues given.

- Vous désirez, m …?
- (**1** *You are looking for a raincoat.*)
- Celui-ci vous plaît?
- (**2** *You hate the colour.*)
- Alors, ce modèle?
- (**3** *Ask for something less expensive.*)
- Celui-ci peut-être?
- (**4** *Say you like it.*)
- Oui, il est très élégant.
- (**5** *Ask if you can try it on.*)
- Certainement. Vous faites quelle taille?
- (**6** *Give your size.*)
- Voilà, m …
- (**7** *Thank him/her and ask how much it costs.*)
- Il fait 200 euros.

chez le marchand de chaussures

Josée cherche des sandales.

Vendeuse	Bonjour, madame, vous désirez?
Josée	Je peux essayer les sandales rouges que vous avez en vitrine?
Vendeuse	Les sandales à 195 euros?
Josée	Oui, c'est ça.
Vendeuse	Quelle est votre pointure?
Josée	38.
Vendeuse	Bien, madame. Asseyez-vous.
	Quelques instants plus tard …
Vendeuse	Voilà, madame.
Josée	Elles sont en cuir?
Vendeuse	Oui, bien sûr.
Josée	Elles sont très élégantes, elles me plaisent, mais elles sont un peu étroites.
Vendeuse	Voulez-vous essayer la pointure au-dessus?
Josée	S'il vous plaît.
	Quelques instants plus tard …
Vendeuse	Voilà, madame.
Josée	Ah oui, elles sont très confortables. Je les prends.
Vendeuse	Nous avons le sac assorti, si vous voulez.
Josée	Oh, il est adorable. Il coûte combien?
Vendeuse	205 euros.
Josée	Non, malheureusement, c'est un peu trop cher pour moi!

MOTS ET EXPRESSIONS UTILES

en vitrine	*in the (display) window*	étroit(e)	*narrow*
Quelle est votre pointure?	*What is your (shoe) size?*	la pointure/taille au-dessus	*the next size up*
Asseyez-vous.	*Sit down.*	Je le/la/les prends.	*I'll take it (m./f.)/them.*
Ils/Elles me plaisent.	*I like them.*	assorti(e)	*matching*

avez-vous compris?

Choisissez la bonne réponse.

1 Josée achète des sandales rouges/jaunes/vertes.

2 Elles coûtent cent quatre-vingt-cinq/cent soixante-quinze/cent quatre-vingt-quinze euros.

3 Josée prend du trente-sept/trente-huit/trente-neuf.

4 Les sandales sont en cuir synthétique/laine/cuir véritable.

5 Les premières sandales sont trop chères/étroites/élégantes.

6 Le sac assorti est trop cher/grand/étroit.

à vous!

Complétez la conversation.

Lucien also spotted some leather shoes that he liked in the window. They cost 150 euros.

Vendeur   **1** …

Lucien   Je voudrais essayer les chaussures marron que vous avez en vitrine.

Vendeur   **2** …

Lucien   Oui, c'est ça.

Vendeur   **3** …

Lucien   46.

Vendeur   **4** …

Quelques instants plus tard …

Vendeur   **5** …

Lucien   Elles sont en cuir?

Vendeur   **6** …

Lucien   Elles sont très confortables, elles me plaisent. Je les prends.

et vous?

Que portez-vous aujourd'hui? De quelle couleur est votre veste/votre pantalon?, etc.

Quelle est votre couleur préférée?

UN PEU DE GRAMMAIRE

un chapeau **noir**	*a black hat*		
un robe **verte**	*a green dress*		
des bottes **grises**	*grey boots*		
but			
une robe **vert bouteille** (inv.)	*a bottle-green dress*		
des bottes **marron** (inv.)	*brown boots*		
ce chapeau (m.)	*this/that hat*	je le prends (m.)	*I('ll) take it*
cette veste (f.)	*this/that jacket*	je la prends (f.)	*I('ll) take it*
ces chaussures (pl.)	*these/those shoes*	je les prends (pl.)	*I('ll) take them*

▶ **Grammaire** 12, 13, 19(c)

EXERCICES

A Write a list of what you wear in some of the following situations (you might want to include some of the items from the suitcase on page 207.)

1 pour bricoler
2 au travail
3 quand il neige
4 pour aller au restaurant
5 pour travailler à la maison ou dans le jardin
6 quand il fait chaud
7 au bord de la mer

B Indicate the colour or pattern of the garments below, and write what they cost in full.

Example: **1** Le pull-over rouge coûte soixante-huit euros cinquante.

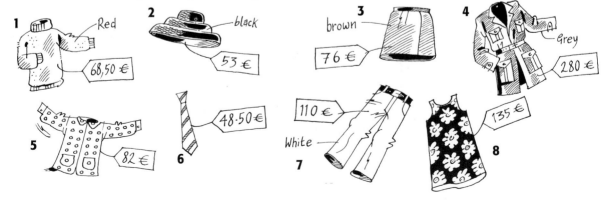

1 Red — 68,50 €
2 black — 53 €
3 brown — 76 €
4 Grey — 280 €
5 — 82 €
6 — 48·50 €
7 White — 110 €
8 — 135 €

C Five people have packed to go to different places at different times of the year. Whose suitcase is whose?

FRANCINE passe les vacances de Pâques en Alsace. Elle a l'intention de faire beaucoup de promenades.

MARIANNE est hôtesse de l'air. Elle va en Australie pour une semaine mais elle n'est pas en vacances.

BRICE adore les sports nautiques et il a décidé de passer les vacances d'été en Corse.

PASCALE passe les vacances de Noël en Suisse. Elle adore faire du ski.

JEAN-LUC part pour trois jours à Grasse pour son travail au mois de novembre.

1
tee-shirts
pantalon
shorts
maillot de bain
sandales
jean

2
gants
pull-overs
pantalon
anorak
bottes
bonnet de laine
collant de laine

3
chemisiers
tailleur
jupe
short
robe
uniforme
collants
tee-shirts
blue-jean

4
chemises
veste
cravates
pantalon
costume
jean
chaussettes
pull-over

5
pull-overs
jogging
jean
gants
chaussures de sport
imperméable
chaussettes

D   You are in a department store looking at jackets. Use the cues to help you complete the dialogue.

Vendeuse   Bonjour monsieur/madame. Vous désirez?

Vous   (**1** *Say you are looking for a jacket*.)

Vendeuse   En coton?

Vous   (**2** *Say wool*.)

Vendeuse   J'ai un joli modèle en vert ou en bleu marine.

Vous   (**3** *Say you don't like plain jackets*.)

Vendeuse   Alors j'ai un modèle à rayures ou à carreaux.

Vous   (**4** *Say you prefer the checked jacket*.)

Vendeuse   Vous faites quelle taille?

Vous   (**5** *Give your size*.)

Vendeuse   Voilà. Elle fait deux cents euros. Vous voulez l'essayer?

Vous   (**6** *Say no, it's a bit too dear for you*.)

écoutez bien!

François achète une chemise de nuit (*a nightdress*) pour Marie. Écoutez la conversation dans le magasin et répondez vrai ou faux.

1 François isn't too sure what to buy his wife.

2 He wants a full length nightdress with lace.

3 He doesn't know his wife's size.

4 The assistant first offers him a pink nightdress.

5 He doesn't want the black one because the neckline is too low.

6 He settles for the blue one only because his wife has blue eyes.

7 He buys her the matching dressing gown (**une robe de chambre**).

8 He asks for the nightdress to be specially packed up.

Quatorzième unité

le cours d'anglais

Laurent et Chantal sont dans le laboratoire de langues.

Laurent	Eh, Chantal, tu as un stylo à me prêter?
Chantal	Mais, où est ton stylo?
Laurent	Mon stylo est dans ma serviette.
Chantal	Mais, où est donc ta serviette?
Laurent	Ma serviette est dans la classe!
Chantal	Tiens, voilà mon bic.
Laurent	Merci . . . Eh, Chantal!
Chantal	Quoi encore?
Laurent	Prête-moi tes lunettes.
Chantal	Mes lunettes? Mais pourquoi?
Laurent	Je ne vois rien. Je n'ai pas mes lentilles de contact aujourd'hui.
Chantal	Mais je ne suis pas myope moi, j'ai seulement des lunettes de soleil! Et puis tu n'as pas besoin de voir. Écoute!
Laurent	Mais Chantal . . .
Chantal	Chut! Je n'entends rien!

MOTS ET EXPRESSIONS UTILES

prêter	*to lend*	les lentilles (f.) de contact	*contact lenses*
la serviette	*the briefcase*	tu n'as pas besoin de voir	*you don't need to see*
le bic	*the biro*	myope	*short-sighted*
Quoi encore?	*What now?*		

avez-vous compris?

1 What does Laurent wish to borrow?

2 Where is his own?

3 Why are Chantal's glasses no good to him?

4 Why doesn't he really need glasses in the language laboratory?

à vous!

1 Note the words in the dialogue preceded by **mon**, **ma** or **mes** (*my*). Why are there three different forms in French?

2 Now make a list of the members of your family using similar categories:

Example: mon père   ma mère   mes cousins

3 Also note the words preceded by **ton**, **ta** or **tes** (*your*, familiar form). Now imagine you are referring to the relations of a close friend:

Example: ton grand-père   ta grand-mère   tes parents

le cours d'anglais (suite)

Deux amies de Laurent et Chantal bavardent dans la classe pendant la pause-café.

Cécile	Regarde, Denise, les affaires de Laurent, son cahier . . .
Denise	Tu es sûre que c'est son cahier?
Cécile	J'en suis certaine!
Denise	Et ça, qu'est-ce que c'est?
Cécile	C'est le stylo de Chantal.
Denise	Tu crois?
Cécile	Mais oui, je suis sûre que c'est son stylo.

Denise Oh, la belle serviette en cuir! Tu crois que c'est la serviette de Laurent?

Cécile Je ne sais pas si c'est sa serviette, mais en tout cas elle est toute neuve.

Denise Oh, regarde! Une bonne note: dix-huit sur vingt!

Cécile Oui, c'est la note de Chantal.

Denise Quelle note?

Cécile C'est sa note pour la traduction.

Denise Elle est vraiment bonne en anglais, elle a de la chance. Moi, je suis complètement nulle. Tiens, qu'est-ce que c'est que ces clés?

Cécile Fais voir! . . . Ah! ce sont les clés de Chantal.

Denise Tu es sûre que ce sont ses clés?

Cécile Mais oui, je reconnais le porte-clés.

Denise	Et ça?
Cécile	Ce sont les lunettes de Laurent.
Denise	Il porte des lunettes maintenant?
Cécile	Oui, ce sont ses lunettes, il est un peu myope.
Denise	Oh le pauvre! Moi aussi, je suis myope, ce n'est pas drôle. Dis-moi ce qui est écrit au tableau, je ne vois pas.
Cécile	Deuxième partie de la leçon au laboratoire de langues ... Viens vite, nous sommes en retard!

MOTS ET EXPRESSIONS UTILES

les affaires (f.)	*the belongings* (here)	neuf/neuve	*brand new*
le cahier	*the exercise book*	Fais voir!	*Show (me).*
la note	*the mark*	je reconnais	*I recognise*
la traduction	*the translation*	je ne vois pas	*I can't see*
le porte-clés	*the key ring*	être en retard	*to be late*
le tableau	*the board*		

avez-vous compris?

1 Describe the briefcase the girls refer to.

2 What did Chantal get a good mark for?

3 Is Denise good at English too?

4 How does Cécile know that the keys belong to Chantal?

5 Why does Laurent wear glasses?

6 Why can't Denise read what is written on the blackboard?

7 Why haven't the other students come back to the classroom?

à vous!

Make lists of the words in the dialogue preceded by **son**, **sa** or **ses** (*his/her*). From these, can you draw your own conclusions about the pattern in French?

Example: son cahier   sa serviette   ses affaires

Now add some of your neighbour's belongings to the list:

Example: son parapluie   sa photo   ses livres

le cours d'anglais (suite et fin)

Laurent a perdu sa serviette.

Laurent   Eh, Chantal?

Chantal   Qu'est-ce qu'il y a encore?

Laurent   J'ai perdu ma serviette!

Chantal   Impossible! Elle est dans la salle de classe.

Laurent   Non, j'ai cherché partout!

Chantal   Comment est-elle, ta serviette?

Laurent   Elle est grande, elle est toute neuve.

Chantal   Alors, de quelle couleur est cette fameuse serviette – brune, beige, blanche ...?

Laurent   Elle est noire, en cuir.

Chantal   Et qu'est-ce qu'il y a dedans?

Laurent   Tu le sais bien. Il y a mes lunettes, mes clés, mon portefeuille avec mes cartes de crédit et de l'argent, mon stylo rouge ... toutes mes affaires, quoi!

Chantal   Je suis sûre qu'elle est dans la salle de classe!

MOTS ET EXPRESSIONS UTILES

J'ai cherché	*I have searched*
Comment est-elle?	*What is it* (f.) *like?*
un portefeuille	*a wallet*
une carte de crédit	*a credit card*
dedans	*inside*

avez-vous compris?

Choisissez la bonne réponse.

1 Laurent a perdu son parapluie / sa serviette / son livre.

2 Chantal dit que la serviette est dans la salle de classe / le laboratoire de langues.

3 La serviette de Laurent est en cuir / en plastique.

4 Elle est rouge / blanche / noire.

à vous!

In the following conversation, which takes place in a lost property office **(le bureau des objets trouvés)**, the questions and answers have become separated. The questions are in the correct order. Put the answers in order to make sense of the conversation.

Employé	Où avez-vous perdu votre serviette, mademoiselle?
Employé	Et comment est-elle?
Employé	De quelle couleur est-elle?
Employé	Qu'est-ce qu'il y a dedans?
Employé	Un parapluie aussi! De quelle couleur est-il?

a Jeune fille Elle est en cuir, toute neuve.

b Jeune fille Il est rouge.

c Jeune fille Des livres, des cahiers, mon stylo, mon petit parapluie …

d Jeune fille Dans la rue, près de mon école.

e Jeune fille Elle est beige.

 ## conversation entre deux hommes d'affaires

Deux hommes d'affaires comparent leur voiture et leur travail.

Lachance	Bonjour mon cher Déveine! Ça va?
Déveine	Comme ci comme ça, et vous?
Lachance	Très bien, merci!
Déveine	Dites-moi, c'est votre voiture?
Lachance	Oui, elle est toute neuve et très confortable.
Déveine	C'est une automatique?
Lachance	Oui, c'est formidable dans les embouteillages!
Déveine	Ma voiture n'est pas automatique, et en plus, elle est en panne.
Lachance	Ah bon, c'est grave?
Déveine	Oui, c'est l'embrayage!
Lachance	Aïe, aïe, aïe! …

Déveine	Je suppose que votre nouvelle usine est terminée?
Lachance	Oui, bien sûr! Elle est ultra-moderne. Les ouvriers sont contents.
Déveine	Nos ouvriers sont en grève depuis une semaine.
Lachance	C'est terrible!

Déveine	Oui, Mais vous, vos affaires marchent bien?
Lachance	Oui, nos affaires sont prospères. Notre firme a maintenant plusieurs succursales à l'étranger.
Déveine	Nous, nous n'avons qu'une petite usine en banlieue. Je suppose que vous voyagez beaucoup à l'étranger.
Lachance	Oui, très souvent.
Déveine	Vous voyagez loin pour vos affaires?
Lachance	Seulement en Europe.
Déveine	Votre secrétaire parle plusieurs langues?
Lachance	Elle est trilingue, français–anglais–allemand.
Déveine	Est-ce que toutes vos secrétaires sont trilingues?
Lachance	Non, mais elles sont toutes très jolies.
Déveine	Vous avez vraiment de la chance!!!

MOTS ET EXPRESSIONS UTILES

un homme d'affaires	*a businessman*	l'embrayage (m.)	*the clutch*
Ça va?	*How are you?*	les affaires (f.)	*business* (here)
comme ci comme ça	*so-so*	une succursale	*a branch*
dites-moi	*tell me*	ne que/qu'	*only*
grave	*serious*		

avez-vous compris?

1 Describe Monsieur Lachance's car.

2 What's the matter with Monsieur Déveine's car?

3 How do Monsieur Lachance's workers feel? Why?

4 What are Monsieur Déveine's workers doing?

5 What is Monsieur Lachance's business like? What proves it?

6 Is Monsieur Déveine's business prosperous?

7 What does Monsieur Lachance often do?

8 Where?

9 What is special about his secretary?

10 Why does Monsieur Déveine say that Lachance is really lucky?

à vous!

You are proud of where you work. Use **notre** or **nos** (*our*) to talk about it.

1 _____ bureau est ultra-moderne, **2** _____ firme a plusieurs succursales à l'étranger, toutes **3** _____ secrétaires sont trilingues.

Now be rather disparaging about a neighbour's place of work. Use **votre** or **vos** (*your*).

4 _____ usine est en banlieue, **5** _____ ouvriers sont en grève, et **6** _____ affaires ne marchent pas bien.

conversation entre deux amies

Madame Ragot et Madame Cancan parlent de la famille de Claire Ouate.

Mme Ragot Bonjour, Madame Cancan! Alors, vos voisins sont de retour?

Mme Cancan Oui, malheureusement, après un petit séjour à la montagne. Avec leurs enfants et leurs animaux, quelle famille!

Mme Ragot	Mais leurs enfants sont à l'école, n'est-ce pas?
Mme Cancan	Oui, heureusement! Leur fils Paul est maintenant au collège.
Mme Ragot	Et leur fille?
Mme Cancan	Élisabeth est encore à l'école primaire.
Mme Ragot	Ils font toujours autant de bruit?
Mme Cancan	C'est pire que jamais! Ils dérangent tout l'immeuble avec leur musique et leurs animaux.
Mme Ragot	Ils ont combien d'animaux?
Mme Cancan	En ce moment, ils gardent les animaux de leurs amis qui sont en vacances. C'est une vraie ménagerie!
Mme Ragot	Qu'est-ce que c'est? Des chiens?
Mme Cancan	Il y a deux gros chiens, trois ou quatre chats, un singe . . .
Mme Ragot	Un singe!!!
Mme Cancan	Oui, un singe! Ils ont aussi des poissons rouges, un hamster, un lapin et des souris blanches.
Mme Ragot	Des souris! Quelle horreur! Moi, j'ai peur des souris! Au revoir!

MOTS ET EXPRESSIONS UTILES

un séjour	*a stay*	toujours	*still* (here)
heureusement	*fortunately*	autant (de)	*as much*
un immeuble	*a block of flats, building*	déranger	*to disturb*
un singe	*a monkey*	garder	*to look after* (here)
de retour	*back*	C'est pire que jamais!	*It's worse than ever!*

avez-vous compris?

1 Where have the Ouates been?

2 What does Mrs Cancan particularly dislike about the Ouate family?

3 Are the children always at home?

4 Why do the Ouates disturb the whole block?

5 Why do they have so many animals in their flat?

à vous!

Fill in the gaps with **leur** or **leurs** (*their*) to complain about the neighbours!

1 _____ fils, **2** _____ fille, **3** _____ petits-enfants, **4** _____ animaux,
5 _____ amis – ils font tous trop de bruit!

UN PEU DE GRAMMAIRE

Possessive adjectives

	Singular		Plural
	Masculine	Feminine	
my	mon	ma	mes
your (singular+familiar)	ton	ta	tes
his/her/its	son	sa	ses
our	notre	notre	nos
your (polite or plural)	votre	votre	vos
their	leur	leur	leurs

▶ **Grammaire** 1(e), 14

EXERCICES

A   Write short notes on yourself, giving the necessary information.

1   Mon métier:

2   Ma situation de famille:

3   Ma nationalité:

4   Mon pays d'origine:

5   Mes passe-temps:

B   A woman is speaking to her daughter. Fill in the gaps with **ton**, **ta**, **tes** as appropriate.

Mère   Tu as **1** _____ affaires, Catherine? **2** _____ serviette avec **3** _____ cahiers, **4** _____ stylo, **5** _____ crayons?

Catherine   Oui Maman, j'ai toutes mes affaires.

C   Fill in the notes on famous French people with **son**, **sa**, **ses** as appropriate.

1   **Napoléon 1er** (1769–1821), empereur des Français, _____ pays d'origine – la France; _____ ville natale – Ajaccio, en Corse; _____ première femme – Joséphine de Beauharnais; _____ batailles célèbres – *Austerlitz, Iéna, Friedland.*

2   **Molière** (1622–1673), écrivain français, _____ pays d'origine – la France; _____ ville natale – Paris; _____ principales comédies – *L'École des maris, L'École des femmes, L'Avare, Tartuffe, Le Malade imaginaire.*

Napoléon   Molière   Berlioz   A. Renoir   Marie Curie

3 Hector Berlioz (1803–1869), compositeur français, _____ pays d'origine – la France; _____ ville natale – La Côte-Saint-André, Isère; _____ œuvres célèbres – *La Damnation de Faust, Roméo et Juliette, L'Enfance du Christ, La Symphonie fantastique.*

4 Auguste Renoir (1841–1919), peintre français, _____ pays d'origine – la France; _____ ville natale – Limoges; _____ tableaux célèbres – *La Balançoire, Jeunes filles au piano, Les Baigneuses.*

5 Marie Curie (1867–1934), physicienne française, _____ pays d'origine – la Pologne; _____ ville natale – Varsovie; avec _____ mari, Pierre, isola *le radium.*

D You are checking up on an acquaintance. Use **votre** or **vos** as appropriate.

1 _____ mari s'appelle Bryn; **2** _____ enfants s'appellent Gwynneth, Bronwen et Nye; **3** _____ maison est en ville; **4** _____ ville natale est Cardiff.

You are proud parents! Use **notre** or **nos** as appropriate:

5 _____ fils Stéphane joue de la clarinette, **6** _____ filles chantent bien, et **7** _____ petit garçon joue du piano.

Now talk about a neighbour's household, using **leur** or **leurs** as appropriate.

8 _____ appartement est vraiment trop petit! **9** _____ enfants dérangent tout l'immeuble. **10** _____ fils joue tout le temps aux gendarmes et aux voleurs avec ses amis. Et en plus, **11** _____ animaux font beaucoup de bruit.

E Complete the dialogue by using **mon**, **ma**, **mes**, **ton**, **ta**, **tes**, **son**, **sa**, **ses**. The first gap has been filled for you.

Paul	**1** *Ton* père est-il médecin?
Simon	Non, **2** _____ père n'est pas médecin, il est homme d'affaires; c'est **3** _____ grand frère qui est médecin.
Paul	Et **4** _____ mère, est-ce qu'elle travaille?
Simon	Oui, **5** _____ mère est coiffeuse.
Paul	Et **6** _____ sœurs?
Simon	Sophie déteste **7** _____ métier; elle est vendeuse.
Paul	Et Marie?
Simon	Elle est infirmière, elle adore **8** _____ malades.
Paul	Moi, **9** _____ sœur a seulement sept ans, elle ne travaille pas bien sûr, mais **10** _____ mère travaille. Elle fait des enquêtes pour la SNES.
Simon	Tu es comme **11** _____ mère, tu es très curieux!

F   You have lost your wallet, and go to the lost property office. Use the cues given to complete the conversation.

Vous   (**1** *Say, excuse me sir, I've lost my wallet.*)
Employé   Vous l'avez perdu quand?
Vous   (**2** *Say, yesterday in the train.*)
Employé   Il est comment, votre portefeuille?
Vous   (**3** *Say it's large, in leather.*)
Employé   Et de quelle couleur est-il?
Vous   (**4** *Say it's brown.*)
Employé   Et qu'est-ce qu'il y a dedans?
Vous   (**5** *say there is some money, two tickets, some credit cards and some photos.*)
Employé   Je suis désolé, monsieur/madame. Je n'ai pas votre portefeuille.

écoutez bien!

Au bureau des objets trouvés

You are in a lost property office. Listen to the conversations, and fill in the missing information on the form below. Enter as many details as you can.

What is missing	Place lost	Description
umbrella		
		big, blue
	swimming pool	
handbag		

Quinzième unité

 ## vive l'alpinisme!

à vous!

Read the following, filling in the gaps with the correct form of **aller**.

Example:

L'école

Où vont les enfants?
Ils **vont** à l'école.

1

Où va l'homme d'affaires?
Il _____ au bureau.

2

Où vont les jeunes femmes?
Elles _____ aux magasins.

3

Où va la future maman?
Elle _____ à la maternité.

4

Où va le sportif?
Il _____ au stade.

5

Où va l'ambulance?
Elle _____ à l'hôpital.

6

Où vont les jeunes?
Ils _____ à la piscine.

7

Où vont l'agent et le voleur?
Ils _____ au commissariat.

8

Où va l'étudiant?
Il _____ à la bibliothèque.

9

Où vont les touristes?
Ils _____ au Syndicat d'initiative.

Claire interviewe un homme d'affaires

Claire fait un sondage sur les Français et les moyens de transport.

Claire	Pardon, monsieur. Vous allez travailler, je suppose?
Homme	Oui, comme vous le voyez, je vais au bureau.
Claire	Comment y allez-vous?
Homme	D'habitude, j'y vais en train, mais les cheminots sont en grève aujourd'hui, alors j'y vais en bus.
Claire	Le trajet dure combien de temps?
Homme	En train, vingt-cinq minutes exactement.
Claire	Et en bus?
Homme	Je ne sais pas encore. Peut-être toute la matinée!

MOTS ET EXPRESSIONS UTILES

Comme vous le voyez …	*As you (can) see …*
Comment y allez-vous?	*How do you go there?*
d'habitude	*usually*
j'y vais	*I go there*
Le trajet dure combien de temps?	*How long is the journey?*
pas encore	*not yet*
les moyens (m.) de transport	*means of transport*

avez-vous compris?

1 Comment l'homme va-t-il à son bureau d'habitude?

2 Comment y va-t-il ce matin?

3 Pourquoi?

4 Combien de temps dure le trajet en train?

5 Et en bus?

Claire interviewe deux enfants

Claire	Bonjour les enfants!
Enfants	'Jour madame!
Claire	Vous allez à l'école?
Enfant	Quelle question! Bien sûr!
Claire	Votre école est près de chez vous?
Enfant	Oui, nous y allons à pied.
Claire	Est-ce que vous mangez à la cantine le midi?
Enfant	Nous y mangeons seulement le mardi, parce que maman n'est pas à la maison.
Claire	C'est bon?
Enfant	Pouah! C'est infect, nous emportons toujours un sandwich.

MOTS ET EXPRESSIONS UTILES

nous y mangeons	*we eat there*
Pouah! C'est infect.	*Ugh! It's revolting.*
emporter	*to take* (something with one)

avez-vous compris?

1 Où vont les enfants?

2 Comment y vont-ils?

3 Mangent-ils à la cantine?

4 Pourquoi?

5 Aiment-ils les repas de la cantine?

Claire interviewe une ménagère

Claire	Pardon, madame, est-il indiscret de vous demander où vous allez?
Ménagère	Pas du tout! Je vais faire les commissions.
Claire	Où faites-vous vos achats?
Ménagère	Je vais au supermarché tous les mercredis.
Claire	Vous y allez toujours en vélo?

Ménagère	Oh là là, non, heureusement! J'y vais en voiture, mais la batterie est à plat ce matin.
Claire	Ce n'est pas de chance!
Ménagère	Non, et pour tout arranger, il pleut!

MOTS ET EXPRESSIONS UTILES

une ménagère	*a housewife*
pas du tout	*not at all*
les commissions (f.) les achats (m.)	*shopping*
la batterie est à plat	*the battery is flat*
pour tout arranger	*to make matters worse*

avez-vous compris?

1 Où va la ménagère?

2 Quel jour y va-t-elle?

3 Comment y va-t-elle ce matin?

4 Pourquoi?

5 Quel temps fait-il?

Claire interviewe une jeune fille

Claire	Pardon, mademoiselle, vous êtes pressée?
Jeune fille	Non, je suis en vacances.
Claire	Très bien! Quelle formule de vacances préférez-vous?
Jeune fille	J'adore faire des randonnées à cheval avec un groupe d'amis.
Claire	Dans quelle région?
Jeune fille	Oh, ça n'a pas d'importance, mais j'aime beaucoup l'Auvergne.
Claire	Allez-vous quelquefois à l'étranger?
Jeune fille	Non, je préfère rester en France.
Claire	Ah bon, pourquoi? Vous êtes chauvine?
Jeune fille	Pas le moins du monde! Mais je déteste voyager. J'ai peur en voiture. Je n'aime pas voyager en avion parce que j'ai le mal de l'air, et j'ai horreur de voyager en bateau parce que j'ai le mal de mer.

Claire	Et en aéroglisseur?
Jeune fille	C'est très rapide, mais c'est pire que le bateau!
Claire	Et en train?
Jeune fille	J'aime bien le train, mais il y a tellement de grèves!

MOTS ET EXPRESSIONS UTILES

Quelle formule de vacances préférez-vous?	*What kind of holiday do you prefer?*
faire des randonnées à cheval	*pony trekking*
chauvin(e)	*chauvinistic*
Pas le moins du monde!	*Not in the least!*
J'ai le mal de l'air/de mer.	*I suffer from air sickness/sea sickness*
j'ai horreur (de)	*I hate*
l'aéroglisseur (m.)	*hovercraft*
tellement (de)	*so much/many*

avez-vous compris?

1 Pourquoi la jeune fille n'est-elle pas pressée?

2 Quelle formule de vacances préfère-t-elle?

3 Elle préfère aller à l'étranger ou rester en France?

4 Pourquoi déteste-t-elle voyager en voiture?

5 Pourquoi n'aime-t-elle pas voyager en avion?

6 Pourquoi a-t-elle horreur de voyager en bateau?

7 Quel est l'avantage de l'aéroglisseur?

8 Quel est l'inconvénient des voyages en train?

à vous!

1 Travaillez avec un(e) partenaire.

Take it in turns to interview your partner to find out how he/she goes to various places and how long it takes to get there. Use the lists to help you.

Example:

– Comment allez-vous au cinéma?

– J'y vais en métro.

– Le trajet dure combien de temps?

– Un quart d'heure.

au travail au supermarché au cinéma au théâtre à la piscine à la bibliothèque en ville en vacances en France en Écosse en Australie	à pied en vélo en voiture en bus en métro en train en bateau en avion en aéroglisseur en car en taxi	cinq minutes/dix minutes, etc. un quart d'heure une demi-heure une heure/deux heures, etc. toute la journée un jour/deux jours, etc.

2 Choose the best reasons to say why you hate or like travelling by various means of transport by matching the sentence below.

Example: J'ai horreur de voyager en voiture parce que c'est dangereux.

J'ai horreur de voyager ...   **parce que ...**

1 en voiture   **a** j'ai le mal de l'air

2 en avion   **b** j'ai le mal de mer

3 en train   **c** c'est dangereux

4 en vélo   **d** c'est désagréable quand il pleut

5 en aéroglisseur   **e** il y a trop de grèves.

J'aime voyager ...   **parce que ...**

1 en avion   **a** ça ne coûte pas cher.

2 en bateau   **b** c'est très pratique.

3 en vélo   **c** c'est très rapide.

4 en train   **d** j'adore la mer.

5 en voiture   **e** je peux admirer la campagne.

conversation entre deux amis

Monsieur Déveine rencontre son ami Henri Boivin.

M. Déveine	Bonjour, Henri. Comment allez-vous?
Henri	Je vais très bien, merci. Je reviens de vacances, de Paris. Et vous?
M. Déveine	Moi, ça va comme ci comme ça.
Henri	Votre femme va bien?
M. Déveine	Elle est plutôt fatiguée en ce moment.
Henri	Et les enfants, ils vont bien?
M. Déveine	Ils sont malades, ils ont les oreillons.
Henri	Vous avez toujours la même voiture?
M. Déveine	Oui, malheureusement! Elle est vieille maintenant et elle est encore en panne.
Henri	Et votre petit chien?
M. Déveine	Il est mort.
Henri	Et le travail?
M. Déveine	Le travail, ça ne va pas du tout; je suis au chômage depuis trois semaines.
Henri	Et votre belle-mère?
M. Déveine	Oh, elle, elle va bien, elle est en pleine forme, mais elle est toujours chez nous!

avez-vous compris?

1 Est-ce que Henri va bien?

2 D'où revient-il?

3 Comment va Monsieur Déveine?

4 Et sa femme?

5 Ses enfants sont-ils en bonne santé?

6 Quelle sorte de voiture a-t-il?

7 Est-ce qu'elle marche bien?

8 Comment va son chien?

9 Et son travail?

10 Et comment va sa belle-mère?

MOTS ET EXPRESSIONS UTILES

rencontrer	*to meet*
Comment allez-vous?	*How are you?*
Je vais très bien	*I am very well.*
Elle va bien.	*She is well.*
Ça va.	*I am/he is/things are, etc. well*
Ça va?	*How are you?/How are things?*
Ça ne va pas.	*I am/he is/things are, etc. not well.*
fatigué(e)	*tired*
malade (un(e) malade)	*ill (a patient)*
les oreillons (m.)	*mumps*
je reviens de vacances (revenir)	*I'm just back from my holiday (to return/come back)*
mort	*dead*
au chômage	*unemployed, out of work*
en pleine forme	*on top form*
chez nous	*at our house*

à vous

Add **Ça va!** or **Ça ne va pas!** after the statements below.

1 Je suis malade.

2 Je suis en vacances.

3 Le poisson rouge est mort.

4 Je suis au chômage.

5 Je suis fatigué(e).

6 Je suis en pleine forme.

7 Les enfants sont en bonne santé.

8 J'ai une voiture toute neuve.

les projets de Moustache

Qui pense à demain? Mais oui, c'est Moustache, le chat d'Henri Boivin.

et vous?

Qu'est-ce que vous allez faire demain? pendant le week-end? ce soir?

UN PEU DE GRAMMAIRE

ALLER   *to go*

je vais	*I go/am going*
tu vas	*you go/are going*
il/elle va	*he/she goes/is going*
on va	*one goes/is going, we go/are going*
nous allons	*we go/are going*
vous allez	*you go/are going*
ils/elles vont	*they go/are going*

Immediate future: aller + infinitive (*going to*)

Je vais manger du poisson.   *I am going to eat some fish.*

▶ **Grammaire** 17

EXERCICES

A   Make meaningful sentences saying *how* and *how often* some people go to various places. Use one element from each of the boxes.

Example: Elle va au collège à pied.

Je   Il
Vous   Elle
Tu
Ils   Nous

va   vas
vont   allons
vais
va
allez

au restaurant
au travail
à la patinoire
au collège
au café
à la bibliothèque
à la piscine

à pied   en taxi
en train
de temps en temps
en bus
en voiture
régulièrement

B   **Laurent rencontre un ami.** Fill in the gaps in the conversation below using **vais**, **vas**, **va**, **allons** or **allez**.

Ami   Tiens, bonjour Laurent! Comment **1** _____-tu?

Laurent   Je **2** _____ bien, merci. Et toi?

Ami   Moi, ça **3** _____ . Et Chantal?

Laurent   Elle **4** _____ bien, mais elle est fatiguée en ce moment.

Ami   Elle travaille trop sans doute.

Laurent   Oui, elle est très occupée au magasin et nous sortons souvent.

Ami   Où **5** _____-vous donc?

Laurent   Nous **6** _____ au cinéma, au restaurant ou au théâtre. Quelquefois on **7** _____ chez des amis, et tous les jeudis, on **8** _____ au collège pour apprendre l'anglais. Résultat, nous **9** _____ au lit très tard.

Ami   Vous **10** _____ au lit trop tard!

C   Answer the questions below using **aller** and the expressions in the bubbles. Use each bubble only once.

boire une bière   à pied   au lit   très bien

au supermarché

1   Les enfants, vont-ils souvent à la piscine? Ils y …

2   Comment vas-tu à l'école? J'y …

3   Comment va votre belle-mère? Elle …

4   Allez-vous à l'étranger? Nous …

5   Qu'est-ce qu'il va voir à la ferme? Il …

6   Pourquoi vont-elles au stade? Elles …

7   Où allez-vous à onze heures du soir? Nous …

8   Quand va-t-il au bureau? Il y …

9   Où va-t-elle faire les commissions? Elle …

10 Pourquoi allez-vous au café? Je …

voir le match de football   voir les vaches   en Espagne

du mardi au vendredi   deux fois par semaine

D   Write a letter to a French-speaking friend telling him/her about your holiday plans.

écoutez bien!

Listen to some snatches of conversation overheard at a party. Transport seems a very popular topic!

Indicate on the form below how the various people go to different places.

(Some people use more than one means and some means are not used at all.)

	🚶	🚲	🚌	🚐	🚕 TAXI	🚗	🚆 SNCF	✈	⛴
Les jumeaux									
Gilles									
Suzanne									
Bernard									
Alain									
Sabine									

lecture

Imagine that you are staying in a gîte near Morzine, a famous skiing resort in Haute-Savoie.

Look at the ads on the following page. Where would you go, or telephone:

1   if you needed some money on a Saturday?

2   if you wanted to hire a mountain bike?

3   if you wanted to buy local honey or jam?

4   if you had forgotten to bring sheets for the bed?

5   if the weather was dreadful and you wanted to buy some games?

6   if you needed to send a fax?

7   if your car had broken down?

8   if you didn't have a car and needed transport?

9   if you wanted a take-away snack?

10   if you wanted to buy some sports clothes?

1 Fill in the gaps using:

votre usine   nos amis   votre café   vos bureaux   votre ville

a Vous connaissez notre musée?
Non, c'est ma première visite dans _____.
b Vous connaissez notre secrétaire?
Non, c'est ma première visite dans _____.
c Vous connaissez cette machine?
Non, c'est ma première visite dans _____.
d Vous connaissez le garçon?
Non, c'est ma première visite dans _____.
e Vous connaissez _____, Laurent et Chantal?
Oui, je connais vos amis.

2 How would you say the following?

a their son   **d** his parents
b their daughter   **e** her parents
c their children

3 Using **son**, **sa** or **ses**, describe his clothes with the colours indicated.

Example: Son béret est noir.

a
b
c
d
e

c jaune

d gris

e brunes

noir

a blanche

b rouge

4   Fill in the gaps with the following vocabulary.

panne	chômage	malade	chance	belle-mère

Il n'a pas de **a** _____ : sa femme est **b** _____ , sa **c** _____ est à la maison, sa voiture est en **d** _____ , et il est au **e** _____ !

5   Choose the right word or expression.
   a   Des gants blancs / blanche / blanches
   b   Une robe long / longue / longs
   c   Un pantalon noire / noirs / noir
   d   Des chaussures en laine / en daim / en dentelle
   e   Une chemise aux fleurs / à fleurs / en fleurs
   f   Un sac cuirs / en cuir / cuir

6   Describe the garments using **un**, **une** or **des**.

a (silk)
(synthetic fur) b
c
d (brown)
e
f (white)
g
(woollen)
h (patent leather)
i
j (leather)

7 Fill in the gaps with the correct form of **aller** and **à** or **en**.

   a Nous _____ au travail _____ métro.

   b Ils _____ au supermarché _____ voiture.

   c Est-ce que vous _____ à la piscine _____ pied?

   d Je _____ chez mes amis _____ vélo.

   e _____-tu à l'école _____ cheval?

8 How would you say the following?

   a How are you?

   b They are on strike.

   c My car has broken down.

   d I am in a hurry.

   e He is abroad.

   f He goes to the swimming pool every week.

9 Match the statements/questions with the responses/answers below.

   a J'ai perdu mon sac.

   b Cette robe en soie fait 200 euros.

   c Vous voulez une cravate à fleurs ou à pois?

   d Comment allez-vous travailler?

   e Aimez-vous voyager en avion?

   f Aimez-vous voyager en bateau?

   g Prenez un taxi!

   h Vous êtes pressé?

   (i) Je préfère les rayures.

   (ii) Non, j'ai le mal de mer.

   (iii) J'y vais en voiture.

   (iv) Comment est-il?

   (v) Non, c'est rapide mais j'ai peur.

   (vi) Non, je suis en vacances.

   (vii) Vous avez quelque chose de moins cher?

   (viii) Ah non, c'est trop cher!

Seizième unité

à la station-service

Le jeudi, quand il quitte son bureau, Laurent va directement à la station-service du coin pour acheter de l'essence. En général, c'est le gérant qui le sert.

Gérant   Bonjour, Monsieur Darieux. Mais vous avez une nouvelle voiture!

Laurent   Oui, elle est toute neuve! Alors, le plein de sans plomb s'il vous plaît, Monsieur Valette. Je suis vert maintenant.

Gérant   Moi aussi je suis ultra-moderne. À partir d'aujourd'hui vous pouvez vous servir vous-même.

Laurent   C'est pratique!

Gérant   Vous payez à la pompe avec votre carte de crédit, ou à la caisse comme d'habitude.

Laurent   Très bien.

Gérant   On vous lave le pare-brise?

Laurent   Oui, il est déjà sale; il a plu cette nuit. Les voitures ne restent pas propres longtemps.

Gérant   Je vérifie la pression des pneus?

Laurent   Oui, je veux bien, mais ce n'est pas la peine de vérifier l'huile et l'eau!

Gérant   Les pneus, ça va!

MOTS ET EXPRESSIONS UTILES

l'essence (f.)	*petrol*	la pompe	*pump*
le gérant	*the manager*	le pare-brise	*the windscreen*
(se) servir	*to serve (oneself)*	sale	*dirty*
la caisse	*till/cash desk*	il a plu	*it rained*
(Faites) le plein.	*Fill it up.*	propre	*clean*
super	*four star*	vérifier	*to check*
sans plomb	*lead-free*	le pression des pneus	*tyre pressure*
Vous pouvez (pouvoir)	*you can*	Ce n'est pas la peine.	*There's no need.*

avez-vous compris?

Cochez les bonnes réponses.

1 Le jeudi, Laurent va à la station-service avant / après le travail.

2 C'est le gérant / le propriétaire qui bavarde avec Laurent.

3 Le nom de famille du gérant est Valette / Darieux.

4 Laurent a une nouvelle voiture / une voiture toute neuve.

5 Il fait le plein de super / de sans plomb.

6 Le pare-brise est sale / propre.

7 Le gérant vérifie les pneus / l'huile / l'eau.

8 On peut / On ne peut pas payer à la pompe.

à vous!

Travaillez avec un/une partenaire. Read the conversation. Take it in turns to provide the part of the customer, using the cues given.

Pompiste	Bonjour, M …
Client(e)	(**1** *Say you want to fill up.*)
Pompiste	Super ou sans plomb?
Client(e)	(**2** *Say whichever you would put in your car.*)
Pompiste	Je vérifie l'huile et l'eau?
Client(e)	(**3** *Say there's no need.*)
Pompiste	Et les pneus?
Client(e)	(**4** *Say no, they're all right.*)
Pompiste	Je vous lave le pare-brise?
Client(e)	(**5** *Say yes, it's dirty.*)

les loisirs

Chantal et Laurent sortent ensemble depuis plusieurs mois déjà.

1 Ils sortent ensemble au moins deux fois par semaine. Ils vont au cinéma ou chez des amis.

2 Quelquefois, ils partent tôt le vendredi soir, pour passer le week-end au bord de la mer.

3 Laurent finit son travail à six heures, mais Chantal, elle, ne finit qu'à sept heures et demie.

4 Le jeudi soir, quand Chantal sort du magasin, Laurent l'attend dans la voiture pour aller à leur cours d'anglais.

5 Ils vont dîner dans un petit café-restaurant. En général Chantal choisit une omelette ou une salade, et Laurent mange un steak-frites.

6 Ils sortent du café-restaurant un quart d'heure avant le début du cours.

7 Laurent n'est pas fort en anglais et il est un peu timide. Si le professeur lui pose une question, il rougit jusqu'aux oreilles.

8 Quand il est fatigué, quelquefois il dort au laboratoire de langues

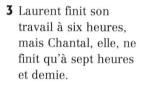

MOTS ET EXPRESSIONS UTILES

ensemble	*together*	si	*if*
sortir	*to go out*	il rougit jusqu'aux oreilles	*he blushes up to the ears*
les loisirs (m.)	*leisure activities*	dormir	*to sleep*

avez-vous compris?

1 Depuis quand Laurent et Chantal sortent-ils ensemble?

2 Où vont-ils en général le soir? Et le week-end?

3 À quelle heure finissent-ils leur travail?

4 Pourquoi Laurent attend-il Chantal le jeudi soir?

5 Quand sortent-ils du café-restaurant?

6 Pourquoi Laurent rougit-il quand le professeur lui pose une question?

7 Que fait-il au laboratoire de langues quand il est fatigué?

mini-conversation

Claire demande à Sylvie et aux jumeaux à quelle heure ils finissent leur travail.

à vous!

Many **-ir** verbs of the **finir** type are linked with adjectives, often colours; for example **rougir** and **rouge**.

Link the following verbs with the adjectives they are based on, then give their meanings. Refer to the vocabulary section if necessary.

1 grandir	**5** salir	**a** sale	**e** lent
2 grossir	**6** ralentir	**b** jaune	**f** blanc
3 blanchir	**7** jaunir	**c** grand	**g** pâle
4 pâlir	**8** refroidir	**d** gros	**h** froid

et vous?

Quand finissez-vous votre travail? votre toilette? votre petit déjeuner? votre déjeuner? votre dîner? la vaisselle?

conversation à propos des jeunes

Dans un café, deux mères de famille parlent de leurs enfants.

Mme Lebœuf	Les enfants grandissent vite!
Mme Villon	Oui, hier des bébés et demain des adultes!
Mme Lebœuf	Mais des adultes irresponsables!
Mme Villon	Xavier n'a pas le temps de faire ses devoirs, il sort tous les soirs!
Mme Lebœuf	Delphine aussi, et elle me ment! Elle dit qu'elle va chez une amie et elle va au café avec son petit ami!
Mme Villon	Martine est toujours au téléphone. Elle me coûte une fortune!
Mme Lebœuf	Christian se nourrit mal. Il ne mange que des frites et des hamburgers!
Mme Villon	Xavier aussi, et avec du ketchup; quelle horreur!
Mme Lebœuf	La bonne cuisine n'intéresse pas les jeunes d'aujourd'hui. Que va devenir la gastronomie française?

MOTS ET EXPRESSIONS UTILES

mentir 🗔 *to lie*	(se) nourrir *to nourish/feed oneself*	devenir 🗔 *to become*

avez-vous compris?

Cochez les bonnes réponses.

1 Les enfants grandissent lentement / vite.

2 Xavier a le temps / n'a pas le temps de faire ses devoirs, et il sort / ne sort pas tous les soirs.

3 Delphine ment / ne ment pas, pour aller au café avec son petit ami.

4 Christian se nourrit de frites / de hamburgers / de pizzas.

5 La bonne cuisine française intéresse / n'intéresse pas les jeunes.

et vous?

Aimez-vous sortir? Sortez-vous souvent?
Où allez-vous en général? Avec qui?

Je sors tous les soirs.

conversation avec un garçon de café

Un autre client bavarde avec le garçon.

Garçon	Vous désirez, monsieur?
Client	Un express, s'il vous plaît.
Garçon	Tout de suite, monsieur.
Client	Vous êtes garçon de café depuis longtemps?
Garçon	Non, je suis garçon de café depuis deux ans seulement.

Client	Et vous travaillez ici depuis deux ans?
Garçon	Non, je ne travaille ici que depuis le mois de septembre.
Client	Vous êtes de Rouen?
Garçon	Non, mais j'habite ici depuis environ dix ans.
Client	Est-ce que vous aimez votre métier?
Garçon	Oui, parce que je vois beaucoup de monde, mais c'est fatigant et je n'ai pas beaucoup de temps libre.
Client	Vous êtes marié?
Garçon	Oui, je suis marié depuis six mois.
Client	Félicitations! Et qu'est-ce que vous faites quand vous avez du temps libre?
Garçon	Je joue au football.
Client	Vous jouez au football depuis longtemps?
Garçon	Depuis toujours! Mais je suis membre du "Club du Ballon" seulement depuis l'année dernière.
Client	Moi, je préfère le rugby, mais seulement à la télé!

avez-vous compris?

1 Le garçon de café fait-il son métier depuis longtemps?

2 Depuis quand travaille-t-il dans ce café?

3 Aime-t-il son métier?

4 Est-il marié depuis longtemps?

5 Est-il membre du "Club du Ballon" depuis longtemps?

et vous?

1 Où habitez-vous?

2 Depuis quand habitez-vous dans ce village/cette ville/cette région/ce pays?

3 Êtes-vous marié(e)? Depuis longtemps?

4 Depuis quand travaillez-vous/êtes-vous à la retraite?

5 Apprenez-vous le français depuis longtemps?

6 Depuis quand portez-vous des lunettes/fumez-vous?

7 Avez-vous un animal familier? Depuis quand?

8 Faites-vous du sport? Depuis longtemps?

9 Avez-vous des passe-temps? Depuis quand?

10 Êtes-vous membre d'un club? Depuis quand?

Why not conduct a survey in the class?

UN PEU DE GRAMMAIRE

Present tense of –ir verbs

Finir type (choisir, grandir, rougir, (se) nourrir, pâlir, salir, grossir)

je finis	*I finish/am finishing*
tu finis	*you finish/are finishing*
il/elle/on finit	*he/she/one finishes/is finishing*
nous finissons	*we finish/are finishing*
vous finissez	*you finish/are finishing*
ils/elles finissent	*they finish/are finishing*

Dormir type (sortir, partir, mentir, servir)

je dors	*I sleep/am sleeping*
tu dors	*you sleep/are sleeping*
il/elle/on dort	*he/she/one sleeps/is sleeping*
nous dormons	*we sleep/are sleeping*
vous dormez	*you sleep/are sleeping*
ils/elles dorment	*they sleep/are sleeping*

Use of *depuis* (for, since)

J'habite Chelmsford depuis trois ans.	*I have been living in Chelmsford for three years.*
J'apprends le français depuis deux ans.	*I have been learning French for two years.*
Depuis quand?	*Since when?*

▶ **Grammaire** 15, 16

EXERCICES

A Madame Ragot and Madame Cancan are talking about children of today. Complete Mme Cancan's side of the conversation by using the cues given.

Mme Ragot   Ah, les enfants d'aujourd'hui!

Mme Cancan   (**1** *Say yes, they grow up quickly.*)

Mme Ragot   Ils ne font jamais un bon repas!

Mme Cancan   (**2** *Say no, they feed on chips and chocolate.*)

Mme Ragot   C'est vrai!

Mme Cancan   (**3** *Say they go out every evening.*)

Mme Ragot   Ou bien ils regardent la télé.

Mme Cancan   (**4** *Say that Damien, your grandson, never finishes his homework.*)

Mme Ragot   Ma petite fille Clara déteste l'école!

Mme Cancan   (**5** *Say Damien, too, and add that he tells lies.*)

Mme Ragot   Clara aussi, quand elle sort avec son petit ami!

B Use the following vocabulary to describe Philippe's weekends.

plein   huile   station-service   gérant   peine   eau   voiture   pneus   travail   pare-brise

Tous les vendredis soirs Philippe finit son **1** _____ de bonne heure, car en général il part en week-end à la campagne. Il va à la **2** _____ pour faire le **3** _____ d'essence. Le **4** _____ le connaît bien. Il vérifie régulièrement **5** l'_____ et **6** l'_____ , et de temps en temps il vérifie la pression des **7** _____ . S'il a plu pendant la semaine, le gérant lave le **8** _____ . Mais cette semaine ce n'est pas la **9** _____ , car Philippe vient d'acheter une **10** _____ toute neuve.

C You are a friend of an English family, the Bickertons, and of a French teenager, Pascal, who is looking for an English family to stay with. You write to Pascal to introduce your English friends. Continue the letter using the following information:

The Bickertons living in Barnet for twelve years – Mr Bickerton unemployed for two years – Mrs Bickerton working part-time – they can't speak French, but love France – daughter Susie married three months – living in Enfield since wedding. – son, Timothy, seventeen, – working in bank for a year – has motorbike – lots of friends – weekends plays football – member of club – loves pop music as well – learning to play electric guitar for several months.

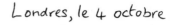

Londres, le 4 octobre

Cher Pascal
    Je t'écris cette lettre pour te présenter la famille Bickerton. Ce sont des amis qui seront très contents de te recevoir pendant les vacances de Noël.

écoutez bien!

Écoutez l'interview et répondez aux questions en anglais.

1   What is the man's occupation and where does he work?

2   Where does he live?

3   How does he get to work?

4   When does he use his car?

5   At what time does he leave home?

6   Which day does he have off?

7   When are his busiest times?

8   What does he particularly enjoy about his job?

9   What kind of customers does he dislike?

10   At what time does he finish work?

11   Why does he say that he is lucky?

12   Why is his wife happy about this arrangement?

lecture

A French newspaper publishes the story of a criminal whose burglary didn't go quite as expected. Give an English friend a brief account of what happened.

LE VOLEUR TROMPÉ

Une heure du matin, avenue Foch. Une grosse Renault ralentit, puis s'arrête devant un bel immeuble. Un homme descend et referme la portière avec précaution. Sa compagne reste au volant. L'homme disparaît dans la maison. Il n'allume pas, mais il utilise une petite lampe de poche. Il ignore l'ascenseur et monte à pied jusqu'au sixième étage. Il ouvre la porte d'un appartement avec difficulté et il entre. Il va directement dans la chambre à coucher et ouvre le tiroir de la table de nuit. La lumière de la lampe de poche révèle un véritable trésor; le tiroir est plein de bijoux. L'homme saisit des bracelets, des bagues, des colliers et des boucles d'oreille en or, en argent ou sertis de pierres précieuses de toutes les couleurs. Il les met dans un sac en plastique. Il sort de l'immeuble à toute vitesse, et remonte dans la voiture qui part aussitôt.

Dans la chambre d'un hôtel de luxe, quelque part en Amérique du Sud, le même couple ouvre une grande valise où se trouve le sac en plastique. L'homme sort les bijoux et les met sur le lit.

– Tu es vraiment stupide! Ils sont tous faux! dit la femme.

Sur une petite table se trouve un journal français; il titre:

Étrange cambriolage à Paris:
La célèbre actrice Anna Bella se fait voler ses bijoux de scène!

Chantal déménage

Chantal a beaucoup de meubles mais elle a bien organisé son déménagement.

Le camion va arriver à deux heures. Les déménageurs vont mettre les meubles et les cartons dans le camion, puis ils vont prendre la direction du nouvel appartement. Chantal va emprunter la voiture de Laurent pour arriver avant les déménageurs. Aussitôt arrivés, les hommes vont sortir les meubles du camion et Chantal va leur dire où les mettre.

L'appartement a quatre pièces; une petite salle de bain, une cuisine, une chambre à coucher de taille moyenne, et une grande salle de séjour qui donne sur un parc. Les hommes vont monter la table, les quatre chaises, les deux fauteuils, le canapé et le buffet et les mettre dans la grande pièce. Puis ils vont monter le lit, la commode, la table de nuit et les mettre dans la chambre. Chantal a aussi une immense armoire normande où elle range ses vêtements. Finalement, ils vont mettre la table de cuisine, les tabourets, le vaisselier et le frigidaire dans la cuisine.

MOTS ET EXPRESSIONS UTILES

déménager	*to move house*	un tabouret	*a stool*
le déménagement	*removal*	un vaisselier	*a dresser*
les meubles (m.)	*the furniture*	mettre	*to put*
un carton	*a cardboard box*	monter	*to carry up* (here)
une pièce	*a room*	emprunter	*to borrow*
un buffet	*a sideboard*	donner sur	*to overlook*
une armoire normande	*a Normandy wardrobe*		

avez-vous compris?

Corrigez les erreurs.

1 Le camion de déménagement va arriver à midi.

2 Chantal va emprunter la voiture de ses parents.

3 Chantal va arriver à l'appartement après les déménageurs.

4 Dans l'appartement, il y a un salon et une salle à manger.

5 Il y a deux chambres, une cuisine et une grande salle de bain.

6 La chambre de Chantal donne sur un parc.

7 Sa chambre est grande.

8 Chantal range ses livres dans l'armoire normande.

9 Dans la cuisine ils vont mettre la table, les chaises et le vaisselier.

à vous!

List what will go in the rooms of Chantal's flat.

Salle de séjour	Chambre	Cuisine

Chantal déménage (suite)

Le jour du déménagement, les choses sont un peu différentes. Au début, tout va bien. Les hommes arrivent à l'heure. Ils trouvent l'appartement sans difficulté. Chantal les attend. Ils vident le camion, puis ils montent les meubles et les mettent dans les différentes pièces. Ils ont de la chance. Chantal a un frigo mais elle n'a pas de machine à laver, de lave-vaisselle ni de congélateur.

Mais malheureusement, l'armoire normande est beaucoup trop grande pour sa chambre. Les hommes regardent leur montre. Il est déjà sept heures du soir. Comme il est tard, Chantal leur dit de laisser l'armoire sur le palier. Elle cherche son sac pour leur donner un pourboire. Elle n'a que des gros billets. Ce déménagement coûte cher! Les hommes la remercient avec un grand sourire, mais Chantal a envie de pleurer.

Heureusement que Laurent va bientôt arriver pour l'aider. Et heureusement que l'appartement est au dernier étage, car l'armoire normande gêne le passage!

MOTS ET EXPRESSIONS UTILES

une machine à laver	*a washing machine*
un lave-vaisselle	*a dishwasher*
un congélateur	*a freezer*
une montre	*a watch*
le palier	*the landing*
un gros billet	*a large banknote*
un sourire	*a smile*
vider	*to empty*
pleurer	*to cry*
avoir envie de	*to want to*
gêner le passage	*to be in the way*
un pourboire	*a tip*

avez-vous compris?

Répondez en français.

1 Est-ce que les problèmes commencent au début?

2 Est-ce que les déménageurs arrivent en retard?

3 Est-ce qu'ils ont des difficultés à trouver l'appartement?

4 Est-ce que Chantal est déjà là?

5 Est-ce que Chantal a beaucoup d'appareils électro-ménagers? (*electrical appliances*)

6 Qu'est-ce qu'ils ne mettent pas dans la chambre? Pourquoi?

7 Pourquoi les hommes regardent-ils leur montre?

8 Où laissent-ils l'armoire?

9 Est-ce que Chantal leur donne un bon pourboire? Pourquoi?

10 Qui va aider Chantal?

11 Où se trouve l'appartement de Chantal?

12 Qu'est-ce que Chantal va faire avec l'armoire normande?

Chantal déménage (suite et fin)

Il est huit heures du soir. Laurent aide Chantal à ranger sa cuisine.

Laurent   Où est-ce que je mets les assiettes?

Chantal   Mets-les dans le vaisselier.

Laurent   Je mets les couverts dans un tiroir?

Chantal   Naturellement!

Laurent   Les couteaux, les fourchettes . . . Chantal, je ne trouve pas les cuillères!

Chantal   Elles sont dans le carton, avec les serviettes et les nappes.

Laurent   Où sont les tasses et les bols?

Chantal   Regarde, je viens de les mettre sur l'étagère.

Laurent   Où est-ce que je mets la poêle?

Chantal   Mets-la dans le placard, en bas, à côté des casseroles.

Laurent   Et le tire-bouchon?

Chantal   Mets-le sur la table.

Laurent   Et l'ouvre-boîte?

Chantal   Laisse-le aussi sur la table, je vais ouvrir une boîte de soupe pour le dîner.

Laurent   Pas question! Ce soir, je t'emmène au restaurant.

Chantal   Oh, ça c'est gentil.

Laurent   Mais avant, ouvre le frigo.

Chantal   Oh, une bouteille de champagne!

Laurent   Où sont les verres?

MOTS ET EXPRESSIONS UTILES

les couverts (m.)	*the cutlery*	un placard	*a cupboard*
un couteau	*a knife*	une casserole	*a saucepan*
une fourchette	*a fork*	un tire-bouchon	*a corkscrew*
une cuillère/cuiller	*a spoon*	un ouvre-boîte	*a tin-opener*
une nappe	*a tablecloth*	un frigo	*a fridge*
une étagère	*a shelf*	emmener	*to take* (someone somewhere)
une poêle	*a frying pan*	Je viens de . . .	*I have just . . .*

avez-vous compris?

Cochez les bonnes réponses.

1 On mange de la soupe avec un couteau / une fourchette / une cuillère.

2 On boit le café dans une tasse / une assiette / une casserole.

3 On fait une omelette dans une poêle / une assiette / un verre.

4 On range les casseroles dans un carton / un tiroir / un placard.

5 Sur la table on met une serviette / une nappe / un journal.

6 On ouvre une bouteille de vin avec un ouvre-boîte / un couteau / un tire-bouchon.

7 On range les couverts sur une étagère / dans un tiroir / dans le frigo.

à vous!

Travaillez avec un/une partenaire. You have just tidied away after the previous occupants of your gîte. Your partner has the list, and asks you where things are, and you say where you have just put everything.

Use expressions such as: sur l'étagère   dans le tiroir
     sur la table   dans le vaisselier
     dans le placard   à côté de …

Refer to the grammar box on page 255 before you start.

Example:
Où est **la** poêle?   Je viens de **la** mettre sur l'étagère.
Où sont **les** bols?   Je viens de **les** mettre dans le placard.

INVENTAIRE

☐ 8 bols
☐ 12 assiettes
☐ 12 couverts
☐ 8 verres
☐ 12 tasses

☐ 1 poêle
☐ 1 grande casserole
☐ 2 petites casseroles
☐ 1 tire-bouchon
☐ 1 ouvre-boîte

UN PEU DE GRAMMAIRE

Venir de + *infinitive*

Je viens de visiter Paris.	*I have just visited Paris.*

Direct object pronouns

le	*him/it*
la	*her/it*
l' (before a vowel or 'h')	*him/her/it*
les	*them*
Je le/la mets sur la table.	*I am putting it on the table.*
Je les mets sur la table.	*I am putting them on the table.*

▶ **Grammaire** 17, 18

EXERCICES

A Answer these questions orally or in writing.

1 Quelles meubles y a-t-il dans votre chambre?
2 Votre chambre donne sur le jardin ou sur la rue?
3 Vous avez une grande cuisine?
4 Qu'est-ce qu'il y a dedans?
5 Décrivez votre salon/salle de séjour.
6 Aimez-vous votre maison/appartement? Pourquoi?

B Using **venir de** . . . (*to have just done*), say what has happened to prompt the following:

Example: Bonjour! → - Je viens de rencontrer une amie.

1 Bonjour!
2 Au revoir!
3 Merci!
4 Je suis désolé(e)!
5 Félicitations!
6 D'accord!
7 Pas de chance!
8 Bienvenue!

C Match the sentences to the pictures.

1 Elle vient de demander son chemin.

2 Ils viennent d'envoyer leur ballon dans le jardin du voisin.

3 Il vient de voler le sac d'une passante.

4 Il vient de dire "Je te quitte" à sa femme.

5 Elle vient de retourner au bureau après plusieurs jours d'absence.

6 Elle vient de découvrir qu'elle a perdu sa clé.

7 Il vient de se souvenir que c'est leur anniversaire de mariage.

8 Il vient de raconter la même histoire pour la troisième fois.

9 Elle vient de mettre une lettre sans timbre dans la boîte.

10 Son chat vient de mourir.

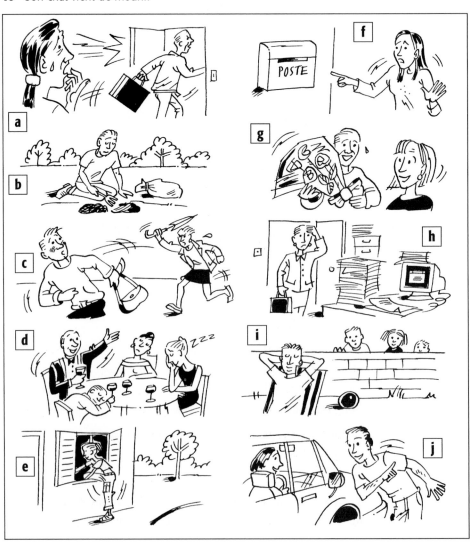

D   The following sentences can be joined in pairs to make meaningful statements. Identify which are the pairs.

Example: Ils viennent d'arriver à Paris. Ils vont visiter le musée du Louvre.

1 Nous venons d'arriver à Rouen.

2 Elle vient d'avoir un bébé.

3 Tu viens de boire trop de vin.

4 Elle vient de trouver un nouvel appartement.

5 Vous venez d'acheter de la laine.

6 Il vient de téléphoner à sa petite amie.

7 Je viens d'acheter une veste.

8 Vous venez de faire un gâteau.

a Elle va déménager bientôt.

b Tu ne vas pas prendre la voiture.

c Les enfants vont le manger tout de suite.

d Vous allez tricoter un pull-over.

e Je vais la mettre ce soir pour sortir.

f Nous allons visiter les musées.

g Ils vont aller au cinéma ce soir.

h Elle va avoir beaucoup de travail.

E   Describe what is going to happen to the following objects, by pairing each one with one of the phrases listed below. Complete the phrase by adding the direct object pronoun, **le**, **la**, **l'** or **les**.

Example: des œufs … On va *les* casser.

1 une omelette		**a** On va _____ mettre dans le frigidaire.
2 un verre de vin		**b** On va _____ regarder.
3 un pull-over		**c** On va _____ lire.
4 une assiette sale		**d** On va _____ ranger.
5 des verres propres		**e** On va _____ manger.
6 une bouteille de lait		**f** On va _____ éplucher
7 la télévision		**g** On va _____ laver.
8 un livre		**h** On va _____ boire.
9 des pommes de terre		**i** On va peut-être _____ perdre!
10 un porte-monnaie		**j** On va _____ mettre.

F   Fill in the gaps with the direct object pronoun (**le**, **la** or **les**) to complete the following conversation:

Déménageur	Pardon madame, où est-ce que je mets le lit?
Dame	Mettez- **1** _____ dans la grande chambre, s'il vous plaît.
Déménageur	Et la commode? Je **2** _____ mets dans la grande chambre aussi?
Dame	Non, mettez- **3** _____ dans la petite chambre à côté.
Déménageur	Et je mets les chaises dans la salle de séjour?
Dame	Non! Mettez- **4** _____ dans la cuisine, s'il vous plaît.
Déménageur	Où est-ce que je mets le canapé, madame?
Dame	Mettez- **5** _____ dans la petite chambre.
Déménageur	Et les livres? Je **6** _____ mets où?
Dame	Mettez- **7** _____ sur la table.
Déménageur	Et l'armoire?
Dame	Laissez- **8** _____ sur le palier pour l'instant!

écoutez bien!

Qu'est-ce qui ne va pas? Listen to extracts from the Brèdes' conversation over a meal in a restaurant. Write down what was wrong with:

1 the table

2 the tablecloth

3 Mme Brède's glass

4 the service

5 Mme Brède's chicken in wine

6 M. Brède's fork

7 Mme Brède's napkin

8 the bill

Cafés et restaurants à Annecy.

lecture

SPÉCIAL JEU Des tests pour vous!

Faites notre nouveau test psychologique et découvrez votre vraie personnalité.

Cochez la bonne réponse.

1. Votre fils/fille vient de renverser du miel sur le tapis neuf.

Qu'allez-vous faire?

(a) frapper votre fils/fille ☐

(b) aller chercher une éponge ☐

(c) fondre en larmes ☐

2. Il est minuit. Vos voisins viennent de rentrer. Ils font beaucoup de bruit. Qu'est-ce que vous allez faire?

(a) frapper violemment sur le mur ☐

(b) allumer la radio ☐

(c) rien ☐

3. Vous venez de perdre votre porte-monnaie. Vous allez

(a) aller au bureau des objets trouvés ☐

(b) le chercher partout ☐

(c) acheter un autre porte-monnaie ☐

4. Vous venez de recevoir un cadeau que vous n'aimez pas. Est-ce que vous allez

(a) le jeter à la poubelle? ☐

(b) le donner à votre tante? votre oncle? ☐

(c) le garder ☐

5. Vous êtes dans un compartiment "non-fumeurs". Un homme vient d'allumer sa pipe. Allez-vous

(a) indiquer la pancarte "non-fumeurs"? ☐

(b) tousser vigoureusement? ☐

(c) sortir dans le couloir? ☐

6. Votre professeur vient de vous poser une question. Vous ne comprenez pas. Qu'allez-vous faire?

(a) refuser de répondre ☐

(b) demander au professeur de répéter la question ☐

(c) sourire bêtement ☐

RÉPONSES: Si vous avez . . .

plus de 3 **a**: vous êtes fort, un peu aggressif; vous ne craignez rien; vous allez réussir!

plus de 3 **b**: vous avez l'esprit pratique; vous ne perdez pas la tête; bravo!

plus de 3 **c**: vous êtes craintif, trop sensible peut-être; courage!

Dix-huitième unité

Dix-huitième unité

la routine du matin

Josée Cousin aide son mari au cabinet médical deux fois par semaine. Son amie Édith se demande comment ils se débrouillent.

Comment vous débrouillez-vous quand vous travaillez tous les deux?

Je me réveille à six heures du matin, je me lève à six heures et demie, et je me lave tout de suite.

Tu te lèves tôt!

Oui. Puis je me brosse les dents, je m'habille et si j'ai le temps je me coiffe et je me maquille.

Vous vous dépêchez, alors?

Moi, je ne me dépêche pas, mais Lucien est toujours pressé. Il se lave et il se rase en cinq minutes!

MOTS ET EXPRESSIONS UTILES

se demander	*to wonder*	se brosser (les dents)	*to brush* (one's teeth)
se débrouiller	*to manage*	se coiffer	*to do* (one's) *hair*
se réveiller	*to wake up*	se maquiller	*to put on make-up*
se lever	*to get up*	se dépêcher	*to hurry*
se laver	*to wash* (oneself)	se raser	*to shave*

avez-vous compris?

Répondez vrai ou faux.

1 Josée Cousin se lève de bonne heure.

2 Elle travaille une fois par semaine.

3 Elle se maquille si elle a le temps.

4 Elle se dépêche le matin.

5 Son mari se lave et se rase vite.

6 Edith est une amie de Josée.

une soirée typique

Et le soir? Quand vous rentrez, est-ce que vous vous reposez?

Ah oui, bien sûr! D'abord nous nous changeons, nous nous reposons un peu avant de dîner, mais quelquefois nous nous endormons devant la télé!

Ils se disputent, comme d'habitude.

Et vous vous couchez de bonne heure sans doute?

Et les enfants?

Ah oui! Nous nous couchons vers dix heures et je m'endors tout de suite.

MOTS ET EXPRESSIONS UTILES

se reposer	*to have a rest*	se disputer	*to argue*
se changer	*to change* (clothes)	avant de dîner	*before having dinner*
s'endormir	*to fall asleep*	comme d'habitude	*as usual*
se coucher	*to go to bed*		

avez-vous compris?

Répondez vrai ou faux.

1 Quand ils rentrent le soir, les Cousin se reposent avant de dîner.

2 Ils se changent avant de se reposer.

3 Quelquefois, ils s'endorment devant la télévision.

4 Ils se couchent tard.

5 Leurs enfants ne se disputent jamais.

à vous!

Lisez le texte. Que font ces personnes dans la vie?

1 Je me réveille à une heure du matin et je me lève immédiatement. Je ne me rase pas. Je me dépêche car le bateau part vers deux heures. Je rentre au port vers trois heures de l'après-midi, et je vends mon poisson. Je me couche à huit heures du soir. Je suis …

2 Je commence mon travail à six heures du matin, mais je déteste me lever tôt. Donc je me lève péniblement à cinq heures. Je me lave et je me coiffe en dix minutes. Je pars pour l'hôpital à cinq heures et demie. Je rentre chez moi à trois heures, et je me change avant de me reposer. Je suis …

3 Je travaille le soir, alors je me lève tard – vers onze heures du matin. J'arrive au théâtre à six heures où Roger me coiffe et Sophie me maquille. Je me couche à deux heures du matin, et je m'endors immédiatement. Je suis …

Travaillez avec un/une partenaire.
Une personne choisit un métier, l'autre pose des questions pour le deviner. Ensuite, changez de rôle.

professeur   cuisinier   serveuse   réceptionniste   vendeur   serveur   cuisinière   vendeuse

et vous?

1 Comment s'appellent les membres de votre famille?

2 Est-ce que vous vous réveillez facilement le matin?

3 À quelle heure vous levez-vous?

4 Vous lavez-vous avant ou après le petit déjeuner?

5 Qui se maquille dans votre famille et qui se rase?

6 Combien de fois par jour vous brossez-vous les dents/vous lavez-vous les mains/vous coiffez-vous?

7 Est-ce que vous vous dépêchez le matin? Pourquoi?

8 Vous changez-vous avant de sortir le soir?

9 Est-ce que vous vous endormez quelquefois devant la télévision?

10 En général, vous vous couchez à quelle heure?

jeu de rôles

Partenaire A

(Partner B should refer to page 270.)

A1 Imagine that your name is Stéphane/Stéphanie Dupont. You wake up at half past seven in the morning and wash in five minutes. You normally brush your teeth after breakfast. At work, you often argue with your colleagues. When you get home you change and have a rest. In the evenings, you tend to fall asleep in front of the television.

Your partner is conducting a survey about the habits of French people, including questions on hygiene. Answer his/her questions as if you were Stéphane/Stéphanie Dupont.

A2 You are now conducting the survey. Ask your partner the following questions and complete the form below accordingly. You might need to revise the French alphabet before you start.

Comment vous appelez-vous?
Ça s'écrit comment?
Vous vous levez à quelle heure le matin?
Est-ce que vous vous rasez/maquillez?
Vous lavez-vous souvent les cheveux?
Qu'est-ce que vous faites après le travail?
Est-ce que vous vous disputez souvent avec votre petit(e) ami(e)?
Vous vous couchez tard le soir?

NOM _____   PRÉNOM _____
Se lève à _____
Se rase/se maquille le matin: OUI/NON
Se lave les cheveux _____ fois par _____
Après le travail _____
Se dispute RAREMENT ☐ QUELQUEFOIS ☐ SOUVENT ☐ avec son/sa petit(e) ami(e).
Le soir, se couche à _____

---

l'argent de poche

Josée n'a pas oublié ses vacances en France. Elle se souvient de Guillaume, le guide, et de sa visite de Paris …

Guillaume nous a montré la tour Eiffel …

Maman, je n'ai plus d'argent de poche, j'ai besoin d'une pièce de 2 euros.

Mais l'arrivée de ses enfants, Annette et Simon, interrompt sa rêverie …

Voilà Annette, je te la prête.

Je te la prête, chérie, je ne te la donne pas. Tu dois me la rendre samedi, quand papa va te donner ton argent de poche.

Tu me la prêtes, maman, ou tu me la donnes?

Menteur!

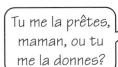

Tu nous le donnes maman! Merci beaucoup! Maintenant nous allons acheter des jouets et des bonbons!

Moi non plus maman, je n'ai plus d'argent.

Ah les enfants! Je vous donne un billet de 5 euros – voilà!

MOTS ET EXPRESSIONS UTILES

l'argent de poche	*pocket money*	une pièce	*a coin*
se souvenir (de)	*to remember*	un billet	*a note* (here)
montrer	*to show*	un jouet	*a toy*
il nous a montré	*he showed us*		

à vous!

Travaillez avec un/une partenaire.

You are rather forgetful, and have left a lot of your belongings at home. Ask your neighbour if you can borrow his/hers. He/she is very helpful. Take turns.

Example: – Vous pouvez me prêter votre stylo? (*Can you lend me your pen?*)
– Oui, je vous le prête volontiers! (*I'll lend it to you with pleasure.*)

Vous avez oublié:

Votre gomme (f.) (*rubber*)   votre crayon (m.)   votre livre (m.)
votre dictionnaire (m.)   vos lunettes   votre règle (f.) (*ruler*)
votre taille-crayon (m.) (*pencil-sharpener*)   votre papier (m.) (*paper*)   vos devoirs

Josée et Édith bavardent

Josée   Édith, que fais-tu quand tu trouves un porte-monnaie ou un portefeuille. Tu le gardes?

Édith   Non! Je le porte aux Objets Trouvés. S'il y a un nom ou une adresse à l'intérieur, je l'envoie directement au propriétaire.

Josée   Et que fais-tu si une vendeuse te rend trop de monnaie?

Édith   Je le lui dis, bien sûr!

Josée   Tu es honnête, dis donc! Et si c'est le contraire, si elle ne t'en rend pas assez?

Édith   Je le lui dis aussi, mais je n'aime pas demander de l'argent.

Josée   Tu as raison, c'est embarrassant.

MOTS ET EXPRESSIONS UTILES

la monnaie	*change*	rendre	*to give back*
garder	*to keep*	lui	*to him/to her/to it*
envoyer	*to send*	en	*some/of it/of them*

avez-vous compris?

Répondez vrai or faux.

1 Quand Édith trouve un porte-monnaie, elle le garde.

2 Quand il y a un nom et une adresse dans un portefeuille, elle téléphone au propriétaire.

3 Si une vendeuse lui rend trop de monnaie, elle ne dit rien.

4 Josée trouve que c'est embarrassant de demander de l'argent.

Josée et Édith bavardent (suite)

Josée   Et si tes enfants te demandent des bonbons, que fais-tu?

Édith   Je leur dis que c'est mauvais pour les dents et qu'ils n'en ont pas besoin. Et puis, ils ont de l'argent de poche!

Josée   Tu leur donnes souvent de l'argent de poche? Moi, j'ai beaucoup de problèmes avec Simon et Annette!

Édith   Je leur en donne toutes les semaines, le samedi, et c'est tout.

Josée   Et qu'est-ce qu'ils en font?

Édith   Ils sont entièrement libres. Je crois qu'ils achètent des BD, des bonbons et qu'ils s'en servent aussi pour aller au cinéma ou à la piscine.

Josée   Tu leur en donnes beaucoup? Moi, je ne sais pas combien leur en donner.

Édith   Ça dépend de l'inflation!

MOTS ET EXPRESSIONS UTILES

leur	*to them*
une BD (bande dessinée)	*comic, cartoon strip*
se servir (de)	*to make use (of)*
libre	*free*

avez-vous compris?

Répondez vrai ou faux.

1 Les enfants d'Édith n'aiment pas les bonbons.

2 Josée a beaucoup de problèmes avec ses enfants.

3 Édith donne de l'argent de poche à ses enfants régulièrement.

4 Ils achètent des BD.

5 Ils vont au cinéma et à la patinoire.

à vous!

Qu'est-ce que c'est? Identify what is being referred to in the phrases below.

1 J'en donne à mes enfants toutes les semaines.

2 On en a besoin pour se laver les cheveux.

3 On s'en sert pour se brosser les dents.

4 Je m'en sers pour aller travailler.

5 On en a besoin pour utiliser des toilettes publiques.

6 On s'en sert pour ouvrir une boîte de soupe.

7 On n'en a pas besoin pour ouvrir une
bouteille de champagne!

a de la monnaie

b du dentifrice

c un ouvre-boîte

d un tire-bouchon

e de l'argent de poche

f la voiture

g du shampooing

et vous?

Choisissez les réponses que vous préférez.

1 Si je trouve un portefeuille, je le porte aux Objets Trouvés / je le garde / je l'envoie
directement au propriétaire.

2 Si je trouve une pièce de deux euros dans la rue, je la ramasse / je la laisse par terre.

3 Si une vendeuse me rend trop de monnaie, je ne le lui dis pas / je ne le remarque
jamais / je le lui dis.

4 Si le garçon ne me rend pas assez de monnaie, je le lui dis / j'appelle le gérant / je ne le
lui dis pas.

5 Si des enfants me demandent des bonbons, je leur en donne / je leur dis que c'est
mauvais pour les dents / je ne leur en donne pas.

Josée et Édith bavardent (suite et fin)

Édith   Lucien et toi, vous allez souvent au cinéma?

Josée   Nous y allons environ une fois par mois. Et toi?

Édith   Moi, je n'y vais jamais. Je préfère louer des vidéocassettes et rester chez moi,
mais j'aime bien aller au théâtre ou au concert.

Josée   Moi aussi. J'adore sortir!

Édith   Vous mangez souvent au restaurant?

Josée	Nous n'y allons pas très souvent, malheureusement.
Édith	Moi, j'adore la nouvelle cuisine. Et toi?
Josée	Non, c'est très cher, et il n'y a rien dans l'assiette! Je préfère la cuisine chinoise.
Édith	Tu manges avec des baguettes?
Josée	Non, nous achetons des plats à emporter et nous mangeons à la maison avec un couteau et une fourchette.

MOTS ET EXPRESSIONS UTILES

louer	*to hire*	les plats à emporter	*take-away meals*
les baguettes (f.)	(here) *chopsticks*	y	*there*

avez-vous compris?

Decide which of the following phrases refer to Édith, and which to Josée.

1 Elle aime louer des vidéocassettes.

2 Elle trouve la nouvelle cuisine très chère.

3 Elle va au cinéma environ une fois par mois.

4 Elle aime rester chez elle.

5 Elle aime la cuisine chinoise.

6 Elle aime aller au théâtre et au concert.

7 Elle ne va pas souvent au restaurant.

8 Elle adore la nouvelle cuisine.

9 Elle achète des plats à emporter.

à vous!

Travaillez avec un/une partenaire. Take turns in finding out how often your partner goes to various places. Use **y** in your reply.

Example: – Vous allez souvent au restaurant?

– J'y vais une fois par mois. / Je n'y vais jamais.

au cinéma	à la messe
au théâtre	au marché
au restaurant	au supermarché
au concert	à l'opéra
à la patinoire	chez le dentiste
à la piscine	chez le coiffeur

ne/n' . . . jamais
quelquefois/de temps en temps
rarement
souvent
une fois par semaine/mois/an
tous les jours/soirs/matins

jeu de rôles

Partenaire B

(Partner A should refer to page 264.)

B1 You are conducting a survey about the habits of French people, including questions on hygiene. Ask your partner the following questions and complete the form below according to his/her answers. You might need to revise the French alphabet.

Quel est votre nom de famille?
Quel est votre prénom?
Vous vous réveillez à quelle heure?
Est-ce que vous prenez un bain le matin?
Vous vous brossez les dents avant ou après le petit déjeuner?
Au travail, vous disputez-vous avec vos collègues?
Qu'est-ce que vous faites quand vous rentrez chez vous?
Est-ce que vous regardez la télévision le soir?

B2 Imagine that your name is Michel/Michelle Durand. You get up at six o'clock, wash your hair every morning and always shave/put make-up on. After work you go to a café with your girlfriend/boyfriend. You rarely argue with her/him. You go to bed at midnight. Answer your partner's questions as if you were Michel/Michelle Durand.

NOM _____   PRÉNOM _____
Se réveille à _____
Prend un bain ☐ Prend une douche ☐ Fait une toilette rapide ☐ le matin.
Se brosse les dents AVANT ☐ APRÈS ☐ le petit déjeuner.
Se dispute RAREMENT ☐ QUELQUEFOIS ☐ SOUVENT ☐ avec ses collègues.
Après le travail _____
Le soir _____

Why not conduct a similar survey among the members of your class?
You might need to revise the French alphabet before you start.

UN PEU DE GRAMMAIRE

Reflexive verbs

Se coucher (*to go to bed*) is a reflexive verb. Reflexive verbs follow the pattern below:

je me couche	*I go/I am going to bed*
tu te couches	*you go/are going to bed*
il/elle/on se couche	*he/she/one goes/is going to bed*
nous nous couchons	*we go/are going to bed*
vous vous couchez	*you go/are going to bed*
ils/elles se couchent	*they go/are going to bed*

Use **m'**, **t'** and **s'** with verbs starting with a vowel or an **h**; for example with **s'habiller** (*to get dressed*):

je m'habille	il/elle/on s'habille
tu t'habilles	ils/elles s'habillent

Indirect object pronouns: *lui* and *leur*

Lui and **leur** translate respectively *to him/to her* and *to them*.

Je lui prête de l'argent	*I lend some money to him/to her*
Je leur donne des bonbons	*I give some sweets to them.*

Be careful, as in English one says: *I lend him/her some money* and *I give them some sweets*.

Use of *y* and *en*

Y means *there* (not always expressed in English).

Allez-vous souvent au restaurant?	*Do you often go to the restaurant?*
J'y vais tous les soirs.	*I go (there) every night.*

En means *some/of it/of them*, which are not always expressed in English.

J'adore les fleurs; j'en achète souvent.	*I love flowers; I often buy some.*
– Vous avez des enfants?	*Do you have any children?*
– Oui, j'en ai deux.	*Yes, I have two (of them).*

▶ **Grammaire** 19, 20, 21

EXERCICES

A Complete the conversation between the two friends by using the cues given.

Mme Ragot Ah, les jeunes d'aujourd'hui!

Mme Cancan (**1** *Say they are always rushing.*)

Mme Ragot Oui, ils se lèvent tard et ils s'habillent en cinq minutes.

Mme Cancan (**2** *Say sometimes they don't wash!*)

Mme Ragot Quel âge ont-ils maintenant, vos petits-enfants?

Mme Cancan (**3** *Say Damien is sixteen and Irène is fourteen.*)

Mme Ragot Clara se maquille depuis qu'elle a onze ans!

Mme Cancan (**4** *Say Damien shaves, and add that he always argues with his sister.*)

Mme Ragot Moi aussi, je me dispute avec ma sœur!

B Describe in detail a typical weekday, Saturday or Sunday in your family.

C The text of this story has been separated from the illustrations, although the pictures appear in the correct order. Match the text with the pictures.

Les boulangers se lèvent de bonne heure!

a Madame Brède lui dit de se dépêcher parce que le café va refroidir.

b Tout à coup, la pendule de la cuisine sonne trois heures et demie. Les Brède sont très surpris!

c Il est trois heures et demie. Madame Brède se réveille.

d Monsieur Brède se lève péniblement. Il va dans la salle de bain pour se laver.

e Il s'habille à toute vitesse. Il pense que c'est la même chose tous les matins.

f Elle réveille son mari. Il n'aime pas se lever.

g Il se brûle parce que le café est encore trop chaud.

h Il se rase. Il se coupe parce que sa femme lui dit que le petit déjeuner est prêt.

D Complete the sentences using the indirect object pronoun **lui** or **leur**.

1 L'étudiant montre ses devoirs au professeur. Il _____ montre ses devoirs d'anglais.

2 L'homme d'affaires donne une lettre à sa secrétaire. Il _____ donne une lettre pour le Canada.

3 Le guide montre la tour Eiffel aux touristes. Il _____ montre le restaurant au premier étage.

4 Nicole prête sa voiture à Paul. Elle _____ prête sa Clio.

5 Le garçon apporte la bouteille de vin aux clients. Il _____ apporte une bouteille de bordeaux.

E   Help to answer the following questions by filling in the gaps with **y** or **en**.

1   Va-t-il à l'école?
Oui, il _____ va depuis un mois.

2   Aimez-vous le vin?
Oui, j'_____ bois tous les jours.

3   Avez-vous des enfants?
Nous _____ avons deux.

4   Est-ce qu'elle aime Rouen?
Oui, elle _____ habite.

5   Elle va acheter une voiture?
Oui, elle _____ a besoin pour son travail.

6   Pourquoi allez-vous à Paris?
Parce que j'_____ travaille.

7   Achète-t-il souvent des fleurs?
Oui, il _____ achète toutes les semaines.

8   Avez-vous de l'argent?
Oui, j'_____ ai.

9   Aimes-tu le cinéma?
Oui, j'_____ vais souvent.

10 Ton père, te donne-t-il de l'argent de poche?
Oui, mais il ne m'_____ donne pas assez!

écoutez bien!

When you hear a verb from the list below, write the number of the dialogue beside the reflexive verb. The first one has been done for you.

_____ s'appeler   _____ se brosser les dents

_____ se coucher   _____ s'endormir

1 s'habiller   _____ se réveiller

_____ se lever   _____ se maquiller

_____ se raser   _____ se laver

lecture

Vous entendez-vous bien avec les jeunes? *Do you get on well with young people?* Fill in the questionnaire to find out!

SPÉCIAL JEU   Des tests pour vous!

Vous entendez-vous bien avec les jeunes?

Cochez la bonne réponse.

1. Votre fille (dix ans) a envie de se maquiller. Vous lui dites:

(a) – Non, tu est trop jeune pour te maquiller. ☐

(b) – Je vais t'acheter du rouge à lèvres la prochaine fois que je vais faire des courses. ☐

(c) – Attends un peu chérie, on va te faire un petit cadeau d'anniversaire. ☐

2. Votre fille a quinze ans. Elle rentre très tard sans rien vous dire auparavant.

(a) Vous l'enfermez dans sa chambre. ☐

(b) Vous lui dites de vous télélephoner la prochaine fois. ☐

(c) Vous lui expliquez pourquoi vous êtes inquiets quand elle sort tard. ☐

3. Votre fils (dix-huit ans) admire une voiture d'occasion.

(a) Vous lui dites que la voiture est trop chère. ☐

(b) Vous l'achetez tout de suite. ☐

(c) Vous parlez d'autre chose. ☐

4. Vos enfants (seize et quatorze ans) veulent passer leurs vacances à l'étranger.

(a) Vous leur défendez d'y aller. ☐

(b) Vous vous mettez d'accord pour les accompagner. ☐

(c) Vous leur dites que vous avez tous l'intention d'y aller l'année prochaine. ☐

5. Votre belle-mère a envie de vous rendre visite. Elle n'est pas très populaire dans la famille.

(a) Vous l'invitez à passer une quinzaine de jours chez vous. ☐

(b) Vous ne lui écrivez pas. ☐

(c) Vous lui écrivez que vous êtes tous trop occupés. ☐

6. Vous rentrez tard après avoir passé la soirée chez des amis. Vous trouvez un jeune inconnu installé sur votre canapé.

(a) Vous le mettez à la porte. ☐

(b) Vous ne le réveillez pas. ☐

(c) Vous lui demandez ce qu'il fait là. ☐

RÉPONSES: Si vous avez . . .

plus de 3 **a**: Vous ne vivez pas avec votre temps. Vous êtes trop sévère!

plus de 3 **b**: Prenez garde! Les enfants font la loi chez vous!

plus de 3 **c**: Vous êtes raisonnable. On s'entend bien dans votre maison!

Faites le point! unités 16–18

1 Choose the right verb.

    a Elle sert / sort / va souvent avec des amis.

    b Nous pâlissons / mentons / rougissons parce que nous sommes timides.

    c Est-ce que vous ralentissez / grossissez / finissez votre repas?

    d Les enfants nourrissent / grandissent / choisissent des frites.

    e Le dimanche, je dors / pars / viens jusqu'à midi.

2 Fill in the gaps with the correct form of the verbs.

    a (venir) Il _____ d'arriver.

    b (aller) Je _____ faire mes devoirs.

    c (revenir) Nous _____ de Paris.

    d (aller) Ils _____ souvent au cinéma.

    e (venir) Nos amis anglais _____ souvent nous voir.

    f (aller) _____-tu sortir ce soir?

    g (venir) Paul et moi _____ de jouer au tennis.

    h (aller) Elle ne _____ pas répondre.

    i (venir) _____-vous souvent ici?

    j (aller) Mon mari et moi n' _____ jamais à la piscine.

3 Express that they have just done something by using **venir de**.

    a Elle n'est pas là. Elle (partir).

    b Nous n'avons pas faim. Nous (manger).

    c Vous êtes fatigué parce que vous (être malade).

    d Il n'y a plus de vin. Ils (finir la bouteille).

    e Je n'ai pas d'argent. Je (perdre mon porte-monnaie).

4 Fill in the correct part of the verb.

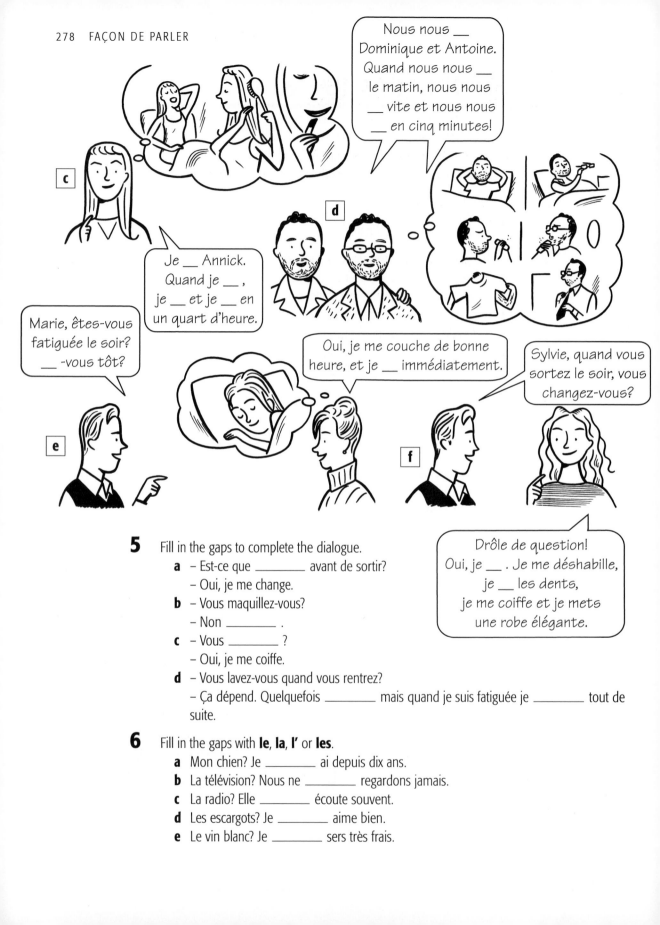

5 Fill in the gaps to complete the dialogue.

a – Est-ce que _____ avant de sortir?
– Oui, je me change.

b – Vous maquillez-vous?
– Non _____ .

c – Vous _____ ?
– Oui, je me coiffe.

d – Vous lavez-vous quand vous rentrez?
– Ça dépend. Quelquefois _____ mais quand je suis fatiguée je _____ tout de suite.

6 Fill in the gaps with **le**, **la**, **l'** or **les**.

a Mon chien? Je _____ ai depuis dix ans.

b La télévision? Nous ne _____ regardons jamais.

c La radio? Elle _____ écoute souvent.

d Les escargots? Je _____ aime bien.

e Le vin blanc? Je _____ sers très frais.

7   Replace the bold section with **lui** or **leur**.

    a   Paul montre les photos **à sa femme**.

    b   La petite fille prête son livre **à son frère**.

    c   La maman donne des bonbons **aux enfants**.

    d   Le jeune homme montre la tour Eiffel **à son ami**.

    e   Le professeur explique un point de grammaire **aux étudiants**.

8   Fill in the gaps with **y** or **en**.

    a   Nous aimons le cinéma; nous _____ allons toutes les semaines.

    b   – Ils ont des enfants?

        – Oui, ils _____ ont deux.

    c   Prête-moi ta voiture, j'_____ ai besoin.

    d   J'achète du lait parce que les enfants _____ boivent beaucoup.

    e   Vous connaissez bien Paris parce que vous _____ habitez.

    f   Je déteste le poisson; je n'_____ achète jamais.

    g   J'aime le théâtre; j'_____ vais souvent.

    h   Il n'a pas de chien parce qu'il _____ a peur.

9   Find the odd one out.

a

une fourchette
une assiette
un couteau
un manteau
un verre

b

une commode
une armoire
un canapé
un lit
un ouvre-boîte

c

le palais
le palier
la chambre
la cuisine
la salle de séjour

d

un frigidaire
un congélateur
un lave-vaisselle
une machine à laver
une chaussure

10 Match the French signs with their English equivalents.

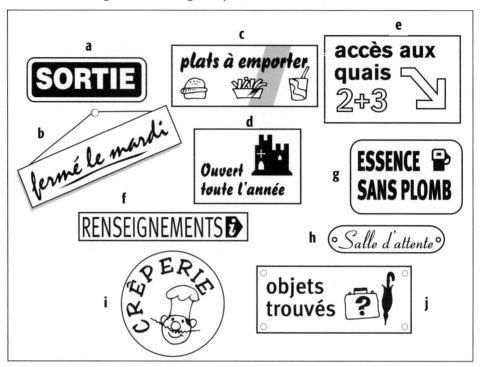

(i) Open all year

(ii) Lost property

(iii) Lead-free petrol

(iv) Pancake restaurant

(v) Exit

(vi) Closed on Tuesdays

(vii) Take-away meals

(viii) Waiting room

(ix) Information

(x) To the platforms

Dix-neuvième unité

les Français et leurs soirées

La SNES (Société Nationale d'Enquêtes par Sondages) vient de publier les résultats d'une enquête sur les Français et leurs soirées. Voici les réponses à la question **Qu'est-ce que vous avez fait hier soir?**

COMMENT LES FRANÇAIS PASSENT-ILS LEURS SOIRÉES?

Réponses à la question: **Qu'est-ce que vous avez fait hier soir?**

J'ai regardé la télévision/une vidéocassette/un DVD.	80%
J'ai écouté la radio/de la musique.	43%
J'ai lu le journal/un livre/une BD, etc.	40%
J'ai joué au Scrabble/aux échecs, etc.	19%
J'ai joué aux cartes.	13%
J'ai travaillé	10%
J'ai écrit une lettre/un e-mail etc.	8%
J'ai fait du sport.	31%
J'ai fait le ménage/la lessive/du repassage	12%
J'ai téléphoné	74%
J'ai pris un bain/une douche.	66%
J'ai mangé au restaurant	15%
J'ai invité des amis.	18%
J'ai utilisé l'ordinateur	38%
Je suis allé(e) chez des amis.	20%
Je suis allé(e) au cinéma/au théâtre/au concert	7%
Je suis resté(e) à la maison.	85%

Sondage réalisé par la SNES auprès d'un échantillon de 1000 personnes âgées de 18 ans et plus, représentatif de la population française, entre le Ier et le 5 février.

avez-vous compris?

Tell an English friend what French people generally do in the evenings. Name the activities in order of popularity.

à vous!

Fill in the gaps, using the results of the survey. You might like to revise numbers before you start. The first one has been done for you.

1   <u>Quarante</u> pour <u>cent</u> ont lu.

2   Treize pour cent ont _____ aux _____.

3   _____ et _____ pour cent ont _____ du sport.

4   Soixante-quatorze _____ _____ ont _____.

5   _____ _____ _____ ont travaillé.

6   Quarante-trois pour cent ont _____ la _____ ou de la _____.

7   Vingt pour cent sont allés _____ _____ _____.

8   Trente-huit pour cent ont utilisé _____ _____.

9   _____ _____ _____ ont mangé _____ _____.

10 Soixante-six _____ _____ ont _____ un bain ou une douche.

11 _____ _____ _____ ont écrit une lettre.

12 _____ pour cent sont restés _____ _____ _____.

Now conduct your own survey. Go round the class and ask the other members **Qu'est-ce que vous avez fait hier soir?**

l'agenda de Madame Brède

Regardez l'agenda de Madame Brède pour voir ce qu'elle a fait la semaine dernière.

MOTS ET EXPRESSIONS UTILES

hier	*yesterday*	mardi après-midi	*Tuesday afternoon*
hier soir	*last night*	jeudi soir	*Thursday evening*
lundi matin	*Monday morning*	samedi dernier	*last Saturday*

avez-vous compris?

Écoutez Mme Brède sur la cassette et répondez vrai ou faux. Mrs Brède is a bit forgetful. Say whether her statements about last week's activities are true or false.

1 Lundi matin, je suis allée chez le médecin.

2 Mardi après-midi, je n'ai pas joué au Scrabble.

3 Mercredi dernier, j'ai fait les courses.

4 Jeudi, j'ai fait la lessive.

5 Jeudi soir, je n'ai pas regardé "Dracula" à la télévision.

6 Je ne suis pas allée chez le coiffeur, vendredi matin.

7 Vendredi soir, j'ai téléphoné à ma mère.

8 Samedi dernier, je ne suis pas restée à la maison.

9 Samedi soir, je suis allée chez des amis.

10 Dimanche, j'ai fait une promenade.

Now correct the statements that are wrong.

à vous!

Qu'est-ce que vous avez fait hier matin? hier soir? mardi après-midi? le week-end dernier?

Look at your own diary and write down, in French, what you did and where you went last week. Mention a few things you did not do, and a few places where you did not go.

jeu de rôles

Partenaire A

(Partner B should refer to page 287.)

A1 Ask your partner what he/she did (**Qu'est-ce que vous avez fait?**):
Sunday evening
last Monday
Thursday afternoon
Tuesday morning

A2 This time, answer your partner's questions, using the diary:

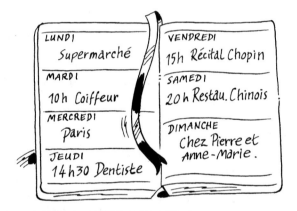

LUNDI
Supermarché

MARDI
10h Coiffeur

MERCREDI
Paris

JEUDI
14h30 Dentiste

VENDREDI
15h Récital Chopin

SAMEDI
20h Restau. Chinois

DIMANCHE
Chez Pierre et Anne-Marie.

UN PEU DE GRAMMAIRE

How to express what you did in the past

j'ai joué	*I have played/I played*
vous avez fait	*you have done/you did/you have made/you made*
je n'ai pas lu	*I didn't read/haven't read*
vous n'avez pas écrit	*you didn't write/haven't written*
But	
je suis allé(e)	*I have gone/I went*
vous êtes resté(e)	*you have stayed/you stayed*

▶ **Grammaire** 26

EXERCICES

A A French visitor has just arrived at your firm. You try to put him/her at ease by asking a few personal questions. Match the questions and answers to get a complete conversation.

1 Avez-vous fait bon voyage?   **a** J'ai pris un taxi!

2 Comment avez-vous voyagé?   **b** J'ai mangé au restaurant.

3 Vous avez trouvé le bureau sans difficulté?   **c** Non, j'ai fait un rêve horrible.

4 Vous avez contacté votre partenaire?   **d** En avion.

5 Avez-vous changé de l'argent?   **e** Bien sûr, la cuisine anglaise est délicieuse!

6 Qu'est-ce que vous avez fait hier soir?   **f** Oui, je lui ai téléphoné hier soir.

7 Est-ce que vous avez bien mangé?   **g** Oui, je suis allé(e) à la banque ce matin.

8 Avez-vous bien dormi?   **h** Excellent, merci.

B Imagine that you asked the people below **Qu'est-ce que vous avez fait hier?** What answers would you have got?

Example: **1** J'ai bavardé.

C Now ask someone else whether they did the various things pictured in Exercise B.

Example: Vous avez bavardé?/Avez-vous bavardé?/Est-ce que vous avez bavardé?

D You are on holiday. Write a postcard to a friend saying:

- you had a good journey
- the weather is not nice and you did not go to the beach
- last Monday you visited a castle
- yesterday you stayed in the hotel
- in the evening you ate in a little restaurant on the harbour
- then you went to the cinema.

E Answer the questions below in full by using the vocabulary in the bubbles. Each word or expression can be used only once.

Example: **1** J'ai mangé du couscous.

 un magazine   en Espagne    mon oncle et ma tante

 à mon ami allemand

1 Qu'est-ce que vous avez mangé?
2 Où êtes-vous allé(e) en vacances?
3 Qu'est-ce que vous avez lu?
4 À quelle heure avez-vous pris votre bain?
5 À qui avez-vous écrit une lettre?
6 Quel jour êtes-vous allé(e) au cinéma?
7 Avec qui avez-vous joué aux échecs?
8 Qu'est-ce que vous avez regardé à la télé?
9 Qui avez-vous invité?
10 Quand êtes-vous allé(e) à l'opéra?

à huit heures

pas avec Kasparov!

 du couscous

lundi dernier

 la semaine dernière    une émission sur la Chine

jeu de rôles

Partenaire B

(Partner A should refer to page 284.)

B1 Your diary is open at last week's page. Answer your partner's questions using your notes.

B2 This time, ask your partner what he/she did (**Qu'est-ce que vous avez fait?**):
Monday morning
last Wednesday
Friday afternoon
Saturday evening

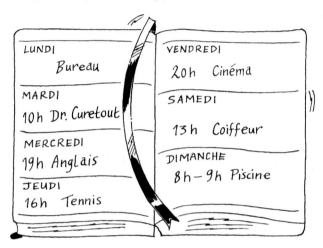

LUNDI
Bureau

MARDI
10h Dr. Curetout

MERCREDI
19h Anglais

JEUDI
16h Tennis

VENDREDI
20h Cinéma

SAMEDI
13h Coiffeur

DIMANCHE
8h – 9h Piscine

écoutez bien!

You will hear five conversations. Listen carefully, and for each person, fill in the information on the form below.

	When they went	**Where they went**	**What they did**
the children			
Bernard			
Annette			
M. Roquand			
Mme Orgerit			

les parties du corps

les yeux
un œil
la tête
la bouche
une oreille
une main
le nez
les épaules (f.)
un bras
le cou
le ventre
les hanches (f.)
le dos
une jambe
la taille
un genou
un pied

à vous!

Regardez Odile, la prof d'aérobic, et écoutez la cassette. Montrez du doigt les différentes parties du corps mentionnés. *Listen to the cassette and point to the various parts of the body mentioned.*

avez-vous compris?

Écoutez encore une fois. Quatre choses n'ont pas été mentionnées. Lesquelles? *Four things have not been mentioned. Which ones?*

à vous

Le jeu de Kim. *Kim's game.* Fermez votre livre et faites, de mémoire, une liste des parties du corps dont vous vous souvenez. Il y en a dix-sept en tout. *Write from memory as many parts of the body as you can remember out of the 17 listed.*

la gym d'Odile

Tous les matins, Madame Brède prend un copieux petit déjeuner en regardant l'émission d'aérobic, la *Gym d'Odile* à la télé.

"Et comme tous les matins, il est maintenant l'heure de la 'Gym d'Odile'. À vous, Odile!"

Bonjour tout le monde! Levez-vous!
Allez, debout! …
Vous êtes prêts? Oui? …
Alors, musique, s'il vous plaît!

D'abord la taille. Mettez les mains sur les hanches. Penchez-vous à droite, puis à gauche. Bien! À droite … à gauche … à droite … à gauche …

Maintenant, tendez les bras, puis levez la jambe droite, et la gauche. Plus haut! … Droite … gauche. Encore plus haut! … Bien! Ouf, j'ai chaud maintenant. Ralentissez si vous êtes fatigués.

Maintenant levez les bras. Tendez le bras droit au maximum vers le plafond, puis le bras gauche. Et encore! Plusieurs fois!

Pliez légèrement les genoux et touchez vos pieds.
Un … deux … trois … quatre …
Bien. Ça va? Alors, encore une fois. Un … deux …
trois … quatre.

Couchez-vous sur le dos pour les exercices
abdominaux. D'abord levez la jambe gauche …
Baissez-la. Levez la jambe droite … Baissez-la.
N'oubliez pas de respirer.

Bon. Les exercices au sol maintenant. Asseyez-vous
en tailleur. Dos droit! Rentrez le ventre! Mains sur les
genoux! Détendez les épaules. Bien. D'abord le cou.
Tournez la tête à droite, puis à gauche. Doucement!
Regardez derrière vous. Bien!

Bras le long du corps … Fermez les yeux … Respirez
à fond par le nez, soufflez doucement par la bouche.
Détendez-vous! Ne pensez à rien!

MOTS ET EXPRESSIONS UTILES

en regardant	*while watching*	levez	*lift/raise*
Debout(!)	*standing (up)/Stand up!*	tendez	*stretch*
levez-vous	*get up*	rentrez le ventre	*pull in your tummy*
penchez-vous	*lean*	baissez	*lower*
asseyez-vous en tailleur	*sit cross-legged*	respirez (à fond)	*breathe (deeply)*
s'asseoir ⚠	*to sit down*	soufflez	*breathe out/blow*
détendez-vous	*relax*	c'était	*that/it was*

avez-vous compris?

Link the following to make meaningful statements:

1	Fermez …	**a**	le ventre.
2	Levez …	**b**	sur le dos.
3	Pliez …	**c**	en tailleur.
4	Rentrez …	**d**	la tête à droite.
5	Mettez …	**e**	de respirer.
6	Couchez-vous …	**f**	les bras.
7	Tournez …	**g**	par le nez.
8	Asseyez-vous …	**h**	les yeux.
9	N'oubliez pas …	**i**	les mains sur les hanches.
10	Respirez …	**j**	les genoux.

à vous!

Travaillez avec un/une partenaire. Take it in turns to give instructions and to respond to them, using some of the ideas below.

1 Levez le bras droit.

2 Tournez la tête à gauche.

3 Fermez les yeux.

4 Touchez votre nez.

5 Regardez derrière vous.

6 Ouvrez la bouche deux fois.

7 Levez-vous.

8 Allez à la porte et ouvrez-la.

9 Fermez la porte doucement.

10 Mettez la main droite sur votre épaule gauche.

chez le médecin

Madame Brède va chez le médecin.

Le médecin	Alors chère madame, qu'est-ce qu'il y a?
Mme Brède	Docteur, j'ai mal partout!
Le médecin	Voyons, avez-vous souvent mal à la tête?
Mme Brède	Quelquefois, docteur.
Le médecin	Ouvrez la bouche, dites "Ah!".
Mme Brède	Ahhh!
Le médecin	Tirez la langue . . . Hmm, elle est blanche. Surveillez votre régime.
Mme Brède	C'est tout?
Le médecin	Mais c'est très important! Toussez . . . Vous fumez?
Mme Brède	Euh, un peu.
Le médecin	Combien de cigarettes par jour?
Mme Brède	Oh, je ne sais pas exactement!
Le médecin	Eh bien, arrêtez.
Le médecin	Maintenant couchez-vous sur le dos . . . Vous avez souvent mal au ventre?
Mme Brède	Au ventre non, mais assez souvent, j'ai mal là.
Le médecin	C'est le foie. Je vois.
Mme Brède	Et mon cœur, docteur?
Le médecin	Ça va, à condition de faire un régime très strict, pas de gras et pas d'alcool. Et puis, arrêtez de fumer et faites un peu de sport.
Mme Brède	Vous ne me faites pas d'ordonnance?
Le médecin	Non, vous n'avez pas besoin de médicaments. Vous avez besoin d'exercice.
Mme Brède	Mais docteur, je regarde la *Gym d'Odile* tous les matins!

MOTS ET EXPRESSIONS UTILES

J'ai mal partout.	*I hurt everywhere.*	le gras	*fat*
J'ai mal à la tête.	*I have a headache.*	une ordonnance	*a prescription*
Tirez la langue!	*Stick out your tongue!*	le médicament	*medicine*
Surveillez votre régime!	*Watch your diet!*	tousser	*to cough*

avez-vous compris?

Répondez vrai ou faux.

1 Madame Brède a mal partout.

2 Elle a souvent mal à la tête.

3 Ses dents sont blanches.

4 Madame Brède fume.

5 Elle a mal au ventre.

6 Madame Brède a besoin de faire un régime.

7 Elle a besoin de faire du sport.

8 Le médecin lui fait une ordonnance.

9 Madame Brède a besoin de médicaments.

10 Elle regarde la *Gym d'Odile* tous les matins.

chez le pharmacien

On fait la queue à la pharmacie aujourd'hui.

Mme Brède	Je voudrais quelque chose pour le foie.
Pharmacien	Pour le foie? Hmm . . . Prenez un de ces comprimés après les repas. C'est ce qu'il y a de mieux contre l'indigestion.
Mme Brède	Et pour arrêter de fumer?
Pharmacien	Essayez ces cigarettes aux herbes.
Petite fille	J'ai mal aux oreilles et à la gorge.
Pharmacien	Fais voir . . . ouvre la bouche . . . Ah oui, c'est rouge. Dis à ta maman de t'emmener chez le médecin. Tu as une angine.
Petite fille	Moi, je voudrais du sirop à la banane, mais le docteur me donne toujours des suppositoires!
Homme	Je voudrais quelque chose contre les piqûres d'insectes.
Pharmacien	Abeille, guêpe?
Homme	Non, les piqûres de moustiques. Le camping n'est pas loin de la rivière.
Pharmacien	Alors, mettez cette crème protectrice et évitez les promenades au bord de l'eau le soir!
Vieux monsieur	J'ai mal au ventre.
Pharmacien	Vous avez de la fièvre?
Vieux monsieur	Je ne sais pas. Je n'ai pas pris ma température.

Pharmacien	Vous avez vomi?
Vieux monsieur	Non, pas encore, mais j'ai mal au cœur.
Pharmacien	Vous avez la diarrhée?
Vieux monsieur	Un peu, oui.
Pharmacien	Alors, je vous recommande ce médicament. Prenez cinq gouttes matin, midi et soir. Et buvez beaucoup d'eau.
Jeune femme	J'ai mal à la tête. Je voudrais de l'aspirine et quelque chose pour les coups de soleil.
Pharmacien	Vous préférez un lait ou une huile solaire?
Jeune femme	Je ne sais pas. J'ai attrapé un coup de soleil.
Pharmacien	Alors, mettez cette lotion calmante, mais faites attention au soleil, c'est dangereux!
Femme	Nous allons prendre le bateau pour aller en Angleterre. Vous avez quelque chose contre le mal de mer?
Pharmacien	Voilà. Prenez une pillule une demi-heure avant la traversée.

MOTS ET EXPRESSIONS UTILES

une angine	*a throat infection*	une guêpe	*a wasp*
un sirop	*a syrup/linctus*	une crème protectrice	*a protective cream*
un comprimé	*a tablet*	une lotion calmante	*a soothing lotion*
des gouttes (f.)	*drops*	un coup de soleil	*sunburn*
une pillule	*a pill*	avoir mal au cœur	*to feel sick*
une piqûre d'insecte	*an insect sting/bite*	avoir de la température/de la fièvre	*to have a temperature/fever*
une abeille	*a bee*		

avez-vous compris?

Cochez la bonne réponse.

1 La petite fille a mal aux yeux / à la gorge.

2 Elle préfère le sirop à la banane / les suppositoires.

3 La jeune femme demande de l'aspirine parce qu'elle a mal au ventre / mal à la tête / mal à la gorge.

4 Elle a besoin de quelque chose pour la fièvre / la diarrhée / les coups de soleil.

5 Le pharmacien donne un lait / une lotion / une crème à l'homme pour les piqûres de moustiques.

6 Le vieux monsieur a vomi / a de la fièvre / a mal au cœur.

7 La dame demande des pillules contre la diarrhée / le mal de mer / les migraines.

8 Le pharmacien donne des comprimés à Mme Brède pour arrêter de fumer / contre l'indigestion.

 ## à vous!

Vous êtes malade! Où avez-vous mal?

Répondez! J'ai mal au/à la/aux …

UN PEU DE GRAMMAIRE

Giving orders

Ferme la porte!/Fermez la porte!	*Close the door!*
Finis ton petit déjeuner!/Finissez votre petit déjeuner!	*Finish your breakfast!*
Lève-toi!/Levez-vous!	*Get up!*
Ne touche pas!/Ne touchez pas!	*Don't touch!*
Ne perds pas ton argent!/Ne perdez pas votre argent!	*Don't lose your money!*
Ne te lève pas!/Ne vous levez pas!	*Don't get up!*

AVOIR MAL À   *to have an ache/pain*

J'ai mal au dos (m.).	*I have backache.*
J'ai mal à la gorge (f.).	*I have a sore throat.*
J'ai mal à l'œil.	*I have a sore eye.*
J'ai mal aux genoux (pl.)	*My knees hurt.*

▶ **Grammaire** 6(a), 22

EXERCICES

 A   You are taking a keep-fit class in France. Tell your class:

1 to get up
2 to put their hands on their hips
3 to lean to the right, then to the left
4 to stretch their arms
5 to raise the right leg, then the left
6 to slow down
7 to bend their knees slightly
8 to touch their feet
9 to sit down
10 to turn their heads to the right and then the left

11 to lie down on their backs

12 to raise the left leg, then lower it

13 not to forget to breathe in

14 to shut their eyes

15 to breathe out through the mouth

B Find the best solutions to the following medical problems by matching the sentences.

1 J'ai mal à la tête.

2 J'ai attrapé un coup de soleil.

3 Je voudrais quelque chose pour les piqûres de moustiques.

4 J'ai la diarrhée.

5 J'ai le mal de mer.

6 J'ai mal à la gorge.

a Mettez cette crème protectrice.

b Prenez ce sirop.

c Prenez ces gouttes matin, midi et soir.

d Prenez une pillule avant la traversée.

e Prenez de l'aspirine.

f Mettez cette lotion calmante.

C Complete the following conversation with a doctor, using the cues given.

Docteur	Alors, qu'est-ce qu'il y a?
Vous	(**1** *Say, doctor I hurt everywhere.*)
Docteur	Vous avez mal à la tête?
Vous	(**2** *Say, yes, and you've also got a sore throat.*)
Docteur	Vous avez de la fièvre?
Vous	(**3** *Say, you don't know, you haven't taken your temperature.*)
Docteur	Alors, ouvrez la bouche! Hmmm, c'est rouge.
Vous	(**4** *Say, you also have tummy-ache.*)
Docteur	Vous avez vomi?
Vous	(**5** *Say no, but you feel sick.*)
Docteur	Vous avez une angine. Je vais vous faire une ordonnance. Vous préférez des suppositoires ou des comprimés?
Vous	(**6** *Say, you prefer tablets.*)

écoutez bien!

Première partie

La gym

Listen to the keep-fit instructor, and number the instructions as you hear them. The first one has been done for you.

_____ Shut your eyes!

_____ Bend your knees!

1 Sit down!

_____ Stand up!

_____ Lie down on your back and …

_____ Touch your feet!

_____ Breathe deeply!

_____ Rest for a while!

_____ Lift your right leg, then the left one!

_____ Turn your head to the right, then to the left!

Deuxième partie

À la pharmacie

Listen to several people telling the pharmacist what's troubling them. She will tell them what to do or take. Keep a record of the morning's business. The first item has already been entered.

	Problems	Cures
1	Car sickness	Pills
2		
3		
4		
5		
6		
7		
8		

lecture

Would you like to win a new car? Try entering the competition for the Petita-Turbo.

GAGNEZ UNE PETITA!

▶ Elle a seulement 4,20 mètres de long!
▶ Elle est compacte et économique!
▶ Elle est à vous … si vous choisissez les bonnes réponses!
▶ C'est très facile!

Lisez le petit Code de la Route ci-dessous, et faites une liste des cinq règles qui sont, à votre avis, les plus importantes.

PETIT CODE DE LA ROUTE

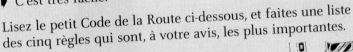

a En France, tenez votre droite.

b Avant de tourner, signalez.

c Regardez souvent dans votre rétroviseur.

d Quand vous arrivez à un carrefour, ralentissez.

e Respectez la limite de vitesse.

f Quand vous roulez la nuit, allumez vos phares.

g Ne stationnez pas sur les passages pour piétons.

h Si vous conduisez, ne buvez pas d'alcool.

i Ayez toujours de bons pneus. Vérifiez-les souvent.

j Sachez rester courtois. Gardez le sourire. Soyez toujours prudent.

1	2	3	4	5

Je voudrais gagner une Petita parce que

....
....
....
....
....
....
....
....
....

Et … dites en quelques mots pourquoi vous voulez gagner une Petita.

Envoyer votre réponse avant le 31 octobre à:

CONCOURS PETITA
Boîte Postale 1981 – Paris.

Vingt et unième unité

Vingt et unième unité

'blind date' à la française

Jacques Mistrel présente une émission de radio très populaire qui s'appelle *Rendez-vous*. Les auditeurs qui cherchent l'homme ou la femme de leur rêve remplissent un questionnaire et l'envoient à Jacques Mistrel qui téléphone aux candidats quand il a trouvé leur partenaire idéal.

Sylviane	Allô! Sylviane Fabien!
Jacques	Allô! Jacques Mistrel à l'appareil.
Sylviane	Jacques Mistrel, de l'émission *Rendez-vous*?
Jacques	C'est ça.
Sylviane	Ce n'est pas possible!
Jacques	Tout est possible avec *Rendez-vous*! Je crois que j'ai trouvé l'homme de vos rêves, Sylviane. Il s'appelle Gérard et ...
Sylviane	Comment est-il? Il est au téléphone?
Jacques	Oui, il vous écoute. Alors, pouvez-vous vous décrire physiquement?
Sylviane	Euh ... oui. Je suis plutôt petite, pas grosse mais un peu ronde ... j'ai les cheveux blonds ...
Jacques	Longs ou courts?
Sylviane	Mi-longs et bouclés. J'ai les yeux verts et j'ai des taches de rousseur sur le nez!
Jacques	Bien, ne quittez pas, Sylviane! ... Allô, Gérard, vous avez entendu?
Gérard	Oui. C'est formidable, moi je préfère les blondes!
Sylviane	Et moi, je préfère les bruns!
Gérard	Eh bien ... je suis brun ... j'ai les cheveux raides ...
Sylviane	Vous êtes grand?
Gérard	Je suis assez grand, je suis mince. J'ai les yeux noisette. J'ai une moustache, mais je n'ai pas de barbe.
Jacques	Merci Gérard. Alors, chers auditeurs, Sylviane et Gérard vont-ils prendre rendez-vous? Pour le savoir, restez à l'écoute, mais d'abord un spot de publicité!

MOTS ET EXPRESSIONS UTILES

un rendez-vous	*an appointment, date*	un peu ronde	*a little plump*
auditeur (-trice)	*listener*	cheveux courts/bouclés/raides	*short/curly/straight hair*
allô!	*hello! (on the telephone)*	des taches de rousseur	*freckles*
à l'appareil	*speaking (on the telephone)*	ne quittez pas	*hold the line*
Comment est-il?	*What is he like?*	assez grand	*fairly tall*
Pouvez-vous vous décrire?	*Can you describe yourself?*	noisette	*hazel*
plutôt petite	*rather short*		

avez-vous compris?

Regardez les notes du présentateur sur différents candidats de *Rendez-vous*. Quelles descriptions correspondent à Gérard et Sylviane?

1 Les cheveux bruns, raides, les yeux gris, le nez long, de taille moyenne.

2 Grand, les cheveux frisés, une barbe, les yeux verts.

3 Mince, un petit nez, les cheveux mi-longs, noirs, les yeux bruns.

4 Les cheveux bruns, raides, les yeux noisette, une moustache, de taille moyenne, assez mince.

5 Ronde, mais pas grosse, des taches de rousseur, les cheveux courts, châtains, les yeux gris.

6 Ronde, plutôt petite, les cheveux blonds, bouclés, des taches de rousseur sur le nez, les yeux verts.

à vous!

Travaillez avec un/une partenaire. Vous allez rencontrer quelqu'un pour la première fois. Téléphonez-lui, et décrivez-vous! N'oubliez pas de décrire vos vêtements!

– Allô _____ . C'est _____ à l'appareil.

– Bonjour, _____ . Ah oui, nous avons rendez-vous dans deux heures. Pouvez-vous vous décrire?

– Eh bien, je suis _____ . J'ai _____ . J'ai _____ . Je porte _____ .

à vous!

Remplissez un questionnaire de *Rendez-vous*.

L'HOMME DE MES RÊVES

Il est	☐ grand ☐ petit ☐ de taille moyenne
Il a les cheveux	☐ bruns ☐ noirs ☐ blonds ☐ châtains ☐ roux ☐ raides ☐ bouclés ☐ frisés
Il porte	☐ une barbe ☐ une moustache ☐ une barbe et une moustache ☐ Il n'a ni barbe ni moustache
Il a les yeux	☐ bleus ☐ verts ☐ bruns ☐ gris ☐ noirs ☐ noisette
Il me dit souvent	☐ "je t'adore, chérie" ☐ "tu as raison, mon amour" ☐ "je ne peux pas vivre sans toi" ☐ "mon petit chou"

Il est sportif ☐ Il aime la musique ☐ Il aime manger au restaurant ☐

LA FEMME DE MES RÊVES

Elle est	☐ grande ☐ petite ☐ assez grande ☐ mince ☐ ronde
Elle a les cheveux	☐ bruns ☐ noirs ☐ châtains ☐ blonds ☐ roux ☐ courts ☐ mi-longs ☐ longs
Elle a	☐ une taille de guêpe ☐ un cou de cygne ☐ un profil de médaille ☐ des yeux de biche
Elle a	☐ des taches de rousseur
Elle me dit souvent	☐ "protège-moi, chéri" ☐ "embrasse-moi" ☐ "tu es l'homme de ma vie" ☐ "veux-tu une tasse de thé?"
Elle aime danser	☐
Elle aime sortir	☐
Elle fait bien la cuisine	☐

projets de vacances

Sylviane et Gérard s'entendent bien, et ils sortent ensemble depuis quelque temps. Ils voudraient passer leurs vacances ensemble, mais malheureusement ils n'ont pas beaucoup d'argent.

Gérard   Alors, nous ne pouvons pas aller à l'étranger?

Sylviane   Non, ça coûte trop cher. Nous devons rester en France.

Gérard   Je voudrais aller dans différentes régions pour visiter des châteaux et des musées.

Sylviane   Moi, je préfère aller au bord de la mer. Je veux aller dans le Midi!

Gérard   Alors on ne peut pas partir ensemble!

Sylviane   Si on doit faire le tour des monuments historiques, non!

Gérard   Je ne veux pas aller dans le Midi, il y a beaucoup trop de monde.

Sylviane   Tu peux aller où tu veux. Mais moi, je dois aller où il y a du soleil.

MOTS ET EXPRESSIONS UTILES

pouvoir	*to be able to/can*
vouloir	*to want to/to wish to*
devoir	*to have to/must*
s'inquiéter	*to be worried*
ne t'inquiète pas	*don't worry*

projets de vacances (suite)

Sylviane va dans une agence de voyages.

Employé   Bonjour, mademoiselle, vous désirez?

Sylviane   Bonjour, monsieur. Je veux passer mes vacances dans le Midi, mais je ne sais pas où exactement.

Employé   Vous voulez descendre à l'hôtel?

Sylviane   Ah non, c'est trop cher!

Employé   D'accord! Alors, vous pouvez trouver une chambre d'hôte ou même un camping.

Sylviane   Un camping près de la plage, quelle bonne idée! Mais je n'ai pas de tente. Est-ce qu'on peut en louer une sur place?

Employé   Bien sûr, mademoiselle, mais il faut réserver.

Sylviane   Est-ce que je peux avoir une liste des terrains de camping de la région?

Employé   Mais certainement, mademoiselle, voilà! Je vous conseille *Le Beau Rivage* près de Nice.

Sylviane   Vous le connaissez bien?

Employé   Bien sûr, j'y vais tous les ans!

MOTS ET EXPRESSIONS UTILES

descendre à l'hôtel	*to stay at a hotel*
une chambre d'hôte	*bed and breakfast*
sur place	*when you're there*
il faut	*it is necessary*
d'accord	*OK, fine*

avez-vous compris?

Say which of the following statements refer to Gérard, and which to Sylviane.

1 Doit aller où il y a du soleil.

2 Préfère visiter différentes régions.

3 Veut faire du camping.

4 Ne peut pas descendre à l'hôtel.

5 Ne veut pas aller dans le Midi.

6 Peut louer une tente sur place.

7 Veut visiter des châteaux et des musées.

8 Ne veut pas faire le tour des monuments historiques.

à vous!

Travaillez avec un/une partenaire. You have a list of questions for the person in the tourist office. Ask if you can/one can: (**Est-ce que je peux/Est-ce qu'on peut …?**)

1 hire a car

2 reserve a hotel room

3 have a map of the town

4 have a map of the region

5 telephone the station

6 visit a castle or museum

7 play golf or tennis in the area

8 swim

9 go for walks

10 have a list of camp sites

Add some ideas of your own.

Your partner decides which is available and answers accordingly! Use some of the following expressions in your answers.

> Non, c'est fermé.
> Bien sûr, voilà!
> Oui, c'est possible.
> Mais certainement.
> Il y a …
> Je suis désolé(e), il n'y a pas de …
> Je n'ai plus de …

Now change parts.

les projets de Mme Brède

Madame Brède a encore rendez-vous chez le docteur.

Mme Brède	Docteur, il faut m'aider!
Le médecin	Qu'est-ce qui ne va pas cette fois?
Mme Brède	Je dois absolument maigrir!
Le médecin	Je suis tout à fait d'accord.
Mme Brède	Je dois maigrir pour les vacances; je viens d'acheter un maillot de bain deux pièces.

Le médecin	Hmm … Rien de plus simple, vous devez faire un régime très sévère. Pas d'alcool, pas de gras, pas de gâteaux …
Mme Brède	Mais docteur, je ne peux pas!
Le médecin	Comment ça, vous ne pouvez pas?
Mme Brède	Je dois manger des gâteaux, docteur.
Le médecin	Personne n'est obligé de manger des gâteaux!
Mme Brède	Mais docteur, vous savez bien que mon mari est boulanger-pâtissier!
Le médecin	Je suis désolé, madame, il faut choisir; les vacances ou les gâteaux. Personnellement, je vous conseille les vacances!

MOTS ET EXPRESSIONS UTILES

Je dois maigrir.	*I must lose weight.*
je suis d'accord	*I agree*
être obligé de	*to have to*
Vous savez bien que …	*You do know that …*
il faut	*you must/it is necessary to*
conseiller	*to advise, recommend*

avez-vous compris?

Répondez en français.

1 Pourquoi Madame Brède veut-elle maigrir?

2 Qu'est-ce qu'elle vient d'acheter?

3 Que doit-elle faire pour maigrir?

4 Pourquoi mange-t-elle beaucoup de gâteaux?

5 Qu'est-ce que le médecin lui conseille de choisir?

à vous!

Trouvez les bonnes solutions.

1 J'ai beaucoup grossi.

2 Je veux apprendre le français.

3 J'ai perdu mon portefeuille.

4 Je suis fatigué(e).

5 J'adore nager.

6 Je suis malade.

7 J'ai mal aux dents.

8 Mes cheveux sont trop longs.

a Il faut aller chez le médecin.

b Vous devez vous reposer.

c Vous devez aller chez le coiffeur.

d Il faut faire un régime.

e Vous devez aller chez le dentiste.

f Vous devez faire les devoirs régulièrement.

g Il faut aller à la piscine.

h Vous devez aller aux Objets Trouvés.

retour de vacances

Madame Ragot rencontre Madame Cancan dans la rue.

Mme Ragot	Tiens, bonjour, Madame Cancan. Dites donc, vous avez bonne mine!
Mme Cancan	Oh ben, oui, je reviens de vacances. Je suis allée à Florence. Vous connaissez?
Mme Ragot	Non, je ne connais pas du tout l'Italie.
Mme Cancan	Oh, quel dommage! C'est splendide! C'était ma première visite, mais je veux y retourner.
Mme Ragot	Vous connaissez les Barban?

Mme Cancan	Euh ... vos voisins du troisième?
Mme Ragot	C'est ça. Eh bien, ils vont en Italie tous les ans. Ils m'envoient toujours une carte postale.
Mme Cancan	Ils vont toujours au même endroit?
Mme Ragot	Oh, non. Ils connaissent toutes les régions. J'ai des cartes postales de Milan, de Rome, de Venise, et même de Sicile.
Mme Cancan	Savez-vous s'ils parlent italien?
Mme Ragot	Je ne sais pas s'ils le parlent couramment, mais ils se débrouillent. Je sais qu'ils peuvent demander leur chemin, qu'ils n'ont pas de difficultés au restaurant ...
Mme Cancan	Tout le monde peut commander des spaghetti ou une pizza!
Mme Ragot	Oh, à propos, la supérette ferme à quelle heure?
Mme Cancan	Je sais que la boulangerie ferme à une heure.
Mme Ragot	Vous savez quelle heure il est?
Mme Cancan	Il est une heure moins cinq.
Mme Ragot	Mon Dieu, je vous quitte. Je n'ai rien à manger. À bientôt!

MOTS ET EXPRESSIONS UTILES

Vous avez bonne mine	*You look well.*	demander leur chemin	*to ask their way*
connaître	*to know* (a person or place)	commander	*to order*
savoir	*to know* (a fact, a skill), *to know how*	une supérette	*a small supermarket*
C'était ...	*It was ...*	au même endroit	*at the same place*
envoyer	*to send*	À bientôt!	*See you soon!*
couramment	*fluently*		

avez-vous compris?

Cochez les bonnes réponses.

1 Madame Cancan est allée en Italie / va aller à Florence.

2 Elle peut / veut y retourner.

3 Les Barban sont les amis / voisins de Madame Ragot.

4 Ils habitent au premier / troisième étage.

5 Ils vont en Italie régulièrement / de temps en temps.

6 Ils parlent un peu / ne parlent pas du tout l'italien.

7 Madame Ragot veut aller à la boulangerie / supérette.

8 La boulangerie ferme à une heure / cinq heures.

dernières nouvelles

Anne et Michelle parlent de leur amie Chantal.

Anne	Bonjour Michelle, ça va?
Michelle	Très bien, et toi?
Anne	Très bien, merci. Dis donc, tu as des nouvelles de Chantal, toi?
Michelle	Oui, tu sais qu'elle va à un cours du soir?
Anne	Ah bon?
Michelle	Oui, pour apprendre l'anglais. Si tu ne sais pas ça, alors tu ne connais pas Laurent!
Anne	Laurent?
Michelle	Oui, tu ne sais pas que Chantal a un petit ami maintenant?
Anne	Il est sympa?
Michelle	Oui, mais je ne le connais pas très bien.
Anne	Qu'est-ce qu'il fait?
Michelle	Je sais seulement qu'il travaille dans une banque à Rouen.
Anne	Elle sort avec lui depuis longtemps?
Michelle	Depuis environ trois mois, depuis qu'elle apprend l'anglais. Et je sais qu'ils veulent passer les vacances ensemble!
Anne	Oh, oh! Où ça, en Angleterre?
Michelle	Non, pas cette année, ils ne parlent pas encore assez bien. Ils veulent aller dans une région de France qu'ils ne connaissent pas, mais ils ne savent pas encore où!

avez-vous compris?

What information does Michelle give Anne about Chantal?

à vous!

Travaillez avec un/une partenaire. Take it in turns to ask your partner if he/she knows the following. Use **vous savez** or **vous connaissez** as appropriate. Try to give some answers as well.

1	la France?	**7**	New York?
2	quelle heure il est?	**8**	la cathédrale de Chartres?
3	s'il va faire beau dimanche?	**9**	comment on fait les crêpes?
4	le professeur d'italien?	**10**	des Français?
5	comment s'appelle le professeur?	**11**	jouer au bridge?
6	à quelle heure le cours finit?	**12**	pourquoi le français est difficile?

UN PEU DE GRAMMAIRE

VOULOIR ☝ *(to wish/to want to)*

Je veux/vous voulez aller au restaurant.	*I want/you want to go to the restaurant.*
Je ne veux pas/vous ne voulez pas aller au cinéma.	*I don't want/you don't want to go to the cinema.*

POUVOIR ☝ *(to be able/can)*

Je peux/vous pouvez sortir.	*I can/you can go out.*
Je ne peux pas/vous ne pouvez pas y aller.	*I can't/you can't go there.*

DEVOIR ☝ *(to have to/must)*

Je dois/vous devez faire un régime	*I must/you must go on a diet.*
Je ne dois pas/vous ne devez pas grossir.	*I mustn't/you mustn't put on weight.*

SAVOIR ☝ *(to know a skill or a fact/to know how to)*

Je sais/vous savez nager.	*I/you can swim.* (lit. I/you know how to swim.)
Je ne sais pas/vous ne savez pas quelle heure il est.	*I don't know/you don't know what time it is.*

CONNAÎTRE 💡 (*to know* a person or place)

Je connais/vous connaissez Paris	*I know/you know Paris.*
Je ne connais pas/vous ne connaissez pas la Martinique.	*I don't know/you don't know Martinique.*

IL FAUT   (*you must/it is necessary/one needs*)

+ **infinitive**

Il faut faire les devoirs.	*You must do your homework.*

+ **noun**

Il faut de l'argent.	*You need money.*

▶ **Grammaire** 23(a), 24, 25

EXERCICES

A   Add the correct form of **vouloir**.

1 Je _____ aller en vacances à la Martinique.

2 Nous faisons un régime parce que nous _____ maigrir.

3 Elle achète des pommes parce qu'elle _____ faire une tarte.

4 Vous allez à la banque parce que vous _____ changer de l'argent.

5 Tu _____ acheter une voiture?

6 Pourquoi est-ce qu'ils ne _____ pas travailler?

B   Add the correct form of **devoir** or **pouvoir**.

1 Il pleut. Vous _____ prendre votre parapluie.

2 Elle a beaucoup d'argent. Elle _____ acheter beaucoup de robes.

3 Il n'y a plus de vin. Vous _____ boire de l'eau.

4 Je n'ai plus d'argent. Je _____ travailler.

5 La voiture est en panne. Nous _____ aller à pied.

6 Vous avez la radio. Vous _____ écouter de la musique.

C   Ask if the following things are allowed or possible. Use **Est-ce qu'on peut …?**

D   Two students in Laurent and Chantal's English class are chatting about holidays. Help them by giving the correct form of **savoir** or **connaître**.

Bruno   Je pense aller en Angleterre pour les vacances.

Claire   Moi, je **1** _____ bien Londres. J'ai une tante qui habite là-bas. Et vous, vous **2** _____ des Anglais?

Bruno   Oui, j'ai des amis près de Cambridge. Vous **3** _____ ?

Claire   Non, je ne **4** _____ pas Cambridge, mais je suis allée à Oxford.

Bruno   Je voudrais visiter une autre région, mais je ne **5** _____ pas où aller.

Claire   Vous **6** _____, il y a aussi l'Écosse, le Pays de Galles et l'Irlande!

E   Finish the conversation between Laure and Alain by putting the sentences below in the correct order.

Laure   Allô!

Alain   Allô. c'est Alain à l'appareil!

1   Tu es libre samedi?

2   Pas ce soir, j'ai mon cours d'anglais.

3   Non, mais je suis libre dimanche.

4   Demain soir, alors?

5   Ah, salut Alain. Ça va?

6   Demain, je vais au restaurant avec des amis.

7   Moi, je ne peux pas dimanche.

8   Ça va bien, merci. Tu veux aller au cinéma ce soir?

9   Oh, quel dommage!

F Complete these sentences by using the correct form of **pouvoir**, **savoir** or **vouloir**. All the sentences should be negative.

1 jouer au tennis
Elle ne sait pas jouer au tennis.

2 voler
L'autruche _____ .

3 nager
Il _____ .

4 mordre
Le chien _____ .

5 manger
Le bébé _____ .

6 danser
Il _____ .

7 avancer
L'âne _____ .

8 parler
Ils _____ .

écoutez bien!

Première partie

You are to meet a French woman at the station. You have received the following message from her. As some important words are missing, you give her a ring. Listen to what she says and complete the message.

Je vais arriver à la gare à **1** _____ heures. Je suis **2** _____ et mince. J'ai **3** _____ ans. Je suis **4** _____. J'ai les cheveux **5** _____ et **6** _____. J'ai **7** _____ bleus et je porte **8** _____. Pour voyager, je vais porter **9** _____ noir et **10** _____ rouge. J'ai **11** _____ Vuitton et une énorme **12**_____. J'espère que vous allez être au **13** _____!

Deuxième partie

Listen to several people saying what they want. First, find out who wants what.

Who	What
1 an 18-year-old son	**a** a bicycle
2 Madame Boussac	**b** a flat
3 a husband	**c** some perfume
4 a wife	**d** a colour TV
5 Claudine	**e** to go skiing
6 the children	**f** a sports car
7 Philippe	**g** a box of chocolates
8 the parents	**h** some CDs

Now listen again and see if you can understand some details, for instance the reason why a person wants a particular thing.

Troisième partie

Find the excuses given for not doing various things.

Things to do	Excuses
1 wash the car	**a** illness
2 buy a bottle of champagne	**b** no time

3 buy the paper   **c** homework

4 telephone Mrs Berger's secretary   **d** no money

5 go to EuroDisney   **e** shut

6 go to the bank   **f** too expensive

lecture

SPÉCIAL JEU Des tests pour vous!

Connaissez-vous le savoir-vivre?

		VRAI	FAUX
a	En France, il faut rouler à droite	☐	☐
b	Il faut dire "tu" à quelqu'un que l'on voit pour la première fois.	☐	☐
c	Il faut mettre le vin blanc au frigidaire.	☐	☐
d	La nuit il faut allumer ses phares de voiture.	☐	☐
e	Pour être un bon sportif, il faut fumer beaucoup.	☐	☐
f	Il faut traverser la Manche pour aller de France en Angleterre.	☐	☐
g	Il ne faut pas mettre de glaçons dans le vin rouge.	☐	☐
h	Pour maigrir, il faut faire un régime.	☐	☐
i	Il faut être un bon alpiniste pour faire l'ascension du Mont-Blanc.	☐	☐
j	Au volant, il faut insulter les autres automobilistes.	☐	☐
k	Il faut s'habiller chaudement pour aller au pôle Nord.	☐	☐
l	Il faut travailler dur pour apprendre le français.	☐	☐

||||➡

RÉPONSES

Connaissez-vous le savoir vivre?

Si vous répondez sans hésiter, vous savez quoi faire!

Voici les bonnes réponses:

a V **b** F **c** V **d** V **e** F **f** V **g** V **h** V **i** V **j** F **k** V **l** V

Êtes-vous vraiment sportif?

Douze questions, plus ou moins indiscrètes, dont les réponses vont vous aider à découvrir toute la vérité!
Répondez simplement par OUI or par NON

■ Savez-vous nager?

oui ☐ non ☐

■ Pensez-vous pouvoir faire la
traversée de la
Manche à la nage?

oui ☐ non ☐

■ Savez-vous faire du vélo?

oui ☐ non ☐

■ Pouvez-vous citer au moins trois
vainqueurs du Tour de France?

oui ☐ non ☐

■ Pouvez-vous faire une marche
de dix kilomètres sans vous
plaindre?

oui ☐ non ☐

■ Pouvez-vous rester sur un cheval
au galop plus de deux minutes?

oui ☐ non ☐

■ Connaissez-vous les règles du cricket?

oui ☐ non ☐

■ Pouvez-vous expliquer les règles du
cricket à un étranger?

oui ☐ non ☐

■ Avez-vous déjà fait du parapente?

oui ☐ non ☐

■ Savez-vous ce que
sont les 24 Heures
du Mans?

oui ☐ non ☐

■ Pouvez-vous faire une descente en ski
en restant debout?

oui ☐ non ☐

■ Savez-vous par quel bout tenir un club
de golf?

oui ☐ non ☐

■ Avez-vous déjà emprunté le skateboard de vos enfants?

oui ☐ non ☐

■ Pouvez-vous faire le saut périlleux sur
un trampoline?

oui ☐ non ☐

RÉSULTATS

Êtes-vous vraiment sportif?

Si vous avez . . .

Huit réponses positives ou plus, vous êtes sportif, bravo!

De trois à sept réponses positives, vous vous intéressez au sport, mais d'assez loin.

Moins de trois réponses positives, il est grand temps de faire un effort!

1 Name the various parts of the face.

   a Les _____ .

   b Les _____ .

   c Un _____ .

   d Une _____ .

   e Le _____ .

   f La _____ .

   g Les _____ .

   h Le _____ .

   i La _____ .

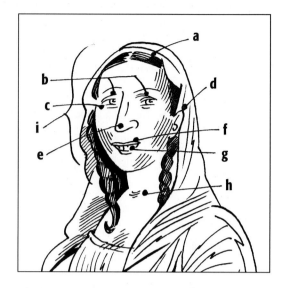

2 Name the various parts of the body.

   a Une _____ .

   b Un _____ .

   c Une _____ .

   d Le _____ .

   e Le _____ .

   f La _____ .

   g Les _____ .

   h Une _____ .

   i Un _____ .

3 Change the following to produce sensible orders.

   a Touchez vos mains mais pliez les genoux.

   b Couchez-vous sur la tête.

   c Mettez les pieds sur les hanches.

   d Fermez les oreilles.

   e Tournez la gorge à droite puis à gauche.

   f N'oubliez pas de respirer par le cou.

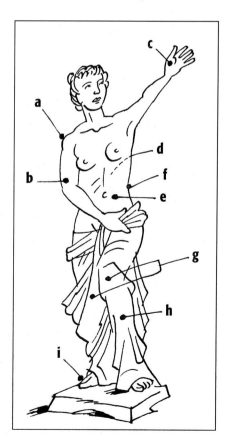

4 Fill in the correct part of the verb to help Julie say what she did at the weekend.

Samedi après-midi, **a** j'_____ _____ (faire) du jardinage. Avant de dîner
b j'_____ _____ (écouter) des CD et **c** j'_____ _____ (lire) le journal. Puis
d j'_____ _____ (regarder) la télévision. Dimanche matin **e** je _____
_____ (aller) chez un ami; le midi, **f** j'_____ _____ (manger) au restaurant.

5 Match the problems with the advice.

a Je suis très fatigué(e).

b J'ai mal à la tête.

c J'ai grossi.

d Le frigo est vide.

e J'ai soif.

f J'ai mal aux dents.

g J'ai attrapé un coup de soleil.

h J'ai le mal de l'air.

(i) Buvez un verre d'eau.

(ii) Allez au supermarché.

(iii) Ne prenez pas l'avion.

(iv) Mettez cette crème.

(v) Prenez de l'aspirine.

(vi) Reposez-vous.

(vii) Faites un régime.

(viii) Allez chez le dentiste.

6 Put in the correct form of **vouloir**, **devoir** or **pouvoir**.

a Vous _____ avoir un passeport avant de voyager à l'étranger.

b Je ne _____ pas visiter Paris; je n'aime pas les grandes villes.

c Vous _____ rester au lit; vous êtes malade.

d Je _____ acheter du pain; il n'y en a plus.

e Est-ce que je _____ avoir des renseignements sur Rouen?

f _____-vous sortir avec moi ce soir?

7 Put in the correct form of **savoir** or **connaître**.

a Depuis quand _____-vous mon père?

b _____-vous pourquoi ils sont en retard?

c Je _____ bien Paris car mes parents y habitent.

d Je ne _____ pas jouer de la clarinette.

8 Pair the sentences to make meaningful statements.

a Si vous voulez aller à l'étranger,

b Si vos cheveux sont trop longs,

c Pour voyager en Concorde,

d Pour faire du ski,

e Si on aime le soleil,

f Pour être en forme,

(i) il faut aller dans le sud.

(ii) il faut faire du sport.

(iii) il faut un passeport.

(iv) il faut être riche.

(v) il faut aller chez le coiffeur.

(vi) il faut aller à la montagne.

Alphabet and pronunciation

This is intended as a simple guide, but we must point out that the best way to get acquainted with French pronunciation is to listen to the recordings as often as possible, and to repeat words or sentences aloud.

Like the English alphabet, the French alphabet consists of 26 letters. You can listen to the alphabet on the cassette before the **écoutez bien!** of Unit 4.

Here is an approximate guide to the names of the letters in French.

A [ah]	**H** [ash]	**O** [oh]	**V** [vay]
B [bay]	**I** [ee]	**P** [pay]	**W** [dooble vay]
C [say]	**J** [jee]	**Q** [kew]	**X** [eeks]
D [day]	**K** [car]	**R** [air]	**Y** [ee grek]
E [er]	**L** [ell]	**S** [ess]	**Z** [zed]
F [eff]	**M** [emm]	**T** [tay]	
G [jay]	**N** [enn]	**U***	

* Say 'new', then say it again without the ny in front of it.

The examples given are taken from the early units.

Vowels

The sounds of most French vowels exist in English, but they are often represented by different letters:

a generally sounds like 'a' in 'bat': **Madame, Paris**, and occasionally like the longer 'a' in 'car': **Grasse, chocolat**.

e sounds like 'ea' in 'earth': **je, ne, le, de, Grenoble**. Note that it is not pronounced at the end of a word: **Marie, Dieppe, île**. It is often not sounded in the middle of a word: **au r(e)voir, mad(e)moiselle, om(e)lette**.

é sounds like 'ei' in 'eight': **étudiant, marié, écossais, café, cinéma**.

è, ê sounds like 'a' in 'care': **infirmière, collège, bière, vous êtes**.

i sounds like 'ee' in 'feet': **Dominique, Nice**.

o sounds like 'o' in 'odd': **comment, corse, Limoges, Bordeaux**.

ô and o at the end of a word sound like 'o' in 'oval': **hôtel, Ajaccio**.

u* this sound does not exist in English and it is not easy to imitate. Prepare your lips as if you were going to whistle. Your tongue should be against your bottom front teeth. Then try to make the sound 'ee': **bienvenue, Lucien, tu, Luçon, bureau**.

Some sounds are the result of a combination of two or three vowels:

au, eau sound like the 'o' in 'oval': **aussi, bateau, château, Guillaume**.

ou sounds like 'oo' in 'school': **bonjour, vous, nous, ouvrière, couple, Toulouse, Tours**.

ai sounds like 'ay' in 'say': **Calais, je ne sais pas, célibataire, secrétaire, écossais**.

oi sounds like 'wa' in 'wag': **mademoiselle, moi, François, gallois, au revoir**.

eu often sounds like the English 'u' in 'purr': **professeur, pêcheur, coiffeur**.

There are also some nasal vowel sounds which are the combination of a vowel and an 'm' or an 'n'. Again, there is no real equivalent to these in English:

an/en/am/em	**France, allemand, Nantes, Henri, comment, Rouen, irlandais, anglais, vacances, dentiste.**
in/un/im/um	**infirmière, médecin, vin, un, parfum.**
ain/ein	**américain, peintre.**
on/om	**non, blonde, bonjour, pardon, ils sont, Lyon, nom, pompier.**

The combinations **er** and **ez** at the end of a word normally sound like **é**: **appellez, écoutez, travaillez, métier, cuisinier, ouvrier.**

Consonants

Most consonants sound the same as in English, although they are pronounced with a sharper sound. Here are the main differences:

ç	sound like 's' in 'some': **français, Luçon, François, garçon.**
ch	sound like 'sh' in 'shop': **Cherbourg, La Rochelle, chinois, pêcheur, architecte.**
gn	sounds like 'n' in 'onion': **bourguignon, espagnol, cognac, Bretagne.**
h	is usually not pronounced at all: **hôtel, hôpital, Henri, hollandais.**
j	sounds like 's' in 'treasure': **je, jumeaux, Jeanne, toujours, Dijon.**
l or **ll**	preceded by **ai**, **ei** and sometimes **i**, is sometimes pronounced with a 'y' sound as in the English 'you'. The **l** alters the **ai** sound to a pronunciation similar to the English 'eye': **ail, travail, famille, vieille, Marseille, fille.**
qu	sounds like 'k': **qui, quel, enquêteuse, banque, Quimper.**
r	comes from the throat: **merci, touriste, frère, actrice, Paris, Strasbourg.**
th	sounds like an ordinary 't': **thé, théâtre, Édith.**
t	in 'tion' is pronounced as a soft 's': **nationalité, situation, réceptionniste.**
y	as in English, **y** sometimes behaves like the vowel **i**: **Sylvie, Vichy**, and sometimes like the English consonant sound in 'you': **payer, essayer.**

Unlike English, a consonant at the end of a word is generally not sounded in French:
Je sui**s**, Pari**s**, Strasbour**g**, étudian**t**, toujour**s**, Norman**d**, commen**t**, Anglai**s**, Limoge**s**, Bordeau**x**.

Adding an **s** to mark the plural of a word is basically a spelling change:
suisse→suisse**s**.

However if these consonants are followed by an **e**, in the case of a feminine noun for instance, they are fully sounded. Compare:
Il est norman**d** *and* Elle est norman**de**.
Il est anglai**s** *and* Elle est anglai**se**.
Sylvie Clémen**t** *but* Claire Oua**te**.

There are some exceptions however, and **f** and **l** are generally sounded:
veu**f**, Pia**f**, espagno**l**, généra**l**.

A final **r** is often sounded:
ingénieu**r**, pêcheu**r**, professeu**r**, chanteu**r**, danseu**r**.

Liaison

The final consonant of a word is often sounded if the word following it starts with a **vowel** or an **h mute**, and its sound is carried over. This is particularly common with **s** and **t**:
vous êtes, elles est anglaise, il est espagnol, ils sont italiens, dans une usine.

Note that **s** and **x** are pronounced like **z**, **d** like **t**, and **f** like **v**.
Note that **et** (*and*) is never run on. If it were, it would be confused with **est** (*is*).
Un touriste **et** un guide (*A tourist and a guide*); Un touriste **est** un guide. (*A tourist is a guide.*)

Elision

The final **e** of some words is elided in French when it precedes another word starting with a **vowel** or an **h mute**. In that case, the last **e** of the first word is dropped and replaced by an apostrophe:
Je suis **d'**Ajaccio. (instead of **de**); Je **m'**appelle Guillaume. (instead of **me**); **C'**est le guide. (instead of **ce**); Est-ce **qu'**il est italien? (instead of **que**).

Note that the **a** of the definite article **la** and the **i** of **si** can also be elided:
l'église (*the church*); **s'**il pleut (*if it rains*).

Accents and tréma

See the letter **e** (Alphabet). A circumflex accent makes the vowel longer. It often replaces an old **s** which has been retained in English:
h**ô**pital (*hospital*); **î**le (*island*), etc.

An accent on a vowel other than **e** indicates a difference in meaning:
à Paris (*in Paris*), il **a** (*he has*); s**u**r (*on*), s**û**r (*sure*); o**ù** (*where*), o**u** (*or*); l**a** (*the*), l**à** (*there*).

Accents can be omitted on capital letters.

When two vowels come together, and one has a tréma above it (¨), each vowel is pronounced separately:
N**oë**l.

Stress

In French the last, or last but one, syllable of a word is slightly stressed:
Paris, mademoi**sel**le.

However French words do not have a strongly stressed syllable as in English:
***pho**tograph*, *pho**to**graphy*.
Generally speaking, they are pronounced more evenly.

In conclusion, there are some exceptions to the general rules given above. It is important therefore to listen to your teacher, and to the recordings, and to keep practising!

Basic grammatical terms used in this section.

Noun

A noun is a word used to identify a person, a place or a thing.

Example: **man**, **cat**, **town**, **theatre**.

A proper noun is the game given to a particular person or place.

Example: **Guillaume**, **Paris**.

Article

There are two types of articles.

1 The definite article – in English, **the**.

Example: **the** dog.

2 The indefinite article – in English, **a** or **an.**

Example: **a** student, **an** animal.

Adjective

An adjective is a word giving more information about a noun.

Example: a **tall** man, a **ginger** cat, an **old** town, a **good** theatre.

Verb

A verb is a word expressing action, existence or occurrence.

Example: to **speak**, to **be**, to **seem**.

The form given in dictionaries is called the **infinitive**. When a verb is used in connection with a person or persons, it is said to be **conjugated**.

Example: he **reads**, I **see**.

The time (past, present, future) is the **tense**. The conjugation of some French verbs is irregular and must be learnt by heart. (See tables on pages 347–50.)

Adverb

An adverb is a word giving more information about a verb or an adjective.

Example: She drives **slowly**, they speak **quickly**, this is a **very** beautiful dress.

Preposition

A preposition is a word that connects one element of a sentence to another.

Example: he lives **in** Paris, the book is **on** the chair, a bag **of** sweets, they speak **to** the woman, they went **to** the theatre.

Subject and object of verbs

The subject is the person or thing doing the action.

The object is the person or thing to which the action is being done.

In **the woman is knitting a jumper**, **the woman** is the subject, and **a jumper** is the object.

In **three children are talking to the woman**, **three children** is the subject, and **the woman** is the object. In the first example, **a jumper** is called a **direct object** because there is no preposition linking it to the verb. **the woman** in the second example is called an **indirect object** because it is preceded by the prepositon **to**.

Pronoun

A pronoun is a short word used to replace a noun which has been mentioned before.

Example: – Do you know Paris?
   – Yes I went **there** last year.

The use of **there** avoids the repetition of **Paris**.

Example: – Do you like Mary?
   – I have met Mary only once but I don't like **her**.

The use of **her** avoids the repetition of **Mary**.

Example: – Do you like learning French?
   – Yes, but I find **it** difficult.

The use of **it** avoids the repetition of **French**.

There are different types of pronouns, depending on the part they play in a sentence.

1 Conjugation of verbs and subject pronouns

a   The subject pronouns are as follows

	Singular	**Plural**
1st person	je (*I*)	nous (*we*)
2nd person	tu (*you*)	vous (*you*)
3rd person	il (*he*)	ils (*they*)
	elle (*she*)	elles (*they*)

Example:	je suis (*I am*)	nous sommes (*we are*)
	tu es (*you are*)	vous êtes (*you are*)
	il est (*he is*)	ils sont (*they are*)
	elle est (*she is*)	elles sont (*they are*)

b   The conjugation of the verbs in French is generally more difficult than in English, because more changes can occur. **Être**, like *to be*, changes a lot with each person because it is an irregular verb. Irregular verbs must be learnt by heart because their conjugations do not follow a set pattern. (See tables given on pages 347–50.) However most French verbs belong to groups which behave according to a set pattern. (See page 347.)

c   **Tu** is used when addressing one person that one knows very well, such as a relative or close friend. It corresponds to the old English form *thou*. If in doubt when you meet French people, stick to the **vous** form until your friend suggests you use **tu**. However, use **tu** when talking to a child.

Vous can be used when addressing one person or more. It is the exact equivalent of the English form **you**.

Example: **Vous** êtes étudiant? (*Are **you** a student?*), **Vous** êtes étudiants? (*Are **you** students?*).

Ils is used when *they* refers to masculine plural or mixed.

Elles is only used when all elements are feminine. Whenever masculine and feminine elements are mixed, the masculine takes precedence.

Example: **Lucien et Josée** sont martiniquais. **Ils** sont de Fort-de-France.
Jeanne est de Luçon et **Sylvie** est de Grasse. **Elles** sont françaises.

d   **Ce/il**
It is always difficult to translate **it** when it is the subject of the verb *to be*.
When coming immediately before a noun or a pronoun, **it/he/she is** are translated by **c'est**.

Example: **C'est** un dictionnaire. (*It is a dictionary.*), **C'est** une pomme. (*It is an apple.*), **C'est** elle. (*It is her.*), **C'est** un ingénieur. (*He is an engineer.*), **C'est** une Française. (*She is a Frenchwoman.*)

Note that the two latter examples could also be expressed as follows:

Il est ingénieur; **Elle est** française.

Remember that the same is true of the plural: **Ce sont** des pommes. (*They are apples.*); **Ce sont** elles. (*It is them.*)

When it comes before an adjective and when it refers to a specific noun, **it/they** is translated by **il(s)/elle(s)** accordingly.

Example: Qu'est-ce qu'il y a dans cette valise? **Elle** est lourde! (*What is in this suitcase? It is heavy!*), Pourquoi portes-tu ce chapeau? **Il** est ridicule. (*Why are you wearing this hat? It is ridiculous.*), J'aime ces chaussures, **elles** sont très élégantes. (*I like these shoes, they are very elegant.*)

But, when it comes before an adjective and when it refers to no specific noun, **it** is translated by **ce**.

Example: **C'**est grand. (*It is big.*), **C'**est beau. (*It is beautiful.*), **C'**est cher. (*It is expensive.*)

Il is used only when the adjective is followed by a subordinate clause.

Example: **Il** est évident qu'elles ont peur. (*It is obvious that they are afraid.*)

Or when it is followed by an infinitive construction.

Example: **Il** est interdit de fumer. (*It is forbidden to smoke.*), **Il** est agréable de se promener. (*It is pleasant to have a walk.*)

Il is also used when talking of the weather.

Example: Quel temps fait-**il**? (*What is the weather like?*), **Il** fait beau (*It is fine.*), **Il** pleut. (*It is raining.*)

Or when speaking of the time.

Example: Quelle heure est-**il**?
(*What is the time?*), **Il** est trois heures. (*It is three o'clock.*).

2 The definite article (the)

a   In French all nouns are either masculine or feminine. Usually, nouns referring to male creatures are masculine and nouns referring to female creatures are feminine. There are a few exceptions such as **médecin** (*doctor*), and **écrivain** (*writer*) which are masculine even if the person is a woman. If you wish to make it clear, you must say **femme médecin**, etc. Feminine versions are gradually being used, e.g. **la professeur** (*female teacher*).

The definite article in French varies according to the gender and number of the noun.

The masculine is **le** as in **le** garçon (*the boy*), **le** livre (*the book*).

The feminine is **la** as in **la** fille (*the girl/daughter*), **la** livre (*the pound*). **Les** precedes all nouns in the plural.

Example: **les** garçons (*the boys*), **les** filles (*the girls*), **les** hommes (*the men*), **les** infirmières (*the nurses*).

b   Both masculine and feminine words in the singular starting either with a **vowel** or an **h mute** take **l'** (l + apostrophe).

Example: **l'**arbre (*the tree*), **l'**homme (*the man*), **l'**enfant (*the child*), **l'**infirmière (*the nurse*).

However nouns starting with an **h aspirate** do not follow this rule.

Example: **le** héros (*the hero*), but **l'**héroïne (*the heroine*), **la** haie (*the hedge*), **la** hache (*the axe*).

Another exception is the word **onze** (*eleven*) which is not preceded by **l'** either.

Example: **le** onze avril (*the eleventh of April*).

c   The definite article tends to be used more in French than in English.

Example: **la** vie et **la** mort (*life and death*), **l'**amour (*love*); J'adore **le** chocolat (*I love chocolate*).

3 The indefinite article (a/an)

The indefinite article also agrees in number and gender with the noun.
The masculine is **un** as in **un** chat (*a cat*), **un** magasin (*a shop*).
The feminine is **une** as in **une** maison (*a house*), **une** école (*a school*).
The plural, which is the equivalent of *some* is **des** as in **des** enfants (***some** children*), **des** maisons (***some** houses*).

Note:

a   **Un/une** are not used with **il est/elle est** to describe profession/nationality.

Example: Il est ingénieur *or* C'est **un** ingénieur (*He is an engineer*).

Elle est française (*She is French*) *or* C'est **une** Française (*She is French/a French woman*).

b   The same applies to the plural **des**.

Example: Ils sont espagnols (*They are Spanish*) *or* Ce sont **des** Espagnols (*They are Spanish/Spaniards*).

4   Negatives

a   To make a negative sentence in French, two negative words must be used, **ne** or **n'** and **pas**. These two negative words are usually placed on either side of the verb.

Example: Nous **ne** sommes **pas** étudiants. (*We are not students.*), Il **n'**est **pas** de Paris. (*He is not from Paris.*)

Other negative words can be used instead of **pas**.

Example: Elle **ne** parle **jamais**. (*She never speaks.*), Vous **ne** mangez **rien**. (*You eat nothing/You do not eat anything.*), Je **n'**aime **personne**. (*I like nobody/I do not like anybody.*)

Here are a few more common negative words you might come across.

Example: Cette route **ne** mène **nulle part**. (*This road leads nowhere/This road does not lead anywhere.*), il **n'**a **aucun** ami. (*He has no friend* – emphatic.), Il **n'**a **aucune** ambition. (*He has no ambition* – emphatic.), Il **ne** mange **guère**. (*He scarcely eats.*), Je **n'**ai **plus** d'argent. (*I have no money left/no more money.*)

Note:
Another way of saying **seulement** (*only*) is by using **ne ... que/qu'**.

Example: Il parle **seulement** le français/Il **ne** parle **que** le français. (*He only speaks French.*).

b   The place of **personne** varies according to its function in the sentence.

Example: Je **n'**aime **personne** (object). (*I like nobody.*), **Personne** (subject) **n'**aime cette femme. (*Nobody likes this woman.*).

The same is true of **rien**.

Example: Vous **ne** voyez **rien**. (*You do not see anything.*), **Rien ne** va plus. (*Nothing is going right any more.*).

Also note that **personne** means **nobody/not anyone**, but that **a person** is **une personne** whether the person in question is male or female.

c   When there is no verb in the sentence, **ne/n'** is not used.

Example: Pas moi! (*Not me!*), Jamais le samedi. (*Never on Saturdays.*).

When the verb is in the infinitive, both negative words come in front of the verb.

Example: **Ne pas** fumer. (*No smoking.*), Pour **ne pas** voir (*So as not to see*).

d   In a negative sentence, the indefinite article **un**, **une**, **des** is replaced by **de/d'** when it means **no/not any**.

Example: Ils n'ont pas **de** voiture. (*They haven't got a car.*); Elle ne porte pas **de** chapeau. (*She is not wearing a hat.*)

But:
Ils n'ont pas **une** voiture anglaise, ils ont une voiture française. (*They haven't got an English car, they have a French car.*), Elle ne porte pas **un** chapeau bleu, elle porte un chapeau noir. (*She is not wearing a blue hat, she is wearing a black hat.*)

5 Partitive articles

a The partitive article is used to express possession in French (as in the English **the cat of the chemist** instead of **the chemist's cat**).

de/d' precedes a name.

Example: Les enfants **de** Claire (*Claire's children*), la fiancée **d'**Yves (*Yves' fiancée*), la voiture **de** mademoiselle Chouan (*Miss Chouan's car*).

When **de** is combined with the definite article (i.e. **of the**) some changes occur:

de le → du

Example: **le pharmacien** → le chat **du** pharmacien (*the chemist's cat*)

de la

Example: **la** secrétaire → le mari **de la** secrétaire (*the secretary's husband*)

de l'

Example: **l'**ingénieur → l'auto **de l'**ingénieur (*the engineer's car*)

l'homme → le chien **de l'**homme (*the man's dog*)

de les → des

Example: **les** enfants → le lapin **des** enfants (*the children's rabbit*)

b The partitive article is also used to translate the English **some** and **any**, although they are often omitted in English. The above-mentioned rule is applied:
le vin → **du** vin (*some wine*)
la soupe → **de la** soupe (*some soup*)
l'argent → **de l'**argent (*some money*)
l'huile → **de l'**huile (*some oil*)
les frites → **des** frites (*some chips*)

In the negative, equivalent to the English **not any**, only **de/d'** is used.

Example: La boulangère **n'**a **plus de** pain. (*The baker has not any bread left.*), il **n'**y a **pas de** frites aujourd'hui. (*There are not any chips today.*), Il **n'**y a **plus d'**eau dans le vase. (*There is not any water left in the vase.*), Il **n'**a **pas d'**amis. (*He has not got any friends.*)

c Whenever the combination **of the** occurs, the rule of the partitive article must be followed. For instance with place words using the preposition **de**.

Example: Il habite en face **du** cinéma. (*He lives opposite the cinema.*), La station de métro est près **des** magasins. (*The underground station is near the shops.*)

d The partitive article is not used with expressions of quantity.

Example: des enfants (*children*) *but* **beaucoup d'**enfants (*a lot of children*), des pommes (*apples*) *but* **un kilo de** pommes (*a kilo of apples*), de la soupe (*soup*) *but* **une boîte de** soupe (*a tin of soup*), du chocolat (*chocolate*) *but* **une tablette de** chocolat (*a bar of chocolate*), de l'huile (*oil*) *but* **un litre d'**huile (*a litre of oil*).

Bien de (*a lot of*) is an exception and follows the rule of the partitive article.

Example: Vous avez **bien de la** chance. (*You are very lucky.*), Il a **bien des** problèmes. (*He has a lot of problems.*).

e The verb **jouer de** is used to talk about playing musical instruments.

Example: **jouer du** piano, **jouer de la** guitare, **jouer de** l'accordéon.

6 Preposition *à*

a When combined with the definite article **à** behaves very similarly to **de**.

à le → au

Example: **le** professeur → **au** professeur (*to the teacher*)

à la

Example: **la** radio → **à la** radio (*on the radio*)

à l'

Example: **l'**office du tourisme → **à l'**office du tourisme (*in/to the tourist office*)
　　　　 l'hôpital → **à l'**hôpital (*in/to hospital*)

à les → aux

Example: **les** étudiants → **aux** étudiants (*to the students*)

The preposition **à** translates a variety of English prepositions:

at as in   **at** the bus stop (à l'arrêt d'autobus)
to as in   **to** the cinema (au cinéma), **to** the bank (à la banque)
in as in   **in** London (à Londres), **in** Canada (au Canada), **in** the United States (aux États-Unis).

Note:
Most countries are feminine in French (la France, l'Angleterre, la Suisse, l'Espagne, l'Allemagne, etc.), in which case the English **in/to** is rendered by **en** in French (en France, en Angleterre, en Suisse, en Espagne, en Allemagne, etc.).

b The preposition **à** is also used to express what something is made with.

Example: **les** pommes → une tarte **aux** pommes (*an apple tart*)
　　　　 la fraise → un yaourt **à la** fraise (*a strawberry yogurt*)
　　　　 le vin → de la moutarde **au** vin blanc (*mustard with white wine*)
　　　　 l'ail → du saucisson **à l'**ail (*garlic sausage*)

c The verb **jouer à** is used to talk about playing games or playing with something.

Example: **jouer au tennis**, **jouer au ballon** (*to play with a ball*), **jouer aux cartes**.

7 Quel

Quel is an interrogative and exclamatory adjective. Therefore it agrees in gender and number with the noun it qualifies.

Example: **Quel** jour? (*Which/What day?*), **Quelle** année? (*Which/What year?*), **Quels** enfants? (*Which/What/Whose children?*), **Quelles** valises? (*Which/What/Whose suitcases?*), **Quel** dommage! (*What a pity!*), **Quelle** belle vue! (*What a beautiful view!*)

8 *-er* verbs

a The verbs with infinitive in **-er** constitute the largest group and most verbs within the group behave in the same way.

Let us take **chanter** (*to sing*) as an example.
chant- is called the stem.
-er is called the ending.

To conjugate an **-er** verb in the present indicative, take the stem and add to it the following endings:

je chant**e**	il chant**e**	nous chant**ons**	ils chant**ent**
tu chant**es**	elle chant**e**	vous chant**ez**	elles chant**ent**

Despite the different spellings, the verbs sound the same in all the persons, except for the **nous** and **vous** forms.

Note:
Aller (*to go*) is an irregular verb despite its **-er** ending.

b Verbs in **-cer** and **-ger** are slightly different in the **nous** form to allow the pronunciation to be consistent throughout the conjugation. Thus:

nous commen**ç**ons (*we start*), nous lan**ç**ons (*we throw*).
Without the **cedilla** it would be a **k** sound.

nous mang**e**ons (*we eat*), nous nag**e**ons (*we swim*).
Without the extra **e** the **g** would be pronounced as in **goat**.

c Verbs with two **e**s such as **acheter** (*to buy*), **jeter** (*to throw*), etc. either use a grave accent (**è**) or double the consonant, except in the **nous** and **vous** forms. Thus:

j'ach**è**te	je je**tt**e
tu ach**è**tes	tu je**tt**es
il ach**è**te	il je**tt**e
elle ach**è**te	elle je**tt**e
nous ach**e**tons	nous je**t**ons
vous ach**e**tez	vous je**t**ez
ils ach**è**tent	ils je**tt**ent
elles ach**è**tent	elles je**tt**ent

préférer (*to prefer*) is also slightly different and is conjugated as follows:

je préf**è**re	nous préf**é**rons
to préf**è**res	vous préf**é**rez
il préf**è**re	ils préf**è**rent
elle préf**è**re	elles préf**è**rent

d   Verbs ending in **-yer** such as **envoyer** (*to send*). Except with **nous** and **vous** forms, the **-y** is replaced by **-i**:

j'envo**i**e	nous envo**y**ons
tu envo**i**es	vous envo**y**ez
il envo**i**e	ils envo**i**ent
elle envo**i**e	elles envo**i**ent

There are three types of verbs ending in **-yer**: **-ayer**, **-oyer** and **-uyer**. Although verbs in **-ayer** (such as **essayer** *to try*) can be conjugated with the **-y** throughout, it is probably convenient for students to make the previous rule general and therefore always be on the safe side!

e   The present indicative translates two different English forms.

Example: Il **chante** (*He sings/He is singing.*), Il ne **chante** pas (*He doesn't sing/He isn't singing.*).

It is also used to translate the English emphatic form.

Example: He does sing, doesn't he? (*Il chante, n'est-ce pas?*).

9   Interrogative sentences

a   When speaking casually, the French tend not to make a proper interrogative sentence. They use the statement and simply change the intonation:

Example: **Vous êtes** de Paris? (*Are you from Paris?*), **Il a** des enfants? (*Has he got any children?*).

But there are two other ways of making questions.

b   The first one is by using **est-ce que/qu'** which allows one to keep the structure of the statement unchanged:

Example: **Est-ce que** vous êtes de Paris? **Est-ce qu'**il a des enfants?

c   The second method is called the **inversion** and it consists in placing the verb before the subject:

Example: **Êtes-vous** de Paris?

Some complications can occur:

 (i) When the verb ends with a vowel, in which case **-t-** must be inserted.

Example: A-**t**-il des enfants? (*Has he got any children?*), Étudie-**t**-elle le français? (*Is she studying French?*).

(ii) When a name or a noun is used, in which case the subject pronoun must be used as well.

Example: **Laurent** habite-t-**il** à Rouen? (*Does Laurent live in Rouen?*), **Le médecin** est-**il** marié? (*Is the doctor married?*), **Les enfants** ont-**ils** faim? (*Are the children hungry?*), Où **les cuisiniers** travaillent-**ils**? (*Where do the cooks work?*)

10 On

On can be used with two meanings in French.

a First it can be used in a very general sense.

Example: **On** boit du cidre en Normandie. (*One drinks cider in Normandy.*).

Note that this general meaning can also be translated in English by **you** or **they**.

b More familiarly, **on** can be used in French to mean **nous**.

Example: **On** regarde la télé et **on** joue au ping-pong. (*We watch the T.V. and play table tennis.*).

Note that the ending of the verb is the same as **il/elle** (*he/she*) even when **on** means **nous** (*we*).

11 Regular *-re* verbs

Regular **-re** verbs such as **vendre** (*to sell*), **perdre** (*to lose*), etc. behave as follows in the present tense:

je perd**s**	nous perd**ons**
tu perd**s**	vous perd**ez**
il perd	ils perd**ent**
elle perd	elles perd**ent**

Quite a lot of **-re** verbs are irregular, in particular **prendre** (*to take*) and verbs with **prendre** in them such as **apprendre** (*to learn*), **comprendre** (*to understand*), **surprendre** (*to surprise*), etc. Only the plural is different:

je prends	*but*	nous **prenons**
tu prends		vous **prenez**
il prend		ils **prennent**
elle prend		elles **prennent**

Other common regular **-re** verbs include **rendre** (*to give back/to make* as in *to make happy/sad/pretty*, etc.), **descendre** (*to go down/to get off*), **mordre** (*to bite*), **répondre** (*to answer*).

12 Adjectival agreement

a In French the adjectives agree in gender and number with the noun they qualify. The usual form of the feminine is an extra **-e**.

Example: Il est français, elle est français**e**. (*He is French, she is French.*).

The usual form of the plural is an **-s**.

Example: Je suis grand, nous sommes grand**s**. (*I am tall, we are tall.*).

If the adjective already ends with an **-e**, no change occurs for the feminine. If it already ends with an **-s**, or an **-x**, no change occurs for the plural.

Example: Il est célèbr**e**, elle est célèbr**e**. (*He is famous, she is famous.*), Le livre est gri**s**, les livres sont gri**s**. (*The book is grey, the books are grey.*), Il est heureu**x**, ils sont heureu**x**. (*He is happy, they are happy.*).

b   If the adjective qualifies several nouns, masculine and feminine, the masculine form takes precedence.

Example: Le chat et la chienne sont noir**s**. (*The cat and the bitch are black.*), Paul et Élisabeth sont intelligent**s**. (*Paul and Elisabeth are intelligent.*).

c   In some cases, the adjective does not agree with the noun.

  (i) When a colour is itself qualified.

   Example: des yeux **bleu** clair (*light blue eyes*), une robe **vert** pomme (*an apple-green dress*).

  (ii) When a noun is used as a colour.

   Example: des chaussures **marron** (*reddish brown shoes*) (un marron = a chestnut).

d   Not all adjectives form their plural by adding an **-s** in the plural.

Adjectives in **-eau** add an **-x**.

Example: de beau**x** enfants (*beautiful children*), des frères jumeau**x** (*twin brothers*).

Some adjectives in **-al** become **aux**.

Example: loyal → loyaux, *but* final → finals

e   Not all adjectives form their feminine simply by adding an **-e**. Here are some of the most common changes:
-er → **-ère** *as in* derni**er**, derni**ère** (*last*)
-l → **-lle** *as in* cultur**el**, cultur**elle** (*cultural*)
-n → **-nne** *as in* bo**n**, bo**nne** (*good*); indi**en**, indi**enne** (*Indian*)
-f → **-ve** *as in* sporti**f**, sporti**ve** (*sporty*)
-x → **-se** *as in* heureu**x**, heureu**se** (*happy*)

f   Some feminine forms are completely irregular and must be learnt by heart. Here are some of the most common ones: blanc, **blanche** (*white*); frais, **fraîche** (*fresh, cool*); sec, **sèche** (*dry*); favori, **favorite** (*favourite*); long, **longue** (*long*); nouveau, **nouvelle** (*new*).

g   Generally adjectives are placed after the noun they qualify, particularly colours, nationalities and long adjectives.

Example: un manteau **rouge** (*a red coat*), une voiture **américaine** (*an American car*), une remarque **intelligente** (*an intelligent comment*).

Some very common adjectives however precede the noun they qualify, such as **autre** (*other*), **beau** (*beautiful*), **bon** (*good*), **grand** (*big, tall*), **gros** (*big, fat*), **haut** (*high*), **jeune** (*young*), **joli** (*pretty*), **large** (*wide*), **long** (*long*), **mauvais** (*bad*), **même** (*same*), **petit** (*small*).

Example: une **grande** maison (*a big house*), un **autre** jour (*another day*), un **gros** gâteau (*a big cake*).

h   Some adjectives change their meaning whether they precede or follow the noun they qualify.

Example: ma **propre** chemise (*my own shirt*), *but* ma chemise **propre** (*my clean shirt*); l'**ancienne** maison (*the former house*), *but* la maison **ancienne** (*the old house*); la **dernière** semaine (*the final* *week*), *but* la semaine **dernière** (*last week*); de **pauvres** enfants (*unfortunate children*), *but* des enfants **pauvres** (*poor children*).

i   Some of the adjectives which usually precede the nouns they qualify have a special masculine form if the noun starts with a **vowel** or an **h mute**.

Example: un **beau** livre (*a beautiful book*), *but* un **bel** homme (*a handsome man*); un **nouveau** train (*a new train*), *but* un **nouvel** avion (*a new plane*); un **vieux** pont (*an old bridge*), *but* un **vieil** ami (*an old friend*).

j   If a noun in the plural is preceded by an adjective the indefinite article **des** is replaced by **de/d'**.

Example: Elle a **des** enfants intelligents. (*She has clever children.*) *but* Elle a **de** beaux enfants. (*She has beautiful children*).

13   Demonstrative adjectives

Like the other adjectives they agree in gender and number with the nouns they qualify.

The masculine singular is **ce** as in **ce** livre (*this/that book*), but if the masculine word starts with a **vowel** or an **h mute**, **cet** is used instead, as in **cet** argent (*this/that money*) or **cet** hôtel (*this/that hotel*).

The feminine singular is **cette** as in **cette** fois (*this/that time*) or **cette** erreur (*this/that mistake*).

The form for all plurals is **ces** as in **ces** livres (*these/those books*), **ces** hôtels (*these/those hotels*), **ces** erreurs (*these/those mistakes*).

In French the difference between **this** and **that** or **these** and **those** is not usually stressed. When the difference needs to be emphasised **-ci** and **-là** are used.

Example: **ce** vélo-**ci** (*this bicycle*), **ce** vélo-**là** (*that bicycle*), **ces** livres-**ci** (*these books*), **ces** livres-**là** (*those books*).

14   Possessive adjectives

	Singular		Plural
	m.	**f.**	
my	mon	ma	mes
your (singular+familiar)	ton	ta	tes
his/her/its	son	sa	ses
our	notre	notre	nos
your (polite or plural)	votre	votre	vos
their	leur	leur	leurs

Unlike English, the possessive adjective agrees with the noun it qualifies and **not** with the possessor. This is particularly important for the third person singular.

Example: **son** fils (*his/her son*), **sa** fille (*his/her daughter*).

When a feminine word starts with a **vowel** or an **h mute**, the masculine possessive is used (for sound's sake).

Example: **mon** orange (*my orange*), **ton** amie (*your friend*), **son** autre tante (*his/her other aunt*).

The possessive adjective **mon/ma** is used when addressing a military person of superior rank or a religious person.

Example: Oui, **mon** général! (*Yes sir/general!*), Oui, **mon** père. (*Yes father (priest*).), Oui, **ma** sœur. (*Yes sister (nun*).)

15 *-ir* verbs

It is convenient to split the **-ir** verbs into four different groups.

a **The FINIR type** is the most important group, and considered to be regular.

Example: **finir** (*to finish*), **choisir** (*to choose*), **saisir** (*to seize, to grab*), **punir** (*to punish*), **ralentir** (*to slow down*), **nourrir** (*to feed, to nourish*), **rougir** (*to blush*), **pâlir** (*to become pale*), **grandir** (*to grow* – note that to grow plants is **faire pousser**), **salir** (*to dirty*), **jaunir** (*to become yellow*), **grossir** (*to become big, to put on weight*), **réunir** (*to gather*), **obéir** (*to obey*), **réfléchir** (*to think, to ponder*), **agir** (*to take action*), **réagir** (*to react*), **applaudir** (*to applaud*), etc.

Note that many of these express a change of state.

To conjugate this type in the present indicative, find the stem by dropping the **-ir** (thus **fin-**) and add the following endings:

Je fini**s**	nous fin**issons**
tu fini**s**	vous fin**issez**
il/elle fini**t**	ils/elles fin**issent**

Make sure that you do not forget half the endings of the plural; it is easily done! As usual, the **-ent** in **ils/elles finissent** is not sounded.

b **The DORMIR type**

Example: **dormir** (*to sleep*), **partir** (*to go away*), **sortir** (*to go out*), **servir** (*to serve*), **mentir** (*to tell lies*), **sentir** (*to feel*), **consentir** (*to agree*), etc.

Conjugating this type of verb is not quite as straightforward. First, in the singular, the second half of the verb disappears, and in the plural, you must remember that the consonant before the **-ir** ending varies. Compare the following:

dormir	**servir**	**mentir**
je dor**s**	je ser**s**	je men**s**
tu dor**s**	tu ser**s**	tu men**s**
il/elle dor**t**	il/elle ser**t**	il/elle men**t**
nous dor**mons**	nous ser**vons**	nous men**tons**
vous dor**mez**	vous ser**vez**	vous men**tez**
ils/elles dor**ment**	ils/elles ser**vent**	ils/elles men**tent**

c   The -FRIR and -VRIR type

Example: **offrir** (*to offer, to give (a present*)), **souffrir** (*to suffer*), **couvrir** (*to cover*), **découvrir** (*to discover*), **ouvrir** (*to open*), etc.

This type behaves exactly like an ordinary **-er** verb in the present indicative. But here you get the stem by dropping the **-ir**, then you add the usual endings:

souffrir	ouvrir
je souffr**e**	j'ouvr**e**
tu souffr**es**	tu ouvr**es**
il/elle souffr**e**	il/elle ouvr**e**
nous souffr**ons**	nous ouvr**ons**
vous souffr**ez**	vous ouvr**ez**
ils/elles souffr**ent**	ils/elles ouvr**ent**

d The VENIR and TENIR type

Example: **venir** (*to come*), **devenir** (*to become*), **prévenir** (*to warn*), **revenir** (*to come back*), **tenir** (*to hold*), **appartenir (à)** (*to belong (to*)), etc.

The very irregular **venir** and **tenir**, and all the verbs formed from them behave as follows:

tenir	venir
je **tiens**	je **viens**
tu **tiens**	tu **viens**
il/elle **tient**	il/elle **vient**
nous **tenons**	nous **venons**
vous **tenez**	vous **venez**
ils/elles **tiennent**	ils/elles **viennent**

16 Depuis

It can be translated into English by **since** or **for.**

a   Since

Example: depuis hier (*since yesterday*), depuis 1999 (*since 1999*), depuis mes vacances (*since my holidays*).

b   For

If the action referred to is still going on, the present indicative and **depuis** are used in French, whereas the perfect tense and **for** are used in English.

Example: Elle **habite** à Rouen **depuis** cinq ans. (*She's been living in Rouen for five years.*) Nous **apprenons** le français **depuis** six mois. (*We've been learning French for six months.*)

17 Aller

Please consult the table of irregular verbs (on page 347)!

Basically, **aller** can be used in three different ways:

a   Simply as meaning **to go**.

Example: Je vais au cinéma. (*I am going to the cinema.*), Ils vont à l'école. (*They are going/They go to school.*), Pour aller à la piscine? (*How does one get to the swimming pool?*).

b   To ask someone how they are.

Example: – Comment allez-vous? (*How are you?*)
              – Je vais très bien, merci. (*I am very well, thanks.*)
              Or more familiarly:
              – Comment ça va?
              – Ça va très bien, merci.

Note the vital difference between
– Comment va-t-elle? (*How is she?*) *and*
– Comment est-elle? (*What is she like?*).

c   Finally, it can be used, like its English equivalent, to express a future action.

Example: Il va apprendre le français. (*He is going to learn French.*), Nous allons visiter Rouen. (*We are going to visit Rouen.*)

Note that **aller** is followed by the infinitive of the other verb.

18   Venir (de)

The verb **to come** takes on a special meaning when it is used with **de/d'**.

Venir de/d' (*to have just*) is followed by the infinitive.

Example: Je viens de manger. (*I have just eaten.*), Tu viens de manger. (*You have just eaten.*), Il vient de manger. (*He has just eaten.*).

More examples: Je viens de boire de la bière. (*I have just drunk some beer.*), Ils viennent de partir. (*They have just left.*), Nous venons d'acheter une voiture. (*We have just bought a car.*).

19   Pronouns

a   A pronoun is a word used in order to avoid repeating in full something which has been mentioned earlier.

Example: – Do you know **his sister**?
              – Yes, I see **her** on the bus every day.

Her is the personal pronoun replacing **his sister**.

The personal pronouns vary according to the role they play in a particular sentence. They can either be subject or object.

b   **The subject pronouns** are:

je (*I*)   nous (*we*)
tu (*you* singular+familiar)   vous (*you* polite or plural)
il (*he*)   ils (*they* masculine or mixed)
elle (*she*)   elles (*they* only feminine)
on (*one generally*)

Example: Paul va à l'école; **il** va à l'école. (*Paul is going to school; he is going to school.*).

c   **The direct object pronouns** replace a direct object. They are:

me/m' (*me*)   nous (*us*)
te/t' (*you* familiar and singular)   vous (*you* polite or plural)
le/l' (*him/it* masc.)   les (*them*)
la/l' (*her/it* fem.)

Example: j'adore **le chocolat**, je **l'**adore (*I love chocolate, I love it*), vous prenez **le livre**, vous **le** prenez (*you take the book, you take it*), elle choisit **les fleurs**, elle **les** choisit (*she chooses the flowers, she chooses them*), il **m'**aime. (*he loves me.*).

d   **The indirect object pronouns** replace an indirect object, i.e. an object introduced by a preposition, usually **à**. They are similar to the direct object ones except for the third persons.
Thus:

lui (*to him/to her/to it*)
leur (*to them*)

Example: je parle **à Henri**, je **lui** parle (*I speak to Henry, I speak to him*), je parle **à Jeanne**, je **lui** parle (*I speak to Joan, I speak to her*), je parle **au chat**, je **lui** parle (*I speak to the cat, I speak to it*), nous sourions **aux enfants**, nous **leur** sourions (*we smile at the children, we smile at them*), il **me** sourit (*he smiles at me*), il **vous** montre l'église (*he shows you the church.* – In fact, *he shows the church to you.*).

Note that the unfortunate thing is that the use of the prepositions does not always correspond from one language to the next and you must therefore be very careful because what is a direct object in French can be an indirect object in English, and vice versa.

In English you can say: He buys her flowers.
But in French you must say: Il lui achète des fleurs. (*He buys flowers to her.*)

Watch for verbs such as **écouter** (*to listen to*), **attendre** (*to wait for*), **regarder** (*to look at*), **chercher** (*to look for*), etc. In French, unlike English, they take a direct object.

Example: Nous **les** écoutons. (*We listen to them.*), Je **l'**attends. (*I am waiting for him/her.*), Ils **le** regardent. (*They are looking at him.*), Elles **les** cherche. (*She is looking for them.*).

e   As you have probably noticed, in French the pronouns come directly before the verb.

Example: Je **les** vois. (*I see them.*)

Note that if two verbs are used, the pronouns go in front of the verb of which they are the object, which is generally the second verb, although it is in the infinitive.

Example: Tu peux **le** prendre. (*You can take it.*), Il va **le** faire. (*He is going to do it.*), Je viens de **les** manger. (*I have just eaten them.*).

If the sentence is in the negative, the pronouns stay with the verb between **ne** and **the other negative word**.

Example: Il ne **m'**écoute pas. (*He does not listen to me.*), Nous ne **les** voyons jamais. (*We never see them.*).

f The adverbs **y** and **en** can be used as pronouns. Most of the time they represent things or abstract ideas.

Y is usually used to avoid repeating the name of a place which has been mentioned, and corresponds to the English **there**.

Example: – Connaissez-vous Paris? (*Do you know Paris?*)
　　　　　　　– Oui, j'**y** vais tous les ans. (*Yes, I go there every year.*).

It is also used to replace **à** + **a noun** which is not a person.

Example:
toucher à → Ne touche pas **au** vase. Je n'**y** touche pas. (*Don't touch the vase. I am not
　　　　　　　touching it.*)
répondre à → il répond **à la** lettre, il **y** répond (*he answers the letter, he answers it*).
penser à → N'oublie pas le pain. Non j'**y** pense. (*Don't forget the bread. No I am thinking
　　　　　　　of it.*)

En generally translates **of it**, **of them**, **some** and **any**.

Example: Quand il demande du pain je lui **en** donne. (*When he asks for bread I give him some.*), A-t-il des frères? Oui il **en** a deux. (*Has he got any brothers? Yes he has got two (of them).*), Je n'ai pas besoin d'argent. (*I don't need any money.*), Je n'**en** ai pas besoin. (*I don't need any.*).

It can correspond to **de** + **a noun**.

Example:
avoir besoin de → Je n'ai pas besoin **du couteau**. (*I don't need the knife.*), Je **n'en** ai pas besoin.
　　　　　　　(*I don't need it.*).
se servir de → Il se sert **de mon aspirateur**. (*He uses my hoover.*), Il **s'en** sert. (*He uses
　　　　　　　it.*).
avoir envie de → Elle a envie **de la robe rouge**. (*She fancies the red dress.*), Elle **en** a envie.
　　　　　　　(*She fancies it.*).

It can also represent a place one comes from.

Example: – Où est la rue Pasteur? (*Where is rue Pasteur?*)
　　　　　　　– J'**en** viens, c'est la première à droite. (*I've come from there, it's the first on the right.*)
　　　　　　　– Où est la poste? (*Where is the post-office?*)
　　　　　　　– Juste là, j'**en** sors. (*Right there, I've just come out of it.*)

Note that **en** is used in a number of idiomatic expressions such as s'**en** aller (*to go away*).

g Sometimes, several pronouns are required. In this case, they all come before the verb, and they all stay with the verb between the negative words in a negative sentence.

Example: Il **me le** montre. (*He shows it to me.*), Il ne **nous les** achète pas. (*He does not buy them for us.*).

If several pronouns are used, their order is as follows:

me				
	le			
te				
		lui		
se	la		y	en + verb
		leur		
nous				
	les			
vous				

The reflexive pronouns follow the same rules (see pages 340–41).

h   **The strong or emphatic pronouns** are:

   moi   toi   lui   elle
   nous vous eux elles

They are used in many different cases.

(**i**) For emphasis (as their name indicates), in which case they are not necessarily translated into English.

Example: **Moi**, je parle anglais et allemand. (*I speak English and German.*), **Lui**, il habite dans le Midi. (*He lives in the South.*)

(**ii**) With **c'est/ce sont** (or when **c'est/ce sont** are understood).

Example: – Qui a fait ça? (*Who did this?*)
       – (C'est) **elle!** (*She did!*)

(**iii**) In comparison.

Example: Il est plus grand que **moi**. (*He is taller than I am.*), Elle est moins connue que **lui**. (*She is less famous than he is.*), Je cours aussi vite que **vous**. (*I run as fast as you do.*).

(**iv**) After **prepositions** and **comme**.
Avec moi (*with me*), **sans** eux (*without them*), **chez** nous (*at home/where we live*), **avant** toi (*before you*), **après** vous (*after you*), **sur lui** (*on him*), **derrière** elle (*behind her*), etc.

Example: Il parle **comme** elle (*He speaks the way she does/like her.*)

(**v**) After **être à** (*to belong to*).

Example: Ce livre est à **lui**. (*This book belongs to him.*), Ces stylos ne sont pas à **toi**. (*These pens are not yours.*).

(**vi**) With verbs of motion with **à**.

Example: Il vient à **moi**. (*He comes to me.*), Nous allons toujours à **elle**. (*We always go to her.*)

(**vii**) With verbs taking **à** when referring to a person.

Example: Je pense souvent à **eux**. (*I often think of them.*)

(viii) Aussi/non plus

The strong pronoun is also used before **aussi** or **non plus** to express agreement or confirmation of similar experiences.

Example: J'ai soif. **Moi** aussi. (*I am thirsty. So am I.* lit. *Me too*), Ils habitent à Rouen. **Nous** aussi. (*They live in Rouen. So do we.*)

Non plus is used for the negative.

Example: Ils n'apprennent pas l'anglais. **Toi** non plus. (*They do not learn English. Neither do you.*)

Table of pronouns

Subject pronouns	Reflexive pronouns	Direct object pronouns	Indirect object pronouns	Strong/emphatic pronouns
je	me/m'	me/m'	me/m'	moi
tu	te/t'	te/t'	te/t'	toi
il	se/s'	le/l'	lui	lui
elle	se/s'	la/l'	lui	elle
nous	nous	nous	nous	nous
vous	vous	vous	vous	vous
ils	se/s'	les	leur	eux
elles	se/s'	les	leur	elles

20 Reflexive verbs

a   When a verb is used reflexively it usually means that the action turns back to the subject, in which case a reflexive pronoun is used (see 'Table of pronouns' above). Many verbs can be used either reflexively or ordinarily.

Example: **(Se) laver**

laver (*to wash*)

je lave (la voiture)	*I wash (the car)*
tu laves	*you wash*
il/elle lave	*he/she washes*
nous lavons	*we wash*
vous lavez	*you wash*
ils/elles lavent	*they wash*

se laver (*to wash oneself*)

je me lave	*I wash myself*
tu te laves	*you wash yourself*
il/elle se lave	*he/she washes him/herself*
nous nous lavons	*we wash ourselves*
vous vous lavez	*you wash yourself/yourselves*
ils/elles se lavent	*they wash themselves*

More verbs are used reflexively in French than in English. In fact some verbs are reflexive without any apparent reason.

Example: **se promener** (*to go for a walk*), **se reposer** (*to rest*), etc.

The best way to express **each other** and **one another** is also to use the verb reflexively.

Example: Ils ne se parlent plus. (*They don't speak to each other/one another any more.*), Nous nous regardons. (*We are looking at each other/one another.*).

b The reflexive pronouns behave like the personal pronouns, i.e. they come before the verb and remain stuck to the verb between the negative words in a negative sentence.

Example: Je **me** promène tous les dimanches. (*I go for a walk every Sunday.*), Il ne **se** rase pas souvent. (*He does not shave very often.*).

Making a question with a reflexive verb can be confusing, but in fact, the rules are the same. If you prefer, stick to the **Est-ce que ...?** method.

Example: Est-ce qu'il s'appelle Henri? *or* S'appelle-t-il Henri? (*Is his name Henry?*), À quelle heure est-ce que vous vous levez? *or* À quelle heure vous levez-vous? (*At what time do you get up?*).

If you make a question using the inversion method, you must remember that the reflexive pronoun comes before the verb and that the subject pronoun comes after and is hyphenated.

Generally, when referring to parts of the body, the verb is used reflexively in French, instead of using a possessive adjective.

Example: Je me lave les mains. (*I wash my hands.* lit. *I wash myself the hands.*), Elle se brosse les cheveux. (*She brushes her hair.* lit. *She brushes herself the hair.*), Il se coupe les ongles. (*He cuts his nails.* lit. *He cuts himself the nails.*).

Make sure that when a reflexive verb is used in the infinitive you use the correct reflexive pronoun.

Example: **Je** viens de **me** promener. (*I have just had a walk.*), **Nous** allons **nous** reposer. (*We are going to rest.*)

c Other common reflexive verbs are **s'amuser** (*to enjoy oneself/to have a good time*), **s'approcher (de)** (*to come near*), **s'asseoir** ⚠ (*to sit down*), **se baigner** (*to bathe*), **se battre** ⚠ (*to fight*), **se chausser/se déchausser** (*to put one's shoes on/to take one's shoes off*), **se demander** (*to wonder*), **se dépêcher** (*to hurry up*), **se disputer** (*to argue*), **s'écrier** (*to cry out*), **s'exclamer** (*to exclaim*), **se fâcher** (*to get angry*), **se fiancer** (*to get engaged*), **s'habiller/se déshabiller** (*to get dressed/undressed*), **se maquiller** (*to put on make up*), **se marier** (*to get married*), **se réveiller** (*to wake up*), **se salir** (*to get dirty*), **se sauver** (*to escape, run away*), **se suicider** (*to commit suicide*), **se tromper** (*to make a mistake*).

21 Adverbs

In English adverbs normally end in **-ly** (*slowly*). The common ending in French is **-ment** (*lentement*).

Many adverbs are formed by adding **-ment** to the corresponding adjective in the feminine singular form.

Example: discret, discrète (*discreet*) → **discrètement** (*discreetly*) malheureux, malheureuse (*unhappy, unfortunate*) → **malheureusement** (*unfortunately*)

If the masculine singular already ends in a vowel, that form is used.

Example: rapide (*quick*) → **rapidement** (*quickly*)
vrai (*true, real*) → **vraiment** (*truly, really*)

Most adjectives ending in **-ant** and **-ent** change to **-amment** and **-emment**.

Example: élégant (*elegant*) → **élégamment** (*elegantly*)

Some very common adverbs are irregular, and must be learnt by heart.
Example: bon (*good*) → **bien** (*well*)
Ils s'entendent **bien**. (*They get on well.*).
petit (*little*) → **peu** (*little*)
Elle mange **peu**. (*She eats little.*).
mauvais (*bad*) → **mal** (*badly*)
Je danse **mal**. (*I dance badly.*).
rapide (*quick*) → **vite** or **rapidement** (*quickly*)
Il parle **vite**. (*He speaks quickly.*)

Note that the **-ent** is sounded (unlike the third person plural of the verb ending).

Remember that adverbs are invariable.

Generally in French, adverbs come immediately after the verb.

Example: Je mange **souvent** du poisson. (*I often eat fish.*), Je vais **régulièrement** à la piscine. (*I go to the swimming pool regularly.*), Elle parle **bien** anglais. (*She speaks English well.*).

However, there are some exceptions. For emphasis, for instance, the adverb can start a sentence.

Example: Quelquefois, je joue au tennis. (*Sometimes I play tennis.*)

Note:

a   A few adjectives can be used as adverbs.

Example: Ils travaillent **dur**. (*They work hard.*).

b   Some adverbs also give more information about an adjective or another adverb.

Example: **très** intéressant (*very interesting*), Il parle **très** vite. (*He speaks very quickly.*), C'est **tout** près. (*It's very near.*).

22 The imperative

a   The imperative is the form of the verb used when giving an order.

When the order is given to other people, the second persons (singular and plural) are used in the present indicative, after the subject pronouns **tu** or **vous** have been dropped.

Example: **Finis** ton travail! (*Finish your work!*), **Prends** un taxi! (*Take a taxi!*), **Fermez** les yeux! (*Shut your eyes!*), **Ouvrez** la porte! (*Open the door!*).

Note that the **-er** verbs also drop the **s** of the second person singular.

Example: **Ferme** les yeux! (*Shut your eyes!*), **Ouvre** la porte! (*Open the door!*).

The **-s** of **vas** is also dropped: **Va** chez le boulanger! (*Go to the baker's!*) except in the expression **Vas-y!** (*Go on!/Go there!*).

When the order is given to a group of people including the speaker, i.e. when it translates the idea of **let's . . .**, the first person plural of the present indicative is used, without the **nous**.

Example: **Allons**-y! (*Let's go (there)!*), **Prenons** un taxi! (*Let's take a taxi!*).

b   The object pronouns are placed after the verb and linked by a hyphen. When there are several pronouns, the direct object one comes before the indirect object one. The pronouns are also linked by a hyphen.

Example: Apporte-le! (*Bring it!*), Apporte–le-lui! (*Bring it to him/her!*) but Apporte-nous-en! (*Bring us some!*).

En always comes last.

Note:
 (**i**) When **me** is in the final position it changes to **moi**.

Example: Apporte-le-**moi**! (*Bring it to me!*).

 (**ii**) When the command is in the negative, the pronouns keep their usual positions, i.e. before the verb.

Example: Ne **l'**apporte pas! (*Don't bring it!*), Ne **m'**en donne pas! (*Don't give me any!*).

c   In the imperative, the reflexive pronouns behave like the personal pronouns, i.e. they come after the verb.

Example: Levez-**vous**! (*Sit down!*).

Note that in this case the **te** changes to **toi**.

Example: Dépêche-**toi**! (*Hurry up!*).

The pronoun goes back in front of the verb in the negative.

Example: Ne **vous** disputez pas! (*Don't argue!*), Ne **te** maquille pas! (*Don't put on any make-up!*).

23   The infinitive

The infinitive is the noun form of the verb (and the form to be found in the dictionary). Indeed a few infinitives are also true nouns, such as un **devoir** (*a duty*), les **devoirs** (*the homework*), le **déjeuner** (*lunch*), etc.

A verb in the infinitive can be the subject or the object of another verb, or it may be governed by a preposition.

a   Without a preposition

The infinitive is used when the verb is the subject of another verb.

Example: **Travailler** est indispensable. (*Working is a must.*).

Note that often the English is rendered by the **-ing** form.

The infinitive is also used when the verb is the object of another verb such as:

(**i**) a modal verb like **devoir**, **pouvoir** or **vouloir**.

Example: Il doit **venir**. (*He must come.*), Je veux **aller** à l'étranger. (*I want to go abroad.*).

(**ii**) **aller**, **partir**, **venir**, **savoir**, **croire**, **falloir** (il faut).

Example: Elle part **travailler** à sept heures. (*She leaves for work at seven.*), Il faut **arriver** à l'heure. (*One must arrive on time.*), Ils viennent **voir** l'usine. (*They come to see the factory.*), Viens/Venez **voir**! (*Come and see!*).

(**iii**) After verbs of **liking/disliking/preference.**

Example: J'aime **aller** au concert. (*I like to go to concerts.*), Elle déteste **faire** la cuisine. (*She hates cooking.*), Ils préfèrent **passer** leurs vacances en France. (*They prefer to spend their holidays in France.*).

(**iv**) After verbs of perception.

Example: Je l'entends **jouer** de la trompette. (*I (can) hear him/her playing the trumpet.*), Il regarde les enfants se **battre**. (*He watches the children fighting.*).

Note that, in fact, in French the infinitive is always used when a verb follows another one, with the exception of verbs following an auxiliary verb (**to have/to be**) in the case of the perfect tense (see page 346).

b   After a preposition

Example: Elle a l'intention **de** refuser. (*She intends to refuse.*), **Pour** aller rue de Vaugirard S.V.P.? (*How do I get to rue de Vaugirard please?*), Il se met **à** travailler deux jours avant l'examen. (*He starts to work two days before the exam.*), J'essaie **d'**être poli avec lui. (*I try to be polite to him.*), Téléphonez avant **de** partir. (*Give a ring before leaving.*), Il réussit même **sans** travailler. (*He succeeds even without working.*), Il commence **à** pleuvoir. (*It is starting to rain.*), J'hésite **à** y aller. (*I hesitate to go there.*), Nous refusons **de** le faire. (*We refuse to do it.*), Empêche-les **de** partir. (*Prevent them from leaving.*).

c   As you have noticed some verbs/expressions are followed by **à** and others by **de**. They must be learnt by heart. Here are two lists of the most common verbs of this kind.

Verbs followed by an infinitive introduced by **à**:
aider à (*to help to*), **apprendre à** (*to learn/teach to*), **commencer à/se mettre à** (*to start to*), **consister à** (*to consist in*), **se décider à** (*to resolve to*), **hésiter à** (*to hesitate to*), **s'intéresser à** (*to be interested in*), **réussir à** (*to succeed in*), etc.

Verbs followed by an infinitive introduced by **de:**
accuser de (*to accuse of*), **arrêter de** (*to stop*), **décider de** (*to decide to*), **défendre de** (*to forbid to*), **empêcher de** (*to prevent from*), **essayer de** (*to try to*), **éviter de** (*to avoid*), **permettre de** (*to allow to*), **refuser de** (*to refuse to*), **remercier de** (*to thank for*), **s'étonner de** (*to be astonished at*), **avoir peur de** (*to be afraid of*), **avoir l'intention de** (*to intend to*), **être content de** (*to be pleased to*), **il est temps de** (*it is time to*), etc.

Note:

(**i**) When a sentence with two verbs is in the negative, only the first one (conjugated) is placed between the negative words.

Example: Vous ne pouvez pas **rester** ici. (*You can't stay here.*), Je n'aime pas **prendre** l'avion. (*I don't like taking the plane.*).

(**ii**) But when a verb in the infinitive is itself in the negative, the two negative words precede it.

Example: Prière de ne pas **stationner**. (*Please do not park.*), Ne pas **se pencher** au dehors. (*Do not lean out.*).

(**iii**) When a pronoun is used it usually comes before the infinitive because it depends on it.

Example: Vous ne pouvez pas y **aller**. (*You can't go there.*), Je veux le **voir**. (*I want to see him/it.*).

24   Savoir/connaître

Please consult the table of irregular verbs on pages 347–350!

There are two ways of translating **to know** into French:

a   **Connaître** is used for people, places or things which are known via the senses (e.g. sight, hearing). Therefore, **connaître** is usually followed by a **noun**.

Example: Ils ne connaissent pas **l'Angleterre**. (*They don't know England.*), Je connais bien **Le Centre Pompidou**. (*I know the Pompidou Centre well.*), Connaissez-vous **Sylvie Clément**? (*Do you know Sylvie Clément?*).

b   **Savoir** is used when talking about knowing facts, i.e. *to know* that/why/whether/how/when/ which, etc. Therefore, **savoir** is usually followed by a **sentence**.

Example: Je ne sais pas **s'il est français ou belge**. (*I don't know whether he is French or Belgian.*), Nous savons **qu'il part demain**. (*We know that he is leaving tomorrow.*), Elle sait **pourquoi tu es en retard**. (*She knows why you are late.*).
– Quelle heure est-il? (*What's the time?*)
– Je ne sais pas! (*I don't know!*).

25   Savoir/pouvoir

Savoir translates the English **can** when it means to know how to do something one has learnt.

Example: Je ne sais pas nager. (*I can't swim.*), Les enfants savent déjà lire et écrire. (*The children can already read and write.*), Il sait compter jusqu'à cent. (*He can count up to a hundred.*).

Pouvoir expresses more the idea of being allowed/free to do something, to be able in the sense that it is possible because of the circumstances.

Compare:
Il sait nager. (*He can swim*, i.e. *knows how*) and Il peut nager aujourd'hui. (*He can swim today* – i.e. *He is allowed to/It is possible for him to swim* – for the weather permits it, the sea is not too rough, the swimming-pool is not empty, etc.)

26 The perfect tense

If you want to express what you or someone else did in the past, you have to use the perfect tense. It is a compound tense made up of two elements:

an auxiliary verb, **avoir** (*to have*) in most cases, conjugated in the present tense; and a special form of the verb you wish to use, called the past participle.

Example: J'**ai regardé** la télévision. (*I have watched television./I watched television.*), Il **a fini** son travail. (*He has finished his work./He finished his work.*), Vous n'**avez** pas **répondu**. (*You have not answered./You did not answer.*).

a   The auxiliary verb

Both *I wrote a letter* and *I have written a letter* are translated **J'ai écrit une lettre**. Do not be tempted to leave out the auxiliary verb in French, as you can in English; it is incorrect in French.

Most verbs are conjugated with **avoir**. However, some are conjugated with **être**; you have already met two of them, **aller** (*to go*) and **rester** (*to stay, to remain*). The verbs, given in the table of irregular verbs (starting on page 347), which are conjugated with **être** are marked: e.g. **aller** = *to go* (conj. **être**).

b   The past participle

Regular past participles (which are the equivalents of the English **-ed** ending) are formed as follows:
Change **-er** to **-é**: regard**er** → regard**é** (*to watch* → *watched*)
Change **-re** to **-u**: répond**re** → répond**u** (*to answer* → *answered*)
Change **-ir** to **-i**: fin**ir** → fin**i** (*to finish* → *finished*)

Unfortunately, a number of verbs have irregular past participles which must be learned by heart. Here are the ones that you have already met:
écrire (*to write*) → **écrit** (*written*)
faire (*to do, to make*) → **fait** (*done, made*)
lire (*to read*) → **lu** (*read*)
prendre (*to take*) → **pris** (*taken*)

The verbs given in the table of irregular verbs which have an irregular past participle are shown: e.g. **lire** = *to read* (p.p. **lu**).

You will have noticed that the past participles of verbs conjugated with **être** agree with the subject; you have to add an **-e** and/or an **-s** when the subject is feminine and/or plural.

Example: A man would say: **Je suis allé au cinéma** (*I went to the cinéma.*) A woman would say: **Je suis allée au théâtre**. (*I went to the theatre.*). If you were talking to a mixed group of people, you would say: **Vous êtes allés à la piscine?** (*Did you go to the swimming pool?*). If you were only addressing girls or women, you would say: **Vous êtes restées** à la maison? (*Did you stay at home?*).

c   Negative sentences and questions

To make a negative sentence with verbs conjugated with **avoir**, simply put the correct form of **avoir** between **n'** and **pas**.

Example: Je **n'**ai **pas** travaillé. (*I did not work/have not worked.*), Vous **n'**avez **pas** téléphoné. (*You did not phone/have not phoned.*).

With verbs conjugated with **être**, use **n'** or **ne** accordingly and **pas**.

Example: Je **ne** suis **pas** allé(e) au cinéma. (*I did not go/have not gone to the cinema.*), Vous **n'**êtes **pas** allé(e) chez Claude. (*You did not go/have not gone to Claude's.*).

To ask questions, you can use any of the following methods:
– Vous avez mangé au restaurant? (no change)
– Est-ce que vous avez mangé au restaurant? (use of **Est-ce que**)
– Avez-vous mangé au restaurant? (use of the inversion)

They all mean *Did you eat out/Have you eaten out?*. You need to be aware of the various possibilities, to be able to recognise them, but you should use the one with which you feel most comfortable.

27 Main groups of regular verbs

-ER chanter = *to sing*	**-IR finir** = *to finish*	**-RE perdre** = *to lose*
je chante	je finis	je perds
tu chantes	tu finis	tu perds
il/elle/on chante	il/elle/on finit	il/elle/on perd
nous chantons	nous finissons	nous perdons
vous chantez	vous finissez	vous perdez
ils/elles chantent	ils/elles finissent	ils/elles perdent

Note: Although this gives the main groups of regular verbs in French it is by no means definitive; for instance there are certain spelling irregularities in **-er** verbs (**jeter**, **commencer**, **manger**) and sub groups of **-re** and **-ir** verbs (**prendre**, **dormir**). These are dealt with in the grammar section to which you should refer.

28 Table of irregular verbs

aller = *to go*
(conj. **être**)

je vais
tu vas
il/elle/on va
nous allons
vous allez
ils/elles vont

appeler = *to call*

j'appelle
tu appelles
il/elle/on appelle
nous appelons
vous appelez
ils/elles appellent

apprendre = *to learn*
(p.p. **appris**)

j'apprends
tu apprends
il/elle/on apprend
nous apprenons
vous apprenez
ils/elles apprennent

s'asseoir = *to sit down*
(p.p. **assis**)
(conj. **être**)

je m'assieds
tu t'assieds
il/elle/on s'assied
nous nous asseyons
vous vous asseyez
ils/elles s'asseyent

or
je m'assois
tu t'assois
il/elle/on s'assoit
nous nous assoyons
vous vous assoyez
ils/elles s'assoient

avoir = *to have*
(p.p. **eu**)

j'ai
tu as
il/elle/on a
nous avons
vous avez
ils/elles ont

battre = *to beat*

je bats
tu bats
il/elle/on bat
nous battons
vous battez
ils/elles battent

boire = *to drink*
(p.p. **bu**)

je bois
tu bois
il/elle/on boit
nous buvons
vous buvez
ils/elles boivent

comprendre = *to understand*
(p.p. **compris**)

je comprends
tu comprends
il/elle/on comprend
nous comprenons
vous comprenez
ils/elles comprennent

conduire = *to drive*
(p.p. **conduit**)

je conduis
tu conduis
il/elle/on conduit
nous conduisons
vous conduisez
ils/elles conduisent

connaître = *to know*
(p.p. **connu**)

je connais
tu connais
il/elle/on connaît
nous connaissons
vous connaissez
ils/elles connaissent

courir = *to run*
(p.p. **couru**)

je cours
tu cours
il/elle/on court
nous courons
vous courez
ils/elles courent

croire = *to believe*
(p.p. **cru**)

je crois
tu crois
il/elle/on croit
nous croyons
vous croyez
ils/elles croient

cueillir = *to pick*

je cueille
tu cueilles
il/elle/on cueille
nous cueillons
vous cueillez
ils/elles cueillent

devoir = *must, to have to*
(p.p. **dû**)

je dois
tu dois
il/elle/on doit
nous devons
vous devez
ils/elles doivent

devenir = *to become*
(p.p. **devenu**)
(conj. **être**)

see VENIR

dire = *to say*
(p.p. **dit**)

je dis
tu dis
il/elle/on dit
nous disons
vous dites
ils/elles disent

dormir = *to sleep*

je dors
tu dors
il/elle/on dort
nous dormons
vous dormez
ils/elles dorment

écrire = *to write*
(p.p. **écrit**)

j'écris
tu écris
il/elle/on écrit
nous écrivons
vous écrivez
ils/elles écrivent

être = *to be*
(p.p. **été**)

je suis
tu es
il/elle/on est
nous sommes
vous êtes
ils/elles sont

faire = *to do, make*
(p.p. **fait**)

je fais
tu fais
il/elle/on fait
nous faisons
vous faites
ils/elles font

falloir = *to be necessary*
(p.p. **fallu**)

il faut

lire = *to read*
(p.p. **lu**)

je lis
tu lis
il/elle/on lit
nous lisons
vous lisez
ils/elles lisent

mettre = *to put*
(p.p. **mis**)

je mets
tu mets
il/elle/on met
nous mettons
vous mettez
ils/elles mettent

mourir = *to die*
(p.p. **mort**)
(conj. **être**)

je meurs
tu meurs
il/elle/on meurt
nous mourons
vous mourez
ils/elles meurent

ouvrir = *to open*
(p.p. **ouvert**)

j'ouvre
tu ouvres
il/elle/on ouvre
nous ouvrons
vous ouvrez
ils/elles ouvrent

partir = *to leave*
(conj. **être**)

je pars
tu pars
il/elle/on part
nous partons
vous partez
ils/elles partent

plaire = *to please*
(p.p. **plu**)

je plais
tu plais
il/elle/on plaît
nous plaisons
vous plaisez
ils/elles plaisent

pleuvoir = *to rain*
(p.p. **plu**)

il pleut

pouvoir = *can, be able to*
(p.p. **pu**)

je peux/puis-je?
tu peux
il/elle/on peut
nous pouvons
vous pouvez
ils/elles peuvent

prendre = *to take*
(p.p. **pris**)

je prends
tu prends
il/elle/on prend
nous prenons
vous prenez
ils/elles prennent

recevoir = *to receive*
(p.p. **reçu**)

je reçois
tu reçois
il/elle/on reçoit
nous recevons
vous recevez
ils/elles reçoivent

revenir = *to come back*
(p.p. **revenu**)
(conj. **être**)

see VENIR

rire = *to laugh*
(p.p. **ri**)

je ris
tu ris
il/elle/on rit
nous rions
vous riez
ils/elles rient

savoir = *to know*
(p.p. **su**)

je sais
tu sais
il/elle/on sait
nous savons
vous savez
ils/elles savent

sentir = *to smell, feel*

je sens
tu sens
il/elle/on sent
nous sentons
vous sentez
ils/elles sentent

servir = *to serve*

je sers
tu sers
il/elle/on sert
nous servons
vous servez
ils/elles servent

sortir = *to go out*
(conj. **être**)

je sors
tu sors
il/elle/on sort
nous sortons
vous sortez
ils/elles sortent

suivre = *to follow*
(p.p. **suivi**)

je suis
tu suis
il/elle/on suit
nous suivons
vous suivez
ils/elles suivent

tenir = *to hold*
(p.p. **tenu**)

je tiens
tu tiens
il/elle/on tient
nous tenons
vous tenez
ils/elles tiennent

venir = *to come*
(p.p. **venu**)
(conj. **être**)

je viens
tu viens
il/elle/on vient
nous venons
vous venez
ils/elles viennent

voir = *to see*
(p.p. **vu**)

je vois
tu vois
il/elle/on voit
nous voyons
vous voyez
ils/elles voient

vouloir = *to wish, want*
(p.p. **voulu**)

je veux
tu veux
il/elle/on veut
nous voulons
vous voulez
ils/elles veulent

29 Numbers

a Cardinal numbers

1 un, une		**17** dix-sept
2 deux		**18** dix-huit
3 trois		**19** dix-neuf
4 quatre		**20** vingt
5 cinq		**21** vingt et un
6 six		**22** vingt-deux
7 sept		**23** vingt-trois
8 huit		**24** vingt-quatre
9 neuf		**25** vingt-cinq
10 dix		**26** vingt-six
11 onze		**27** vingt-sept
12 douze		**28** vingt-huit
13 treize		**29** vingt-neuf
14 quatorze		**30** trente
15 quinze		**31** trente et un
16 seize		**32** trente-deux

40 quarante		**91** quatre-vingt-onze	
50 cinquante		**99** quatre-vingt-dix-neuf	
60 soixante		**100** cent	
70 soixante-dix		**101** cent un	
71 soixante et onze		**200** deux cents	
72 soixante-douze		**201** deux cent un	
73 soixante-treize		**220** deux cent vingt	
77 soixante-dix-sept		**500** cinq cents	
80 quatre-vingts		**1000** mille	
81 quatre-vingt-un		**2000** deux mille	
82 quatre-vingt-deux		**5000** cinq mille	
90 quatre-vingt-dix			

Ordinal numbers have the same form whether they are masculine or feminine, except for **un/une** (1). **Vingt** (20) and **cent** (100) take a plural **s** when standing alone, but not when followed by another number.

Example: deux **cents** (*200*), deux **cent** un (*201*).

Note also quatre-vingt**s** (80) (lit. four twenties)
but quatre-vingt-trois (83)

b   Ordinal numbers

Ordinal numbers are formed by adding **-ième** to the cardinals.

Example: trois (3) → trois**ième** (*third*)

If there is a final **e** in the cardinal this is dropped.

Example: quatr**e** (4) → quatr**ième** (*fourth*)

A final **f** becomes **v**.

Example: neuf (9) → neuv**ième** (*ninth*)

A final **q** adds a **u**.

Example: cinq (5) → cinqu**ième** (*fifth*)

Like the cardinal numbers they keep the same form in the masculine and feminine, except for **premier/première** (*first*) and **second/seconde**, an alternative to **deuxième** (*second*).

Compound numbers just add **-ième** to the second number.

Example: vingt et un**ième** (*twenty-first*).

Ordinal numbers are not used in French for kings/queens, etc. nor months, except for **first**.

Example: François Ier (**premier**); Élisabeth Ière (**première**) *but* Henri IV (**quatre**); Louis XV (**quinze**); Élisabeth II (**deux**); le 1er janvier, le 1er mai, le 1er avril, etc. (**premier**); le 24 novembre (**vingt-quatre**); le 14 juillet (**quatorze**); le 6 juin (**six**).

30 Seasons, months, days

Les mois	*the months*
janvier	*January*
février	*February*
mars	*March*
avril	*April*
mai	*May*
juin	*June*
juillet	*July*
août	*August*
septembre	*September*
octobre	*October*
novembre	*November*
décembre	*December*

Note: en avril, au mois d'avril (*in April*).

Les jours	*the days*
lundi	*Monday*
mardi	*Tuesday*
mercredi	*Wednesday*
jeudi	*Thursday*
vendredi	*Friday*
samedi	*Saturday*
dimanche	*Sunday*

Note: lundi (*on Monday*); le lundi (*on Mondays*).

Capital letters are not used for any of these in French.

Les saisons	*the seasons*
le printemps	*spring*
l'été	*summer*
l'automne	*autumn*
l'hiver	*winter*

Note: en été/l'été (*in summer*); en automne (*in autumn*); en hiver/l'hiver (*in winter*); au printemps (*in spring*).

Vocabulary

le bateau boat
le bâtiment building
la batterie battery
se battre to fight
la BD (bande dessinée) strip cartoon
beau (bel, belle) fine, beautiful handsome
le beau-fils son-in-law, step-son
le beau-père father-in-law, step-father
beaucoup (de) much, a lot (of)
la beauté beauty
les beaux-parents parents-in-law
le bébé baby
beige beige
belge Belgian
la belle-fille daughter-in-law, step-daughter
la belle-mère mother-in-law, step-mother
le besoin need; **avoir — (de)** to need
bêtement stupidly
le beurre butter
la bibliothèque library
le bic biro
la biche doe
la bicyclette bicycle
le bidet bidet
bien good
bien sûr of course
la bienvenue welcome
la bière beer
le bifteck steak
le bijou jewel
la bille marble
blanc white
bleu blue; **— marine** navy blue
le billet ticket, banknote
blanchir to whiten
blond blond
le blouson short zipped jacket
le (blue-) jean jeans
le bœuf ox, beef
boire to drink
le bois wood
la boîte box, tin; **— postale** P.O. box
bon good
le bon de commande order form
le bonbon sweet
bonjour hello, good day, good morning
le bonnet bonnet, (woolly) hat
bonsoir good evening
le bord edge
bordeaux plum coloured, maroon; **le —** Bordeaux wine
la bouche mouth
le/la boucher(-ère) butcher
la boucherie butcher's shop
bouclé curly
la boucle d'oreille earring
le/la boulanger(-ère) baker
la boulangerie baker's shop
le bourgogne Burgundy wine
bourguignon from Burgundy
le bout end, piece
la bouteille bottle
le bouton button

le bracelet bracelet
la branche branch
le bras arm
breton from Brittany
bricoler to potter around, do D.I.Y.
le bridge bridge (game of)
le brie brie (cheese)
briller to shine
la brique brick
britannique British
brosser to brush
le brouillard fog
le bruit noise
brûler to burn
brun brown
le buffet buffet, sideboard
le bureau office; **le — de change** foreign exchange office; **le — de poste** post office; **le — des objets trouvés** lost property office
le bus (l'autobus) bus

ça (cela) that
le cabaret cabaret
le cabinet médical surgery
le cadeau present
le cadre setting, frame
le café coffee, café
le cahier exercise book
calmant soothing
le cambriolage burglary
le camembert camembert (cheese)
le camion lorry
la campagne country, countryside; **à la —** in the country; **en pleine —** right in the country
le camping camping, camp site
canadien Canadian
le canapé sofa
le canard duck
le/la candidat(e) candidate, contestant
la cantine canteen
le car (l'autocar) coach
car for
la carotte carrot
le carreau check, square
le carrefour crossroads
la carte card, map, menu; **la — de crédit** credit card; **la — d'identité** identity card; **la — postale** postcard
le carton cardboard box
la cascade waterfall
le casino casino
casser to break
la casserole saucepan
la cathédrale cathedral
la cause cause; **à — (de)** because (of)
la cave cellar
le caviar caviar
le CD CD
ce (cet, cette) this, that; **ces** these, those
celle-ci (f) the latter, this one
celui-ci (m) the latter, this one

ceci this
la ceinture belt
célèbre famous
célibataire single, unmarried
la centaine about a hundred
le centre centre; **le — commercial** shopping centre; **le — culturel** cultural centre; **le — universitaire** university complex
la céréale cereal
la cérémonie ceremony
la cerise cherry
ceux (m pl) those, those ones
chacun each one
la chaise chair
la chambre bedroom; **la — d'hôte** bed and breakfast
le champ field
le champagne champagne
le champignon mushroom
la chance luck; **avoir de la —** to be lucky
changer to change
la chanson song
chanter to sing
la chanterelle yellow mushroom
le/la chanteur(-euse) singer
le chapeau hat
chaque each, every
la charcuterie pork butcher's, delicatessen
le charcutier pork butcher
le chat cat
châtain chestnut-brown
le château castle
chaud hot
le chauffage heating
chauffer to heat
la chaussette sock
la chaussure shoe
chauvin chauvinist
le chemin way, path
la cheminée fireplace
le cheminot railwayman
la chemise shirt
la chemise de nuit nightdress
le chemisier woman's shirt, blouse
cher dear, expensive
chercher to look for, search
le cheval horse
la chèvre goat
chez at (someone's house)
le chien dog
chinois Chinese
le chocolat chocolate
choisir to choose
le choix choice
le chômage unemployment; **en —** out of work
la chose thing
le chou cabbage; **mon petit —** (term of endearment) my love; **le — fleur** cauliflower
le cidre cider
le ciel sky

la cigarette cigarette
le cinéma cinema
la circulation traffic
circuler to run (of train, bus, etc.)
citer to quote, to name
le citron lemon; **le — pressé** squeezed
   lemon juice
clair clear, light
la clarinette clarinet
la classe class, classroom
classique classical
la clé (clef) key
le/la client(e) client, customer
la clinique clinic
clos enclosed, closed
le coca coke, coca-cola
cocher to tick
le cochon pig; **le — d'Inde** guinea pig
le code code; **le — de la route**
   Highway code
le cœur heart; **avoir mal au —** to
   feel sick
le cognac brandy
se coiffer to do one's hair
le/la coiffeur(-euse) hairdresser
le coin corner, area
la colère anger; **être en —** to be angry
le collant (pair of) tights
la collection collection; **faire — (de)**
   to collect
le collège college
le/la collègue colleague
le collier necklace
la colline hill
la comédie comedy
la commande order
commander to order
comme as, like, for; **— ci — ça** not too
   bad, so so
commencer to begin
comment what, how, what . . . like
le commerce business, shop
le commissariat (de police) police station
la commode chest of drawers
compact compact
la compagne companion (*f*)
le compartiment compartment
complet completed, full
complètement completely
comporter to comprise
le compositeur de musique composer
comprendre to understand
le comprimé tablet
compris understood, included
le/la comptable accountant
le comptoir counter
le/la concierge concierge, caretaker
le concours competition
la condition condition; **à — (de)**
   on condition
conduire to drive
la confiture jam
confortable comfortable

le congélateur freezer
connaître to know (person or place)
le conseil advice
consoler to console, to comfort
construit built
le conte tale
contempler to contemplate
continuer to continue
le contraire, au — on the contrary
contre against
la contrebasse double-bass
converti converted
le coq cockerel, chicken
le corps body
corriger to correct
le corsage blouse, bodice
corse Corsican
le costume suit
la côte coast
la côtelette cutlet, chop
le coton cotton
le cou neck
la couche coat, layer
se coucher to go to bed
couler to flow
la couleur colour
le couloir corridor
le coup de soleil sunburn
le couple couple
courir to run
le cours course, lesson
la course race; **les —s** shopping
court short
courtois courteous
le couscous couscous; a North African dish
le/la cousin(e) cousin
le couteau knife
coûter to cost
la couture sewing
le couvert place setting, cutlery
couvrir to cover
craindre to fear
craintif(-ive) timid
la cravate tie
le crayon pencil
la crème cream; **la — protectrice**
   protective cream
le (grand) crème (large) white coffee
le/la crémier(-ère) dairyman/woman
la crêpe pancake
la crêperie pancake restaurant
le cri cry, shout
le crochet crochet
crochu hooked
le croisement crossroads
le croissant croissant
la croix cross
le croque-monsieur toasted cheese and
   ham sandwich
les crudités raw vegetables
la cuiller (cuillère) spoon
la cuillerée spoonful; **la — à café**
   teaspoonful; **la — à dessert**

dessertspoonful; **la — à soupe**
   tablespoonful
le cuir leather
la cuisine kitchen; **faire la —** to do
   the cooking
le/la cuisinier(-ière) cook
la cuisse thigh; **les —s de grenouilles**
   frogs' legs
cuit cooked; **— à point** medium cooked;
   bien — well done
le curé priest
curieux curious, nosy
le cygne swan

le daim suede
danois Danish
dans in
danser to dance
le/la danseur(-euse) dancer
de of, from
debout standing
se débrouiller to manage
le début beginning
décaféiné decaffeinated
décider to decide
décolleté low-cut
découvrir to discover
(se) décrire to describe (oneself)
dedans inside
le défaut fault, flaw
défendre to forbid, defend
déjà already
le déjeuner lunch; **—** to have lunch
délicieux delicious
demain tomorrow
demander to ask; **se —** to wonder
le déménagement removal
déménager to move house
le déménageur removal man
la demeure dwelling
demi half
la dent tooth
la dentelle lace
le dentifrice toothpaste
le/la dentiste dentist
dépasser to overtake
se dépêcher to hurry
dépendre; ça dépend (de) that
   depends (on)
déplaire to displease
le dépliant leaflet
depuis since, for
déranger to disturb
dernier(-ière) last; **le/la —** the youngest
derrière behind
désagréable unpleasant
descendre to go down
la descente descent
le désert desert
désirer to want
désolé sorry
le dessert dessert
la destination destination

se détendre to relax
détester to detest, to hate
deuxième second
devenir to become
deviner to guess
devoir to have to, must; **les —s** (*m pl*) homework
la diarrhée diarrhoea
le dictionnaire dictionary
différent different
la difficulté difficulty
dimanche (*m*) Sunday
le dîner dinner; **—** to have dinner (evening meal)
dire to say, to tell
directement directly
la discothèque discothèque
discrètement discreetly
disparaître to disappear
se disputer to quarrel
le disque record; **le — compact** CD
distrait absent-minded
divorcé divorced
divorcer to get divorced
le doigt finger
le domicile home
le dommage damage; **quel —!** what a pity!, what a shame!
donner to give; **— sur** to overlook
doré golden
dormir to sleep
le dos back
double double
doucement gently
la douche shower
la douleur pain, suffering
doux(-ce) sweet, mild
la douzaine dozen
le drap sheet
la droguerie hardware store
droit straight; **tout —** straight on
la droite right; **à —** on the right
drôle funny
le duché duchy
dur hard
durer to last
le DVD DVD

l'eau (*f*) water
l'échantillon (*m*) sample
s'échapper to escape
les échecs (*m*) chess
l'école (*f*) school
économique economical
écossais Scottish, tartan
écouter to listen (to)
écrire to write
l'écrivain (*m*) writer
égal equal; **ça m'est —** I don't mind
l'église (*f*) church
électrique electric
élégant elegant
elle she, her

elles they, them
embarrassant embarrassing
l'embouteillage (*m*) traffic jam
embrasser to kiss
l'embrayage (*m*) clutch
l'émission (*f*) broadcast, programme
emmener to take (someone/somewhere)
l'empereur (*m*) emperor
l'emploi (*m*) job
l'employé(e) (*m, f*) employee, clerk
emporter to take away (something)
emprunter to borrow
en in, some, some of it/them
encore again, still; **pas —** not yet
s'endormir to fall asleep
l'endroit (*m*) place
l'enfance (*f*) childhood
l'enfant (*m, f*) child
enlever to take off
l'enquête (*f*) survey, enquiry; **l'— par sondage** sample survey
l'enquêteur(-euse) market researcher
ensoleillé sunny
ensuite then, after that
entendre to hear
s'entendre (bien) to get on (well)
entre between
l'entrée (*f*) starter, entrance hall
envie: avoir — de to want to
environ about
envoyer to send
l'épaule (*f*) shoulder
épargné spared
l'épi (*m*) ear (of corn)
éplucher to peel
l'éponge (*f*) sponge
l'épreuve (*f*) test
équipé equipped, fitted
l'équitation (*f*) (horse)riding
l'erreur (*f*) mistake
l'escalade (*f*) climbing
l'escalier (*m*) stairs
l'escargot (*m*) snail
espagnol Spanish
espérer to hope
l'esplanade (*f*) esplanade
l'esprit (*m*) spirit, wit
essayer to try
l'essence (*f*) petrol
essoufflé out of breath
essuyer to wipe
l'est (*m*) East
et and; **— vous?** what about you?
l'étable (*f*) cowshed
l'étage (*m*) floor
l'étagère (*f*) shelf
l'été (*m*) summer
étincelant sparkling
l'étoile (*f*) star
l'étranger(-ère) (*m, f*) stranger, foreigner
être to be
étroit narrow, tight
l'étudiant(e) (*m, f*) student

étudier to study
exact correct
exactement exactly
s'excuser to apologize; **excusez-moi** excuse me
les exercices (*m*) **abdominaux** abdominal exercises
exotique exotic
expliquer to explain
l'exposition (*f*) exhibition
l'express (*m*) espresso coffee

face: — à facing; **en — (de)** opposite
se fâcher to get angry
facile easy; **facilement** easily
la façon way; **une — de parler** a way/manner of speaking
le facteur postman
la faim hunger; **avoir —** to be hungry
faire to do, to make; **faites le point!** check your progress!
le fait fact, deed; **en —** in fact
fameux famous
la famille family
la farine flour
fatigué tired
faut: il faut one must, it is necessary
la faute fault, mistake
le fauteuil armchair
faux(-sse) false
le faux-filet sirloin
fêlé cracked
félicitations congratulations
la femme woman, wife
la fenêtre window
férié: un jour — public holiday
la ferme farm
fermer to close; **fermé** closed
le fermier farmer
la fermière farmer (*f*), farmer's wife
la fête feast, festival, celebration, name day
fêter to celebrate
les feux (*m, pl*) traffic lights
fiancé engaged
se fiancer to get engaged
la fièvre fever, temperature
fier(-ère) proud
la fille daughter, girl
le film film
la fin end
finalement finally
fini finished
finir to finish
la firme firm
la fléchette dart
la fleur flower
le fleuve large river
le flot wave
le foie liver
la fois time
le/la fonctionnaire civil servant
le fond bottom, depths; **à —** thoroughly, deeply

fondre to melt, to thaw; — **en larmes** to burst into tears
la fondue fondue (cheese dish)
le football football
la forme form; **être en** — to be fit
formidable terrific
la formule formula
fort strong, loud
la forteresse fortress
fou (folle) mad
la fourchette fork
la fourrure fur
le foyer home
frais (fraîche) fresh, cool
la fraise strawberry
la framboise raspberry
français French
franchement frankly
frapper to hit, to beat
le frère brother
le frigidaire, le frigo fridge
frisé curly
la frite chip
froid cold
le fromage cheese
le fruit fruit
fumer to smoke
le fumeur smoker

gagner to win, to earn
la galette type of pancake
gallois Welsh
le gant glove
le garage garage
le garçon boy, waiter
garder to look after, to keep
la gare station
garnir to garnish
le gâteau cake; **le — sec** biscuit
la gauche left; **à** — on the left
le gazon lawn
le gendarme policeman
gêner le passage to be in the way
général general
le genou knee
le genre kind
les gens (*m, pl*) people
le gérant manager
la girolle yellow mushroom
le gîte rented holiday home
la glace ice, ice cream
le glaçon ice-cube
la gomme rubber
la gousse d'ail clove of garlic
le goût taste
goûter to taste
la goutte drop
le gramme gram
grand big, large, tall
la grand-mère grandmother
le grand-père grandfather
grandir to grow (up), get bigger
le gras fat

grave serious
le green golf green
le grenier loft, attic
la grenouille frog
la grève strike
la grillade grill, grilled meat
gris grey
gros big, fat
grossir to get big/fat, put on weight
le groupe group
le gruyère gruyere cheese
la guêpe wasp
la guerre war
le guichet ticket office, counter
le/la guide guide
la guitare guitar

s'habiller to get dressed
habiter to live
l'habitude (*f*) habit
d'habitude usually
habitué à used to
le hamac hammock
le hamster hamster
la hanche hip
la harpe harp
haut high; **en** — at the top, upstairs
les herbes (*f*) herbs
hésiter to hesitate
l'heure (*f*) hour, time; **de bonne** — early
heureusement fortunately
hier yesterday
l'histoire (*f*) story, history
l'hiver (*m*) winter
hollandais Dutch
l'homme (*m*) man
l'homme politique (*m*) politician
honnête honest
l'hôpital (*m*) hospital
horreur (*f*) horror, dread; **avoir** — **(de)** to hate
l'hôtel (*m*) hotel; — **de ville** town hall
l'hôtesse de l'air (*f*) air hostess
l'huile (*f*) oil
l'humeur (*f*) mood

ici here
l'idée (*f*) idea
ignorer to ignore, to be ignorant of
il he
il y a there is, there are, ago
l'île (*f*) island
imaginaire imaginary
ils they
l'immeuble (*m*) block of flats
l'imperméable (*m*) raincoat
impoli impolite, rude
l'importance (*f*) importance
s'imposer to be essential
impossible impossible
l'inconnu(e) (*m, f*) unknown person, stranger
l'inconvénient disadvantage

indien Indian
indiquer to indicate
indiscret indiscreet, nosy
l'industriel (*m*) industrialist
infect foul, filthy, revolting
l'infirmier(-ère) (*m, f*) nurse
l'inflation (*f*) inflation
les informations (*f, pl*) news
l'ingénieur (*m*) engineer
inquiet worried
s'inquiéter to worry
s'inscrire to enrol
s'installer to settle (down)
insulter to insult
interdit forbidden
intéressant interesting
s'intéresser (**à**) to be interested (in)
l'intérieur (*m*) interior; **à l'**— inside
international international
interroger to question
interrompre to interrupt
l'interview (*f*) interview
interviewer to interview
l'inventaire (*m*) inventory
irlandais Irish
irresponsable irresponsible
isoler to isolate
italien Italian

le jabot jabot, shirt frill
jamais never
la jambe leg
le jambon ham
le jardin garden; **le — zoologique** zoo
le jardinage gardening
jaune yellow
jaunir to become yellow
je (j') I
le jean(s) jeans
jeter to throw
le jeu game; **le — rôle** role play; **le — de société** board game
jeudi (*m*) Thursday
jeune young; **la — fille** young girl
le jogging jogging, track-suit
joli pretty
le jongleur juggler
jouer to play; — **à** (+ a game); — **de** (+ a musical instrument)
le jouet toy
le jour day
le journal newspaper
la journée day
le judo judo
les jumeaux(-elles) (*m, f*) twins
la jupe skirt
le jus juice
jusqu'à until, as far as

kaki khaki
le kir white wine and blackcurrant liqueur

la the, it, her

là there
là-bas over there
là-haut up there
le laboratoire de langues language laboratory
le lac lake
la laine wool
laisser to leave, to let
le lait milk
la lampe lamp; **la — de poche** torch
lancer to throw
la langue tongue, language
le lapin rabbit
la larme tear
le lavabo washbasin
le lavage washing
le lave-vaisselle dish-washer
laver to wash; **se —** to wash oneself
le the, it, him
la leçon lesson
la lecture reading
le légume vegetable
la légende key (to symbols), legend
léger light
le lendemain the following day
lent slow; **lentement** slowly
lequel which, which one?; **avec lesquelles** (*f, pl*) with which
les the, them
la lessive washing, laundry
la lettre letter
leur their, to them
se lever to get up
la liaison connection
la librairie bookshop
la liberté freedom, liberty
libre free, spare, vacant
le lieu place
la ligne line, figure; **garder la —** to stay slim
le lilas lilac
la limite limit
lire to read
la liste list
le lit bed
le litre litre
le livre book; **la —** pound
livrer to deliver
le/la locataire tenant
la location hire
la loi law; **faire la —** to rule, to be the boss
loin far
les loisirs (*m*) leisure activities
long (**longue**) long
longtemps a long time
la lotion lotion
louer to rent, to hire
le loup wolf
lourd heavy
lui him, to him, to her
la lumière light
lundi (*m*) Monday

les lunettes (*f, pl*) glasses, spectacles
le lycée secondary school

la machine machine; **la — à laver** washing machine
madame Mrs, madam
mademoiselle miss
le magasin shop
le magazine magazine
maigrir to get thin, to lose weight
le maillot de bain swimming costume
la main hand
maintenant now
la mairie town hall
mais but
la maison house
le maître master
mal badly
le mal harm, illness; **le — de l'air** air sickness; **le — de mer** sea sickness; **faire —** to hurt; **avoir —** to be in pain
le/la malade patient; **—** ill, sick
malgré in spite of
malheureusement unfortunately
la Manche English Channel
manger to eat
la manifestation demonstration
manquer to miss
le manteau coat
se maquiller to put on make-up
le marchand merchant, seller, shopkeeper; **le — de primeurs** greengrocer
la marche walk, step
le marché market
marcher to go, to work, to walk
mardi (*m*) Tuesday; **Mardi Gras** Shrove Tuesday
le mari husband
marié married
se marier to get married
la maroquinerie fine leather goods
la marmotte marmot
la marque brand, make
marre: avoir marre (**de**) to be fed up (with)
le marron chestnut
mars March
martiniquais from Martinique
la maternité maternity hospital
le matin morning
la matinée morning
mauvais bad
la mayonnaise mayonnaise
méchant naughty, nasty, wicked; **chien —** beware of the dog
mécontent unhappy, displeased
la médaille medal, medallion
le médecin doctor, GP
le médicament medicine
médiéval medieval
le membre member
même even; **le/la —** the same

le ménage housework
la ménagère housewife
la ménagerie menagerie
mentir to tell a lie
le menton chin
le menu menu
la mer sea; **au bord de la —** at the seaside
merci thank you
mercredi (*m*) Wednesday
la mère mother; **la — de famille** housewife and mother
merveilleux(-se) marvellous
la messe mass
mesurer to measure
le métier occupation
se mettre d'accord (**pour**) to agree (to)
les meubles (*m, pl*) furniture
mi-temps part-time; **travailler à —** to work part-time
le midi mid-day; **le Midi** the South of France
le miel honey
mignon sweet, cute
le milieu middle; **au — (de)** in the middle (of)
le mille-feuille cream slice
mince slim, thin
la mine appearance; **avoir bonne/mauvaise —** to look well/ill
la mirabelle mirabelle plum
le mobilier furniture
la mobylette moped
la mode fashion; **à la —** fashionable
moderne modern
le mohair mohair
moi me
moins less
le mois month
la moisson harvest; **la —neuse-batteuse** combine harvester
la moitié half
le monde world; **beaucoup de —** a lot of people; **tout le —** everybody
monsieur Mr, sir
la montagne mountain
monter to take up, to go up (stairs)
la montre watch
le morceau piece
mort dead
la morue cod
le mot word
la moto motorbike
les mots croisés (*m, pl*) crossword
mouillé wet
la moustache moustache, whiskers
le moustique mosquito
la moutarde mustard
le mouton sheep
le moyen means; **le — de transport** means of transport
municipal municipal
le mur wall

la **musculation** body-building
le **musée** museum
musicien(-ienne) musical
le/la **musicien(ne)** musician
la **musique** music
myope short-sighted
la **myrtille** bilberry, blueberry

nager to swim
la **naissance** birth
la **nappe** tablecloth
natal (*adj.*) native, home
la **natation** swimming
national national
la **nationalité** nationality
la **nature** nature; **yaourt** — plain yogurt
nécessaire necessary
neiger to snow
le **nettoyage à sec** dry cleaning
neuf (neuve) brand new
le **neveu** nephew
le **nez** nose
ni ... ni neither ... nor
la **nièce** niece
le **Noël** Christmas; **à** — at Christmas
le **nœud** knot; **le** — **papillon** bow tie
noir black
noisette hazel
la **noix de muscade** nutmeg
le **nom** name; **le** — **de famille** surname
non no
non plus neither
le **nord** North
normand Norman
la **nostalgie** nostalgia
la **note** mark, note
(se) nourrir to feed (oneself)
nous we, us
nouveau (nouvelle) new
la **nouvelle** news item
la **nuit** night
nul (nulle) not one, useless, worthless
le **numéro** number

l'**obélisque** (*m*) obelisk
les **objets trouvés** (*m, pl*) lost property
obligé de obliged to
l'**occasion** (*f*) opportunity; **d'** — second
    hand
occupé busy, occupied
s'occuper (de) to be busy (with), to look
    after
l'**œil** (*m*) eye; **les yeux** (*m, pl*) eyes
l'**œuvre** (*f*) work (of art)
l'**office** (*m*) **du tourisme** tourist office
offrir to offer, to give (a present)
l'**oie** (*f*) goose
l'**oiseau** (*m*) bird
l'**ombre** (*f*) shadow; **à l'** — in the shade
l'**omelette** (*f*) omelette
l'**oncle** (*m*) uncle
l'**opéra** (*m*) opera
l'**or** (*m*) gold

l'**orange** (*f*) orange
l'**ordinateur** (*m*) computer
l'**ordonnance** (*f*) prescription
les **oreillons** (*m, pl*) mumps
organiser to organise
l'**origine** (*f*) origin, beginning
ou or
où where
oublier to forget
l'**ouest** (*m*) West
ouvert open; l'—**ure** (*f*) opening
l'**ouvre-boîte** (*m*) tin-opener
l'**ouvreuse** (*f*) usherette
l'**ouvrier(-ière)** (*m, f*) worker
ouvrir to open

le **pain** bread; **le** — **grillé** toast
le **palais** palace
pâle pale
le **palier** landing
pâlir to grow pale
le **pamplemousse** grapefruit
le **panaché** shandy
la **pancarte** sign
la **panne** breakdown; **être en** — to be
    out of order; **tomber en** — to have
    a breakdown
le **panneau** sign
le **pantalon** trousers
la **papeterie** stationery, stationer's
le **papier** paper
le **papillon** butterfly
les **Pâques** (*f*) Easter; **à** — at Easter
le **paquet** packet
par by
le **parapente** parasailing
le **parapluie** umbrella
le **parc** park
parce que/qu' because
le **pardessus** overcoat
pardon excuse me, pardon
le **parent** parent, relative
le **pare-brise** windscreen
parfait perfect
le **parfum** perfume
parisien Parisian
le **parking** car-park
parler to speak
le/la **partenaire** partner
la **partie** part
partir to go away, to leave; **à** — **de** from
le **passage pour piétons** pedestrian
    crossing
le/la **passant(e)** passer-by
le **passe-temps** hobby
le **passeport** passport
passer to pass, to spend (time); **se** —
    to happen
le **pâté** pâté
la **patience** patience
le **patin** (ice/roller) skate
la **patinoire** skating rink

la **pâtisserie** cake shop
le/la **patron(-onne)** owner, boss
la **pause-café** coffee break
le **pays** country, region
la **pêche** fishing
pêcher to fish
le **pêcheur** fisherman
peindre to paint
la **peine** trouble; **ce n'est pas la** —
    there's no need
le **peintre** painter
la **pellicule** a roll of film
se pencher to lean
pendant during
la **pendule** clock
péniblement laboriously, painfully
penser to think
la **pension** small hotel; **demi**—
    half-board; — **complète** full board
perdre to lose
le **père** father
le **permis de conduire** driving licence
le **persil** parsley
la **personne** person; — nobody
la **personnalité** personality
petit small, little; **le** — **déjeuner** breakfast;
    le — **-fils** grandson; **la** —**e-fille**
    granddaughter; **les** —**s-enfants**
    grandchildren
peu little
la **peur** fear; **avoir** — (**de**) to be
    afraid (of)
peut-être perhaps
le **phare** headlight, lighthouse
la **pharmacie** chemist's
le/la **photographe** photographer
la **photo(graphie)** photography
la **photocopie** photocopy
le/la **physicien(-ne)** physicist
le **piano** piano
la **pièce** room; **la** — **de monnaie** coin;
    2 € la — 2 euros each
le **pied** foot; **à** — on foot
la **pierre** stone
la **pillule** pill
le **pilote** pilot
la **pincée** pinch
le **ping-pong** table tennis
pire worse; — **que jamais** worse
    than ever
la **piscine** swimming pool
la **piqûre d'insecte** insect bite
la **piste** track, piste
le **placard** cupboard
la **place** square; **sur** — when you
    get there
le **plafond** ceiling
la **plage** beach
se plaindre to complain
la **plaisanterie** joke
plastique plastic
le **plat** dish; **le** — **à emporter** take-away
    meal

plat flat
plein full; **faire le —** (**d'essence**) to fill up with petrol; **en — air** in the open air; **en —e campagne** right in the country
pleurer to cry
pleuvoir to rain
plier to bend, to fold
le plomb lead; **sans —** lead-free
la pluie rain
la plume feather
plus more; **en —** in addition; **ne . . . plus** no more
plusieurs several
plutôt rather
le pneu tyre
la poêle frying pan
le poil hair
point: **à —** just right; **faites le —!** check your progress!; **être sur le — de** to be about to
la pointure shoe size
la poire pear
(à) pois with polka dots
le poison poison
le poisson fish; **le — rouge** goldfish
le poivre pepper
le Pôle nord North Pole
le policier policeman; **le film —** detective film
polonais Polish
la pomme apple; **la — de terre** potato
le pommier apple tree
la pompe pump
le pompier fireman
le pont bridge
le porc pork
le port port
la porte door
le portefeuille wallet
le porte-monnaie purse
porter to wear, to carry
la portière car door
poser to place, to put; **— une question** ask a question
la poste post office
le pot pot, carton
potable drinking
la poubelle dustbin
la poule hen
le poulet chicken
pour for, in order to
le pourboire tip
pourquoi why
pourtant however
pousser to grow (of plants), to push
le poussin chick
pouvoir to be able to, can
la prairie meadow
pratique convenient
précieux(-se) precious
se précipiter to hurry, to rush
de préférence preferably

préférer to prefer
premier first
prendre to take
le prénom forename
préparer to prepare
près (de) near
le président president
presque almost
pressé in a hurry
la pression pressure; **la bière —** draught beer
prêt ready
prêter to lend
prier to beg, to pray; **je vous en prie** don't mention it
prière de please
principal main
le printemps spring
privé private
probablement probably
le problème problem
le professeur teacher
la profession occupation
professionnel professional
le profil profile
progressivement gradually
la promenade walk; **faire une —, se promener** to go for a walk
la prononciation pronunciation
propre clean
propos: **à propos** by the way; **à — (de)** concerning
le/la propriétaire owner
prospère prosperous
protéger to protect
la protéine protein
prudent prudent
publier to publish
puisque since
le pull-over pullover
la pyramide pyramid

qu'est-ce qu'il y a? what is there?, what is the matter?
qu'est-ce que c'est? what is it?
le quai platform
quand when
quant à as for
le quartier district
quel what, which
quelque some; **— chose** something; **— fois** sometimes
quelqu'un someone
la question question
qui who; **— est-ce?** who is it?
quitter to leave
quoi what
quotidien daily

raconter to tell
le radiateur radiator
la radio radio
raide straight, stiff

le raisin grapes
la raison reason; **avoir —** to be right
ralentir to slow down
ramasser to gather, to pick up
la randonnée excursion, trip
ranger to tidy, put away
rapide fast, quick
rarement rarely
se raser to shave
la ratatouille ratatouille (vegetable stew)
rayé striped
la rayure stripe; **à —s** striped
le/la réceptionniste receptionist
recevoir to receive, to get
la récolte harvest
recommander to recommend
reconnaître recognise
reculer to move back
refroidir to get cold
refuser to refuse
regarder to look (at), watch
le régime diet
la région region
la règle rule, ruler
regretter to be sorry, to regret
régulièrement regularly
remarquer to notice
remercier to thank
repeindre to repaint, decorate
remplir to fill
rencontrer to meet
le rendez-vous appointment, meeting place
rendre to give back, to return (something)
renfermer to contain
les renseignements (*m, pl*) information
rentrer to return home
renverser to spill
la réparation repair
le repas meal
le repassage ironing
repasser to iron
répéter to repeat
répondre to answer
la réponse reply
se reposer to rest
la république republic
réserver to reserve
respecter to respect
respirer to breathe
le restaurant restaurant
la restauration catering
le reste the rest
rester to stay
le résultat the result
le retard delay; **être en —** to be late
le retour return
retourner to turn over, go back
la retraite retirement; **être en/à la —** to be retired
retroussé, nez — turned-up nose
le rétroviseur rear mirror
réussir to succeed

le rêve dream; **rêver** to dream; **la rêverie** day-dream
le réveil alarm-clock
réveiller to wake (someone) up; **se —** to wake up
revenir to return, to come back
le revêtement covering
la révolution revolution
le rez-de-chaussée ground floor
le rhum rum
riche rich
rien nothing
les rillettes (*f, pl*) rillettes (potted mince of pork or goose)
rire to laugh
le rivage shore
la rivière river
le riz rice
la robe dress
rond round
le roquefort roquefort (cheese)
rose pink
le rôti roast (joint)
rouge red; **le — à lèvres** lipstick
rougir to blush
roulé rolled; **col —** roll-neck
rouler to drive, to roll, to go (car)
rousseur: les taches de — freckles
la route road
roux (rousse) red, ginger
la rue street
russe Russian
rustique rustic

le sac bag
le/la saint(e) saint; **la Sainte Catherine** St Catherine's day; **la Saint Valentin** St Valentine's day
la saison season
la salade salad
sale dirty
salir to dirty; **se —** to make oneself dirty
la salle room; **la — à manger** dining room; **la — de bain(s)** bathroom; **la — de jeux** games/play room; **la — de séjour** living room
le salon drawing room, lounge
samedi (*m*) Saturday
la sandale sandal
le sandwich sandwich
sans without; **— plomb** lead-free
la santé health
la sardine sardine
le satin satin
la saucisse sausage
le saucisson salami-type sausage; **le — à l'ail** garlic sausage
sauf except
le saumon fumé smoked salmon
le saut périlleux somersault
sauter to toss, to jump
savoir to know (a fact)
le savoir-vivre know-how

savoyard from Savoy
la scène scene, stage
le schweppes tonic water
les sciences (*f, pl*) **naturelles** natural sciences, biology
la séance de gymnastique gym session
le seau bucket
sec (sèche) dry
sécher to dry
la seconde second
le/la secrétaire secretary
le séjour stay
le sel salt
selon according to
la semaine week
sembler to seem
le sens direction
sensible sensitive
sentir to smell, to feel
séparé separate(d)
sérieux serious
serti(s) de set with
le/la serveur(-euse) waiter/waitress
le service service
la serviette briefcase; **la — (de table)** napkin; **la — (de toilette)** towel
servir to serve; **se — de** to make use of
seulement only
le shampooing shampoo
si if, yes (after a negative question)
s'il vous plaît please
la sieste siesta, afternoon nap
signaler to signal
le singe monkey
le sirop syrup, linctus
la situation situation, position
situé situated
le skateboard skateboard
le ski ski; **faire du —** to ski; **le skieur** skier
le smoking dinner jacket
la société society, company
la sœur sister
la soie silk
la soif thirst; **avoir —** to be thirsty
le soir evening; **hier —** last night
la soirée evening
le soja soya
le sol floor, ground
le soldat soldier
le soleil sun
le sommeil sleep
le sommet summit, top
le sondage opinion poll
sortir to go out
souffler to blow, breathe out
soulever to lift
la soupe soup
sourd deaf
le sourire smile; **—** to smile
la souris mouse
se souvenir (de) to remember
souvent often

spécial special
la spécialité speciality
le spectacle spectacle, display, show
splendide splendid
le sport sport; **—if/ive** sporty, sport-loving; **les sports nautiques** water sports
le stade stadium
la station stop, station; **—ner** to park
la station-service petrol station
la statistique statistic
la statue statue
le steak-frites steak and chips
stupide stupid
le style style
le stylo pen
la succursale branch (of a firm)
le sucre sugar
le sud South
suggérer to suggest
suisse Swiss
la suite following, continuation; **—** continued; **de —** in succession; **tout de —** immediately
suivant following, one after, next
suivre to follow
le super four star petrol
la supérette small supermarket
le supermarché supermarket
le suppositoire suppository
sur on
surgelé frozen
surplombant overhanging
surprendre to surprise
surpris surprised
surtout particularly, above all
surveiller to watch, to watch over
sympa(thique) nice, friendly
le syndicat d'initiative tourist office
synthétique artificial, synthetic

la table table
le tableau picture, black-board
le tabouret stool
la tache stain, spot; **les —s de rousseur** freckles
la taille size, waist, height; **de — moyenne** of average size
le taille-crayon pencil-sharpener
le tailleur suit (for a woman)
se taire to be quiet, silent
tandis que while
la tanière den
tant pis too bad, never mind
la tante aunt
le tapis carpet, rug
la tapisserie tapestry
tard late
la tarte tart
la tartelette little tart
la tasse cup
le taxi taxi
la télé TV, telly

la télécopie fax
le téléphérique cable-car
le téléphone telephone; **—r (à)** to telephone
le téléski ski-tow
le télex telex
la télévision television; **à la —** on television
tellement so much, so many
la température temperature
le temps time, weather; **un — de chien** dreadful weather; **de — en —** from time to time
tendre to stretch
tenir to hold; **se — (à)** to hold on (to)
le tennis tennis
terminer to finish
le terrain ground, pitch, course
la terrasse terrace, patio
la terre ground, earth
la terrine pâté, earthenware pot
la tête head
le théâtre theatre
tiède lukewarm
le timbre stamp
le tire-bouchon corkscrew
tirer to pull; **— la langue** to stick out one's tongue
le tiroir drawer
les toilettes (*f, pl*) toilets
le toit roof
la tomate tomato
le tombeau tomb
tomber to fall
le tonneau barrel
tort wrong; **avoir —** to be wrong
la tortue tortoise
tôt early
toujours still, always
le tour tour, turn; **la —** tower
le/la touriste tourist
tourner to turn
tous les deux both
La Toussaint All Saints' day
tousser to cough
tout all; **— à coup** suddenly; **— de suite** immediately; **— droit** straight on
le tracteur tractor
le train train; **en — de** in the act of
le trajet journey
la tranche slice
transformé transformed
le transport transport

le travail work, job
travailler to work
la traversée crossing
traverser to cross
très very
le trésor treasure
tricoter to knit
trilingue trilingual
la trompette trumpet
trompé deceived
trop too much
le trottoir pavement
trouver to find; **se —** to be (situated)
la truite trout
tu you (singular and familiar)
le tweed tweed

ultramoderne super modern, most up-to-date
uni united, plain (material, colour)
l'uniforme (*m*) uniform
l'université (*f*) university
l'usine (*f*) factory
utile useful
utiliser to use

les vacances (*f, pl*) holidays
la vache cow
le vainqueur winner
le vaisselier dresser
la vaisselle washing-up, dishes, crockery
la valise suitcase
la valse waltz
la variété variety
le vase vase
vaut: **ça — mieux** that is better
le/la végétarien(-ne) vegetarian
le vélo bicycle
le vélo tout-terrain (**V.T.T.**) mountain bike
le velours velvet
vendredi (*m*) Friday
vendéen from Vendée
le/la vendeur(-euse) shop assistant
venir to come
venir de to have just
le vent wind
la vente sale
le ventre stomach, tummy
vérifier to check
véritable real, genuine
la vérité truth
verni varnished; **le cuir —** patent leather
le verre glass

vert green
la veste jacket
les vêtements (*m*) clothes
le/la veuf (**veuve**) widower/widow
la viande meat
vider to empty
la vidéocassette video cassette
la vie life
vieux (**vieil**, **vieille**) old
vigoureusement vigorously
le village village
la ville town
le vin wine
le vinaigre vinegar
la vingtaine about twenty
le violon violin
la visite visit; **la — guidée** guided tour
vite quickly
la vitesse speed, gear; **à toute —** at top speed
la vitrine shop window
voici here is
voir to see; **voyons** let's see
voilà there is, there are, here you are
le/la voisin(e) neighbour
la voiture car
la voix voice
la volaille fowl, poultry
le volant steering-wheel; **être au —** to be driving
voler to steal, to fly; **se faire —** to have . . . stolen
le voleur thief
volontiers willingly, with pleasure
vomir to vomit
votre your
vouloir to want, to wish; **je voudrais —** I would like
vous you (polite or plural)
le voyage journey; **—r** to travel; **le —ur** traveller
la vue view
vrai true; **—ment** really

les WC (*m, pl*) W.C., toilet
le week-end weekend

y there
le yacht yacht
le yaourt yogurt
le yoga yoga